DATE DUE	
NOV 09 '99	

GAYLORD   PRINTED IN U.S.A.

Negocios y comunicaciones

Jorge H. Valdivieso
American Graduate School of
International Management

L. Teresa Valdivieso
Arizona State University

D.C. Heath and Company
Lexington, Massachusetts   Toronto

Photo Credits

Chapter 1: Elizabeth Hamlin/Stock, Boston
Chapter 2: Victor Englebert/Photo Researchers, Inc.
Chapter 3: Ulrike Welsh/Photo Researchers, Inc.
Chapter 4: Peter Menzel
Chapter 5: Mark Antman/The Image Works
Chapter 6: Peter Menzel/Stock, Boston
Chapter 7: Mark Antman/The Image Works
Chapter 8: Peter Menzel
Chapter 9: Stuart Cohen
Chapter 10: Peter Menzel
Chapter 11: Peter Menzel
Chapter 12: Peter Menzel
Chapter 13: Owen Franken/Stock, Boston
Chapter 14: Peter Menzel

Published simultaneously in Canada.

Printed in the United States of America.

International Standard Book Number: 0-669-07793-3

1 2 3 4 5 6 7 8 9 0

Para el profesor

Negocios y comunicaciones tiene por objeto principal desarrollar en los estudiantes la habilidad de preparar e interpretar correctamente las comunicaciones comerciales usadas con más frecuencia entre comerciantes de habla española. El texto presenta una gran variedad de temas y proporciona información útil y práctica sobre los diversos aspectos de los negocios. Además, informa al estudiante sobre distinciones culturales, sicológicas y sociológicas con el propósito de facilitar sus relaciones comerciales con hispanohablantes.

 Negocios y comunicaciones ha sido diseñado para aquellos estudiantes que ya posean un dominio bastante avanzado del español, especialmente para los que hayan cursado por lo menos 4 semestres, o el equivalente, de cursos de lengua española. El texto también es recomendable para hablantes nativos que deseen o tengan necesidad de familiarizarse con los temas del mundo de los negocios. Además de estudiantes de negocios y administración, este libro puede ser utilizado por una variedad de profesionales cuyos trabajos los pongan en contacto con entidades comerciales y gubernamentales en Hispanoamérica y España. Tanto para administradores de empresas, gerentes y ejecutivos, como para personal de secretaría, oficinistas, vendedores y funcionarios del gobierno de distintos niveles, *Negocios y comunicaciones* facilita enormemente la vida profesional de quienes lo utilicen.

Organización del texto

El libro lo integran 14 capítulos, 5 repasos y varios apéndices en los que se incluye una sección de vocabulario. El primer capítulo es una introducción al mundo del comercio y a las funciones generales que cumplen en él las comunicaciones. En los capítulos restantes se enfocan los distintos tipos de comunicaciones comerciales, además de otros temas pertinentes a las actividades más importantes de los negocios.

Organización de los capítulos

Cada capítulo está organizado en tres secciones principales:

1. **Área temática.** Se hace una explicación teórica de una situación comercial específica y se presentan los tipos de comunicación con ella relacionados. Entre los temas principales que aparecen en el texto podemos destacar las cartas de compraventa, las comunicaciones oficiales, las telecomunicaciones y las comunicaciones breves. Se incluye además en esta sección la siguiente información:

- Estructura y organización de los tipos de comunicación presentados;
- Fundamentos psicológicos, profesionales y culturales relativos a cada situación comercial. Las *notas de interés profesional,* intercaladas a lo largo del texto, informan al estudiante sobre distintos aspectos de la cultura hispana en relación a las actividades comerciales, y sobre leyes, protocolo y reglamentos que rigen los negocios tanto en España como Latinoamérica;
- Técnicas recomendadas para poder comunicarse más efectivamente;
- Modelos de documentos comerciales que sirven de guía al estudiante.

2. **Palabras y expresiones claves.** Se incluye los términos y expresiones comerciales más importantes en el área temática, los cuales aparecen en negrita a lo largo del texto. Estas palabras aparecen en orden alfabético y están definidas en español. Una traducción al inglés de estos términos se encuentra en el vocabulario final del libro.

3. **Ejercicios y práctica.** Los ejercicios alcanzan varios grados de dificultad según su función pedagógica. Se presentan ejercicios de práctica de vocabulario, ejercicios de comprensión y de expresión escrita, además de actividades para crear documentos como los modelos. Los tipos de ejercicios, con sus respectivos encabezamientos, son los siguientes:

- *Enriquezca su vocabulario:* En este tipo de actividad el estudiante practica su comprensión del vocabulario principal del capítulo. La práctica es mediante identificación de palabras, modificación de términos, completar oraciones y transformaciones.

- *Exprésese en español:* Aquí el estudiante pone en práctica su conocimiento del vocabulario para crear oraciones, hacer traducciones o completar párrafos en los que expresa sus propias ideas en un contexto comercial.

- *Demuestre su competencia profesional:* Puede ser un ejercicio de comprensión general que requiera la lectura de un documento parcial o completo y dar respuesta a una serie de preguntas sobre su contenido. También puede ser una práctica de expresión escrita en la que el estudiante debe responder a una comunicación, completar una carta, proponer una estrategia.

- *El negocio está en sus manos:* Se presentan situaciones relacionadas a los temas del capítulo y el estudiante debe crear documentos usando su creatividad y su conocimiento global de la materia incluida en el capítulo.

Repasos

Intercalados después de los capítulos 3, 5, 8, 11 y 15, aparecen los "Repasos", que tienen el propósito de reforzar los conocimientos adquiridos a lo largo de los capítulos anteriores. Se incluyen ejercicios para practicar el vocabulario, la comprensión general y la expresión escrita. Además, en la sección denominada "Proyectos", se presentan ideas para realizar presentaciones orales o proyectos investigativos en el contexto de las actividades comerciales de su comunidad.

Apéndices

Cuatro apéndices proporcionan información de gran utilidad para el estudiante. El primer apéndice presenta los pesos y las medidas del sistema métrico decimal y las fórmulas de conversión de un sistema a otro. El segundo es una tabla de las unidades monetarias usadas en los países de habla española. El tercer apéndice da las abreviaturas más comunes usadas en el mundo del comercio hispano. El cuarto es una fuente de materiales didácticos y una breve bibliografía.

Se incluyen también dos vocabularios; uno español-inglés y otro inglés-español. Estos contienen todos los términos que ya se han definido en español en la sección "Palabras y expresiones claves", los términos y conceptos importantes que aparecen definidos en el texto mismo y las palabras técnicas poco comunes.

Identificación de los términos principales

Para facilitar al estudiante la lectura del texto y ayudarle a ampliar su vocabulario, el texto se sirve de un sistema gráfico que identifica la aparición de las principales palabras:

- Si un término aparece en negrita, tal como la palabra "**alquilan**", esto indica que dicha palabra aparece definida en la sección "Palabras y expresiones claves" en ese mismo capítulo.

- Si una palabra o expresión aparece en letra itálica, tal como el término "*mercaderes*", esto indica que se trata de un término o concepto comercial importante cuya definición está dada en el texto.

- Si un término aparece seguido del símbolo "°", tal como la palabra "canicas°", esto quiere decir que dicha palabra no podrá ser reconocida por la mayoría de los estudiantes. En este caso, se puede consultar su equivalente en inglés en el vocabulario español-inglés al final del libro.

Plan modelo

La estructura del libro permite una distribución equilibrada de la materia de estudio tanto para el sistema semestral como para el sistema trimestral. Cada capítulo puede dividirse según el número de horas semanales que la clase se reúna y la duración del período de clase. El plan modelo que aparece a continuación sugiere cómo presentar uno de los capítulos del libro, presumiendo que se dispone de 150 minutos de clase semanales distribuidos en tres períodos de 50 minutos.

Modelo de un plan de lección—Capítulo 6: Las cartas rutinarias

DÍA 1	Introducción general al concepto de las cartas rutinarias.	*15 min.*
	Discusión sobre las cartas de acuse de recibo y de solicitud. Estudio y análisis de los modelos.	*20 min.*
	Discusión de las palabras claves y las expresiones relacionadas con las cartas ya señaladas.	*15 min.*
DÍA 2	Breve repaso mediante preguntas del profesor del material presentado en la clase previa.	*5 min.*
	Discusión sobre las cartas de remisión y las cartas circulares. Estudio y análisis de los modelos.	*20 min.*
	Discusión de las palabras claves y expresiones relacionadas con las cartas anteriores.	*10 min.*
	Corrección en clase de los ejercicios en la sección "Exprésese en español".	*15 min.*
DÍA 3	Presentación en clase de documentos reales traídos por el profesor.	*10 min.*
	Corrección en grupos de los ejercicios de la sección "Demuestre su competencia profesional".	*20 min.*
	Discusión de las cartas preparadas por los estudiantes en la sección "¡El negocio está en sus manos!"	*20 min.*

En el caso de las instituciones que ofrecen cursos en períodos de 75 minutos dos días a la semana, tendrá que modificar el programa anterior distribuyendo el material en dos períodos. Se aconseja, sin embargo, variar las actividades para no extenuar la capacidad de atención de los estudiantes.

Finalmente, se recomienda a las instituciones que ofrezcan cursos como éstos de más de tres horas semanales, realizar discusiones más detalladas sobre las comunicaciones preparadas por los estudiantes. Una de las formas más efectivas de llevar a cabo este plan, es haciendo uso de equipos de proyección que permitan a todo el grupo visualizar la carta que es objeto de estudio.

Es también recomendable sugerir al estudiante al principio del curso que prepare todas las actividades creativas—creación del membrete, firmas, preparación de documentos—imaginándose su propio negocio y haciendo que dichos documentos se refieran a él. Asimismo, el profesor puede sugerir que coleccione todos los ejercicios, documentos y cartas que ha preparado como actividades del curso. Esta colección le será de gran utilidad al estudiante en su vida profesional.

Agradecimientos

Los autores desean expresar su sincero agradecimiento al profesor Geoffrey Voght (*University of Eastern Michigan*) por sus valiosas sugerencias al hacer una revisión del manuscrito. Además agradecen la colaboración de los siguientes profesores(as), quienes leyeron el manuscrito en su etapa inicial: profesor Armando Alonso (*Viterbo College*), profesora Cristine Uber-Grosse (*Florida International University*), profesora Mercedes Junquera (*Bowling Green State University, Ohio*) y al profesor Enrique Ruiz Fornells (*University of Alabama*).

De una manera especial los autores agradecen a Joan Flaherty por haberles servido de guía durante la preparación del manuscrito, y a José A. Blanco por su esmerado trabajo editorial.

Jorge H. Valdivieso
L. Teresa Valdivieso

To the Student

Negocios y comunicaciones was designed to provide you with practical and useful information regarding a variety of business communications used in Spanish-speaking countries. By using this text you will develop a clear understanding of how business people in the Hispanic world communicate with one another; you will also study and create the types of business communications most commonly used by companies and institutions in Latin America, Spain and other Spanish-speaking areas. The emphasis is on acquiring the skills necessary to write correct, concise, and concrete messages, and on mastering the various psychological approaches to effective written communications.

In most chapters, a specific type of business communication is presented by means of models and an analysis of its different parts and components. The following materials are also included in the chapters:

- Professional notes which highlight cultural and psychological aspects of the Hispanic business world.
- A vocabulary list called *"Palabras y expresiones claves"* which contains the key business terms used in the chapter.
- A series of exercises which practice the vocabulary and allow for more creative student participation in writing letters, proposing strategies, reading documents.

At the end of the book, four appendices present information on the metric system of weights and measures, hispanic currencies, commonly used abbreviations and a brief bibliography. Spanish-English and English-Spanish glossaries also provide you with a valuable reference tool.

An easy-to-use graphic system facilitates vocabulary recognition throughout the text. If a word or expression appears in boldface, such as **"alquilan"**, this means that it is included and defined in the section "Palabras y expresiones claves". If the word appears in italics, such as *"mercaderes"*, this means that it is a key business term or concept defined in the text at this instance. If a word is followed by the symbol "°", such as "canicas°", this indicates a difficult term which most students will have trouble recognizing and which appears in the end-vocabulary section.

By the end of this course you will have not only considerably increased your technical vocabulary and improved your translation skills, but you will also be able to read and write all types of business communications with greater confidence and speed. These skills will undoubtedly give you an edge in your ability to accomplish your professional goals more effectively and enjoyably.

The Authors

Índice de materias

···

Capítulo 10   Así funciona una oficina   *199*

Capítulo 11   Las comunicaciones breves   *225*

Capítulo 12   Las comunicaciones oficiales   *251*

CAPÍTULO 1

El mundo del comercio

Las actividades comerciales

Una de las primeras actividades sociales realizadas por los niños fuera del hogar es el comercio. Compran caramelos, intercambian muñecas, piden prestadas canicas° para participar en juegos infantiles, se prestan juguetes—es decir: compran, venden, donan, **alquilan,*** **permutan,** confiscan... Sin embargo, nunca se detienen a pensar que ¡están comerciando!

Por consiguiente, comerciar es realizar las actividades necesarias para que las mercaderías y los servicios lleguen, después de seguir la cadena normal de distribución, hasta el consumidor, obteniendo por medio de ello una ganancia. Así pues, una actividad comercial es aquélla que tiene como objetivo el obtener **lucro.**

Al hombre de negocios de hoy, no le basta con tener un buen "ojo clínico" en su actividad comercial, como quizás fuera suficiente en el siglo xviii.
Es preciso que valore los riesgos que corre.

---

* Las partes del texto en letra negrita son términos importantes que el estudiante debe consultar en la sección titulada «Palabras y expresiones claves». Las palabras y expresiones marcadas con el signo «°», como «canicas°», aparecen definidas en el vocabulario final.

Las leyes de comercio regulan las actividades comerciales y establecen quiénes pueden ejercer el comercio. Según el Código de Comercio de México, «toda persona que según las leyes comunes es hábil para contratar y obligarse, y a quien las mismas leyes no prohiben expresamente la profesión del comercio, tiene capacidad legal para ejercerla».[1] Según el Código de Comercio de Colombia, «toda persona que, según las leyes comunes tiene capacidad para contratar y obligarse, la tiene para ejercer el comercio».[2] Y según el Código de Comercio de España, «son comerciantes... los que teniendo capacidad legal para ejercer el comercio, se dedican a él habitualmente».[3]

Mercaderes, comerciantes y empresas comerciales

Las actividades de negocios son llevadas a cabo por dos clases de personas: las personas naturales y las personas jurídicas o legales. Las personas naturales son, por supuesto, los seres humanos; las personas jurídicas o personas legales son las empresas legalmente constituidas.

Los *mercaderes* comercian con un determinado género° de mercaderías vendibles, fabricadas por ellos mismos o adquiridas de un productor o intermediario. Por consiguiente, la persona que comercia en libros, es un librero; el que comercia en carne, es un carnicero.

Los *comerciantes*, por otra parte, hacen que las mercaderías, los productos o los servicios lleguen al consumidor o a un intermediario, obteniendo por ello una ganancia. Un **corredor de bolsa,** por ejemplo, ofrece varios servicios **bursátiles** como la compraventa de acciones,° la colocación de capitales **a crédito,** o la adquisición de bonos.

Las *empresas comerciales* nacionales, extranjeras y multinacionales son organizaciones creadas para ofrecer al público mercaderías, productos o servicios, obteniendo así ganancias para las empresas y para los empresarios.° Las empresas comerciales pueden realizar cualquier función dentro del fenómeno comercial. Sin embargo, es más frecuente que sean intermediarias y consumidoras, aunque muchas de ellas son también empresas productoras.

El esquema siguiente ilustra las funciones de los diferentes sectores económicos.

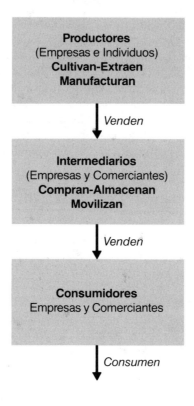

Las operaciones comerciales

Si un comerciante da o recibe otro producto como pago de una transacción, a esta operación la llamamos **permuta** o **trueque.** Si en la transacción se da o se recibe dinero a cambio de productos, tenemos una **compraventa.** Estas operaciones pueden clasificarse según los siguientes criterios:

- Las funciones que realizan las partes que participan en las operaciones:
    1. operaciones de compraventa
    2. operaciones de transporte
    3. operaciones de crédito
- La cantidad de mercadería que se intercambia:
    1. operaciones al por mayor° o al mayoreo°
    2. operaciones al por menor,° al menudeo° o al detal°
- Las condiciones establecidas para el pago del precio:
    1. operaciones al contado°
    2. operaciones a plazos°
    3. operaciones a crédito o al fiado°

- El territorio en el cual o a través del cual el producto se desplaza:
    1. operaciones en plaza°
    2. operaciones de expedición
    3. operaciones de importación/exportación

La reglamentación comercial

Los países hispanos, como los otros países, tienen complejos sistemas legales que regulan las actividades comerciales. Hoy en día, las leyes que reglamentan estas actividades son de tres clases: las leyes internacionales, las leyes nacionales y las ordenanzas locales. Además, hay ciertas leyes específicas que regulan las transacciones comerciales de ciertos productos como explosivos, sustancias tóxicas, medicinas y otros productos.

Las leyes internacionales son generalmente convenios° internacionales celebrados entre dos o más países. Estos instrumentos regulan sus transacciones comerciales. La Comunidad Económica Europea (CEE), el Mercado Común Centroamericano (MCCA) y el Pacto Andino son ejemplos de esta clase de tratados.

Nota de Interés profesional

Existe gran similaridad entre las leyes comerciales de los diferentes países hispanoamericanos. Examinando los códigos de comercio, por ejemplo, se notará que sus estipulaciones son tan similares que parece que los textos hubieran sido parafraseados.

Las convenciones internacionales, también ayudan a que las reglas sobre el comercio sean casi iguales en los países hispanos que las han suscrito. De esta manera los comerciantes pueden realizar más fácilmente sus transacciones cuando viajan de país en país.

Las leyes nacionales regulan todas las actividades comerciales que las empresas, los ciudadanos y los extranjeros realizan dentro del país. La Constitución contiene siempre los principios básicos de derecho para practicar el comercio. Además, cabe mencionar otras leyes importantes como el Código Civil, el Código de Comercio, la **Ley de Bancos,** la **Ley de Hacienda** y la **Ley de Aduanas.**

Las leyes locales, aprobadas por los municipios, cabildos,° ayuntamientos° o las autoridades seccionales, regulan también las actividades comerciales. El comerciante debe familiarizarse con estas ordenanzas y reglamentos para poder llevar a cabo sin contratiempos las actividades de negocios.

Instituciones relacionadas con el comercio

Debido a la complejidad de los negocios, el comerciante necesita también el apoyo y los servicios de ciertas organizaciones profesionales. Entre las principales organizaciones están las *cámaras de agricultura,* las *cámaras de comercio,* las *cámaras de industria,* la *bolsa de valores,* la *bolsa de productos,* la *banca* y las *compañías de seguros.*

Las *cámaras de agricultura* agrupan a los agricultores de determinado lugar para proporcionarles informes, protección y representación profesional. Casi siempre las cámaras de agricultura exigen una cuota a sus miembros, vigilan sus actividades y dan garantías de su seriedad y profesionalidad.

Las *cámaras de comercio* son organizaciones que, a condición de pagar una cuota, agrupan a los comerciantes de un lugar con el propósito de desarrollar el comercio y ofrecer a sus miembros informes, respaldo y protección. También sirven al gobierno y al público en general, dando informes y opiniones sobre las actividades comerciales de la región y del país. Por esa razón los gobiernos, las empresas y los ciudadanos recurren a ellas antes de tomar decisiones sobre la legislación, las **inversiones** y las operaciones relacionadas con el comercio nacional e internacional.

Las *cámaras de industria* agrupan a los industriales para proteger sus intereses y los de la industria en general. Estas asociaciones no están tan estructuradas como las cámaras de comercio o de agricultura, pero sí tienen enorme influencia en la vida económica y en las actividades comerciales del país.

La *bolsa de valores* y la *bolsa de productos* son mercados establecidos y controlados bajo la autoridad del gobierno. En la bolsa de valores se compran y se venden documentos negociables como títulos de crédito y acciones. En la bolsa de productos se hacen transacciones de determinadas mercaderías como cereales, frutas, legumbres, azúcar y café, al contado o a crédito.

La *banca* la constituyen las instituciones públicas o privadas que se dedican al comercio de capitales. En vista de la diversidad de actividades que realiza, la banca es una de las instituciones más importantes en el desenvolvimiento° del comercio nacional e internacional. Los **aportes** de los accionistas° forman el capital social;° el público y el gobierno también depositan fondos. Los bancos emplean todos esos capitales en operaciones de crédito, en inversiones o en otras actividades financieras, como las siguientes:

- Depósito de fondos y valores: cuentas corrientes,° cuentas de ahorro,° cajas fuertes,° cajas de seguridad.°
- Crediticias, como **prestamistas** de fondos: **préstamos hipotecarios, préstamos prendarios, préstamos quirografarios.**

- Recaudación° de títulos de crédito y otros valores.°
- Emisoras: acuñación° de moneda y emisión° de billetes. Esta función generalmente es ejercida por los bancos llamados «Bancos de la Nación» o «Bancos Centrales».
- Fiduciarias.
- Cambiarias, para facilitar la conversión de divisas.
- De inversión, para la creación de nuevas industrias y para percibir **réditos.**

Nota de · · · · · · · · · · · **Interés** · · · · · · · · · · · **profesional** · · · · · · · · · · ·	Algunos bancos están autorizados por la Ley de Bancos a realizar una o varias de estas funciones. Si un banco se especializa en alguna de ellas, lleva la denominación apropiada, como *Banco de Préstamos, Banco Hipotecario, Banco de Crédito, Banco de Ahorros.* Otros bancos tienen una razón social° propia como *Banco Popular de la Nación, Banco de Vizcaya, Banco Hispanoamericano.*

Somos un Banco suficiente para servirle.

Banco Latino
SOCIEDAD NACIONAL DE CREDITO

Los *seguros* sirven para protegernos contra los riesgos que existen en cualquier actividad. En la vida de los negocios, para disminuir las pérdidas que estos riesgos traen consigo, los comerciantes obtienen una póliza de seguros por la cual el asegurador, generalmente una compañía de seguros, se compromete a garantizar al asegurado que asumirá las responsabilidades y pérdidas, pagando al beneficiario las indemnizaciones acordadas en el contrato. Por su parte, el asegurado deberá pagar por adelantado una cantidad de dinero, la **prima.**

Los riesgos contra los que con más frecuencia los comerciantes aseguran sus operaciones son incendio, robo, pérdida o extravío, daños y desperfectos. Por lo general, no hay seguros contra **fuerza mayor** o **caso fortuito.**

Los documentos

Técnicamente hablando, un documento es un escrito que sirve para probar o para hacer constar° permanentemente un hecho o un acto. La afirmación «Juan es ciudadano mexicano» debe ser probada por medio de un escrito (documento) como la partida de nacimiento,° el pasaporte u otro documento aceptable. Ese escrito debe ser permanente; es decir, su texto no debe ser fácilmente adulterado ni destruido. Por ejemplo, un cheque escrito a lápiz no sería un documento aceptable puesto que fácilmente se podría cambiar la cantidad, el nombre del beneficiario, la fecha y otros elementos expresados en él al ser girado.°

Banco del País, S. A.

No. 2 6 5 1   _____ de 19___

Páguese por este cheque a la orden de _____ $ _____

_____

Cta. Núm._____   _____

Por las formalidades utilizadas al ser **expedidos,** los documentos pueden ser públicos, privados, **consuetudinarios** y legales.

Los *documentos públicos* se expiden con la intervención de funcionarios públicos como notarios o jueces porque sólo así son válidos o porque se les quiere dar mayor fuerza legal.

Los *documentos privados* son expedidos por las personas interesadas en ellos, sin cumplir ciertas formalidades legales como la participación de funcionarios del gobierno o de testigos. El **pagaré** que firma un deudor o la **letra de cambio** girada por el acreedor pertenecen a esta clase de documentos.

Los *documentos consuetudinarios* han llegado a establecerse a través de los años, por la costumbre, no por una ley u ordenanza que los haya creado. El recibo expedido por el acreedor o la **factura** de una tienda son ejemplos típicos de documentos consuetudinarios.

Los *documentos legales* son los que han sido expedidos en cumplimiento de una ley, ordenanza o reglamento. Casi siempre la ley estipula lo que debe contener el documento y el formato que hay que seguir.

El documento expedido por el Jefe de Identificación y Dactiloscopia de Quito, Ecuador, por ejemplo, es un documento legal porque ha sido otorgado de acuerdo al Artículo 14 del Reglamento de Identificación, y conforme a la Ley No. 104 del 27 de noviembre de 1935.

Los documentos comerciales

Un *documento comercial* es un escrito con el que se prueba la realización o preparación de una operación comercial, así como el cumplimiento de las obligaciones contraídas.

Se puede distinguir las siguientes clases de documentos comerciales: *documentos de compraventa, documentos de transporte, documentos de crédito, documentos públicos, documentos de contabilidad,° documentos de seguros* y las *comunicaciones comerciales.*

Los *documentos de compraventa* son muy importantes. Entre ellos hay que mencionar la **requisición de compra,** la **requisición de precios,** la **cotización,** el **pedido,** la factura y la **nota de entrega.**

La factura que aparece a continuación, expedida por la Librería y Papelería Helvetia, es un ejemplo típico de los documentos de compraventa.

Los *documentos de transporte* existen por la necesidad que hay de movilizar ordenadamente las mercaderías de un lugar a otro y de conservar al mismo tiempo una prueba documental de esa movilización. Entre los numerosos documentos de transporte cabe mencionar el **recibo de carga**, el **conocimiento de embarque**, la **guía aérea** y la **guía** o **talón de ferrocarril.** El recibo de carga que se ve aquí es un modelo clásico de un documento de transporte.

Los *documentos de crédito*, llamados también efectos de comercio°, facilitan las compraventas a crédito, los préstamos° y otras operaciones financieras. Entre los documentos de crédito más utilizados en el comercio se encuentran el **recibo,** el **vale,** el cheque, el pagaré, la letra de cambio y la **carta de crédito.**

El formulario que sigue muestra cómo es una letra de cambio.

Los *efectos públicos* son documentos expedidos y puestos en circulación por el gobierno para que sean adquiridos por el público. De esa manera el gobierno obtiene los fondos necesarios para atender a los gastos de determinados proyectos. Ejemplos de esta clase de documentos son los bonos del estado, los bonos municipales y las **cédulas hipotecarias.**

BONOS del ESTADO

AL 15,50 POR CIENTO ANUAL

Real Decreto 352/1984 de 22 de febrero y Orden ministerial de 5 de marzo de 1984.

EL ESTADO ESPAÑOL, y en su nombre la Dirección General del Tesoro y Política Financiera, emite Bonos del Estado al 15,50 por 100 y reconoce al portador de este título el capital nominal que se expresa.

El interés anual indicado se pagará por semestres vencidos en 5 de mayo y 5 de noviembre de cada año.

CAPITAL   **10.000**   PESETAS

Los títulos se amortizarán por su valor nominal a los tres años de la fecha de emisión, es decir, el 5 de mayo de 1987.

NUMERACION

FACSIMIL

EL INTERVENTOR.

Madrid, 5 de mayo de 1984
EL DIRECTOR GENERAL DEL TESORO Y POLITICA FINANCIERA

Los *documentos de contabilidad* sirven para respaldar° la contabilidad que los comerciantes deben llevar. Para ello hacen falta los documentos apropiados, los cuales debidamente organizados, protocolizados y registrados den fe° del estado financiero de la empresa.

El **tenedor de libros** es la persona que hace los asientos° contables en el libro mayor, el libro diario, el libro de caja o el libro de inventarios. Uno de los documentos contables preparados por los contadores° es el llamado **balance general** que demuestra la situación financiera de una empresa al terminar el año.

Los *documentos de seguros* son preparados por las compañías de seguros para dejar constancia° de sus numerosas actividades. Los documentos más utilizados son la póliza° y el **certificado de seguros.**

Las *comunicaciones comerciales* forman otro grupo importante de documentos. Las actividades de negocios producen un gran número y una gran variedad de comunicaciones que, por razones legales, por seguridad y por necesidad de comprobación y consulta, tienen que ser conservadas con orden y seguridad para que sean utilizadas fácilmente cuando sea necesario. Al conjunto de documentos debidamente organizados se llama *archivo.*

PALABRAS Y EXPRESIONES CLAVES

a crédito: operación comercial en la que el valor del bien adquirido se paga posteriormente.

alquilar: permitir que otra persona use un bien por un tiempo determinado, a cambio del pago de una cantidad acordada.

aporte: dinero entregado para formar el capital de una empresa o un fondo que servirá más tarde para un fin determinado.

balance general: documento de contabilidad que demuestra el estado financiero de una persona o empresa al término de un período determinado.

bursátil: actividad o documento relacionado con la compra de acciones, bonos y otros valores que circulan en el mercado de valores.

carta de crédito: documento expedido generalmente por un banco solicitando que un banco corresponsal u otra persona entregue una cantidad de dinero a la persona a cuyo favor se ha escrito la carta.

cédula hipotecaria: documento en el que el derecho del beneficiario para recibir una cantidad de dinero está asegurado con la garantía de un bien inmueble.

certificado de seguros: documento expedido por el asegurador para probar que existe un contrato de seguros.

código: recopilación de leyes organizada según un plan determinado y sobre una materia específica.

compraventa: operación por la que se transfiere un bien a cambio de un precio convenido.

conocimiento de embarque: documento de transporte marítimo en el que el capitán del barco declara que ha recibido una carga para ser transportada a un puerto determinado.

consuetudinario: algo que se hace continuamente, por costumbre.

corredor de bolsa: persona que tiene como profesión el ser intermediario en la compra y venta de acciones, bonos y otros valores.

cotización: documento en el que el vendedor potencial expresa la decisión de vender una cosa, el precio y las condiciones de la compraventa.

expedir: escribir un documento; enviar algo; hacer algo con prontitud; aprobar una ley.

factura: documento comercial que el vendedor manda al comprador y que describe la mercadería vendida, su precio, cantidad y otros datos importantes para la compraventa.

fuerza mayor/caso fortuito: un riesgo indeterminado fuera del control del hombre (*an act of God*).

guía aérea: documento expedido por una línea aérea para certificar que se ha recibido una carga para ser aerotransportada a determinada ciudad.

guía/talón de ferrocarril: documento expedido por la empresa de ferrocarriles, en el que consta que se ha recibido una carga para ser transportada a una ciudad determinada.

inversión: dinero utilizado para que produzca ganancias.

letra de cambio: documento de crédito en el que una persona ordena que otra persona entregue a una tercera persona o a la misma que ha dado la orden, una cantidad de dinero determinada en un plazo establecido.

Ley de Aduanas: normas sobre la importación y exportación de mercaderías, y sobre la imposición y cobro de impuestos causados por esas actividades.

Ley de Bancos: normas relacionadas con la creación, operación, y clausura de instituciones de crédito.

Ley de Hacienda: normas relativas a los ingresos o impuestos y egresos o gastos fiscales.

lucro: ganancia o provecho que se obtiene de una cosa o de una actividad comercial.

nota de entrega: documento preparado por el vendedor para probar cómo se ha enviado la mercadería; los paquetes, el contenido de los paquetes; el transportador, fecha de remisión; y la constancia de que el comprador la ha recibido.

pagaré: documento en el que un deudor promete pagar al acreedor una suma de dinero dentro de un determinado plazo.

pedido: documento en el que el comprador expresa su decisión de comprar, y asimismo da al vendedor todos los detalles del bien o servicio que va a comprar.

permutar: cambiar una cosa por otra, transfiriendo legalmente el derecho de propiedad que los contratantes tienen.

préstamo hipotecario: préstamo garantizado por bienes inmuebles—casas, terrenos, fincas.

préstamo prendario: préstamo garantizado por bienes muebles—maquinaria, muebles, joyas.

préstamo quirografario: préstamo garantizado por un documento promisorio que no está firmado por un notario.

prestamista: individuo o empresa que presta dinero para ganar intereses.

prima: la cantidad que debe pagar el asegurado al asegurador para que el beneficiario reciba la indemnización si ocurriera el riesgo establecido en la póliza de seguros.

recibo: documento que prueba que una persona ha recibido de otra, en un lugar y tiempo específicos, una cantidad de dinero por una razón determinada.

recibo de carga: recibo dado por el transportador declarando que ha recibido una carga para ser transportada.

rédito: los intereses que produce el capital.

requisición de compra: documento que sirve para solicitar la adquisición de un bien o un servicio.

requisición de precios: documento enviado por el comprador para solicitar informes sobre la existencia, el precio y condiciones bajo las que un vendedor potencial realiza la venta del bien o servicio necesitados por el comprador.

tenedor de libros: persona experta que sabe llevar las cuentas de una persona o empresa.

trueque: operación comercial en la que el comprador da, como pago del precio de un bien, otro bien.

vale: documento en el que se indica el derecho del portador a recibir la cantidad de dinero o la mercadería especificada.

EJERCICIOS Y PRÁCTICA

Enriquezca su vocabulario

A. Si conocemos la palabra que designa el establecimiento donde se vende un determinado producto, muchas veces podemos formar el término que se refiere a la persona que lo vende. Basta añadir el sufijo **-ero.**

> **EJEMPLO:** la panadería ⟶ **panadero**

1. la carnicería
2. la librería
3. la heladería
4. la pescadería

B. ¿Qué venden en sus respectivos establecimientos los mercaderes de la lista que sigue?

EJEMPLO: En la panadería el **panadero** vende **pan.**

1. En la joyería el _____ vende _____.
2. En la frutería la _____ vende _____.
3. En la lechería la _____ vende _____.
4. En la sombrerería el _____ vende _____.

C. Amplíe el vocabulario utilizando cognados de palabras comerciales. Ciertas palabras inglesas que terminan en *-ty* y otras que terminan en *-tion* tienen sus equivalentes españolas terminadas en **-dad**/**-tad** o **-ción,** respectivamente.

EJEMPLO: *liberty* ⟶ **libertad**

1. *capacity*   _____
2. *unity*   _____
3. *prosperity*   _____
4. *parity*   _____
5. *productivity*   _____

6. *compensation*   _____
7. *depreciation*   _____
8. *deflation*   _____
9. *jurisdiction*   _____
10. *amortization* _____

Exprésese en español

A. Traduzca las siguientes palabras al inglés y luego escriba con ellas una oración completa en español.

EJEMPLO: accionista: *shareholder, stockholder*
Los accionistas se reunirán mañana.

1. prima
2. alquilar
3. prestamista
4. factura
5. pedido

B. Escriba una oración en inglés utilizando la expresión dada. Luego traduzca dichas oraciones al español.

EJEMPLO: *insurance policy*
The manager signed the insurance policy.
El gerente firmó la póliza de seguros.

1. *cash and carry sale*
2. *wholesale*
3. *consumer goods*
4. *installment selling*
5. *stock market*

Demuestre su competencia profesional

A. El anuncio que sigue apareció en un periódico de una ciudad de Sudamérica. Léalo con atención y conteste las preguntas que aparecen a continuación usando oraciones completas.

LA CAMARA DE PEQUEÑOS INDUSTRIALES DE PICHINCHA
Y
EL CENTRO DE DESARROLLO INDUSTRIAL DEL ECUADOR

INVITAN, a los Gerentes y Propietarios de Empresas al seminario "METODOS ESTADISTICOS DE CONTROL DE CALIDAD", que dictarán expertos del Centro de Desarrollo Industrial del Ecuador-CENDES.

El Seminario se lo dictará en el Auditorium "Luis Ortiz Crespo" de la CAPEIPI. Avda. 10 de Agosto 5.070 y Naciones Unidas, 5to. piso.

El tiempo de duración será de 15h00, divididas en tres horas diarias, del 19 al 23 de septiembre de 1983.

El valor de la inscripción es de s/. 2.000,00 y (para afiliados a la Cámara con carnet al día s/. 1.000,00) por participante, las mismas que se receptarán en la CAPEIPI por la Srta. Katty Peña A.

1. ¿Quiénes invitan a los gerentes propietarios de empresas?
2. ¿Sobre qué tratará el seminario que dictarán los expertos de CENDES?
3. ¿A qué institución corresponden las siglas C-E-N-D-E-S?
4. ¿En qué local tendrá lugar este seminario?
5. ¿Cuántos días durará el seminario?
6. ¿Cuántas horas diarias de instrucción recibirán los que asistan al seminario?
7. ¿Qué tienen que presentar los afiliados a la Cámara de Pequeños Industriales para poder pagar sólo S/1.000,00 de inscripción?
8. ¿En qué piso del edificio CAPEIPI se llevará a cabo el seminario?
9. ¿A quién deberán entregar los afiliados la inscripción?
10. ¿A quiénes está dirigido este anuncio?

B. La carta que aparece a continuación se refiere a una operación de compraventa y en ella se mencionan cuatro documentos estudiados en este capítulo. Identifique los documentos e interprete la carta dando contestación a las preguntas que siguen.

EXPORTCOMPUTADORA, S.A.

Tel. 450-150   Ave. Patria No. 987   Apartado No. 654

Lima, 30 de abril de 19___

Sr. Dn.
Carlos Alberto Arroyo D.
Banco Nacional de Fomento
Sucursal Norte
Trujillo

Muy señor nuestro:

Tenemos el gusto de comunicarle que recibimos su pedido del 14 del mes pasado y que de inmediato hemos despachado por vía aérea la microcomputadora, la pantalla, el teclado y la impresora que desea adquirir el Banco Nacional de Fomento para la Sucursal Norte de la ciudad de Trujillo.

Adjuntas a la presente le enviamos la guía aérea No. AM-1357 y la factura comercial No. CA-2468, referentes a esta transacción comercial.

Rogándole nos acuse recibo de la remesa de mercadería y de los documentos antes mencionados, nos despedimos repitiéndole nuestro agradecimiento y quedando como siempre,

sus attos. y seguros servidores

POR EXPORTCOMPUTADORA, S.A.

Pedro Antonio de Alarcón
GERENTE DE VENTAS

Anexos: Guía Aérea No. AM-1357
        Factura No. CA-2468

1. ¿Qué empresa compra la microcomputadora, la pantalla, el teclado y la impresora?
2. ¿Qué empresa vende el equipo?
3. ¿Cuándo hizo el pedido el comprador?
4. ¿A qué grupo de documentos comerciales pertenece la guía aérea?
5. ¿A qué grupo de documentos comerciales pertenece la factura?
6. ¿Por qué medio de transporte han despachado el pedido?
7. ¿En qué ciudad del Perú está situada la compañía EXPORTCOMPUTADORA S.A.?
8. ¿En qué ciudad está situada la empresa compradora?
9. ¿Qué le pide el gerente de ventas que haga el representante del Banco Nacional de Fomento cuando reciba la remesa?
10. ¿Qué documentos van adjuntos a la carta?

¡El negocio está en sus manos!

A. Ahora, refiriéndose al anuncio que aparece en la página 16, escriba una carta indicando que usted asistirá al seminario como gerente de la Compañía de Transportes América, S.A. Las respuestas que dé a las siguientes preguntas podrán servir para organizar el texto de la carta.

1. ¿A qué persona debe dirigir la carta?
2. Como usted no es todavía miembro de la Cámara de Pequeños Industriales, ¿cuánto tendrá que pagar para inscribirse en el seminario?
3. ¿A qué dirección debe mandar la carta?
4. Para que el dinero de la inscripción llegue con mayor seguridad, ¿cómo va a enviarlo?
5. ¿Cuántas horas de instrucción quiere usted recibir?

B. Utilizando la información de la carta que aparece en la página 17, complete el formulario de la nota de remisión que sigue.

NOTA DE REMISION

FECHA _____ **DE 19** ___

SR.(S) _____

DIRECCION _____

REMITO A UD.(S) LO SIGUIENTE:

CANTIDAD	ARTICULO	PRECIO	

Notas

1. Art. 5o., *Código de Comercio*, 33a. ed. (México: Editorial Porrúa, 1978) 4.
2. Art. 11, *Código de Comercio Terrestre*, 2a. ed. (Bogotá: Editorial Voluntad, 1968) 9.
3. Art. 1, *Código de Comercio y Leyes Complementarias*, 8a. ed. (Madrid: Editorial Civitas, 1984) 37.

CAPÍTULO 2

La correspondencia: Un fenómeno comunicativo

Las comunicaciones

Las relaciones que se establecen en la vida real, se conservan o se reanudan mediante las comunicaciones. El medio ideal de comunicación es la conversación personal porque en ella intervienen todas las vivencias del hombre expresadas por medio de la vista, la palabra, el oído, el tacto; todo lo cual denota los cambios intelectuales y afectivos que ocurren en los **interlocutores.**

"Es una encuesta para determinar si las personas disfrutan su retiro".

Los elementos esenciales para que exista la comunicación son los siguientes: el **emisor,** que es la persona que concibe la comunicación, **codifica** el mensaje y lo transmite; el **receptor,** que recibe la comunicación, decodifica el mensaje y reacciona; el mensaje mismo, o sea las ideas y sentimientos que se transmiten; un **código lingüístico** o sistema común para los interlocutores; y el vehículo utilizado para llevar el mensaje.

La *concepción* del mensaje es la etapa intelectual en la que el emisor identifica las ideas y los sentimientos que quiere trasmitir al receptor.

La *codificación* del mensaje incluye dos operaciones: escoger los recursos lingüísticos que expresarán las ideas y los sentimientos concebidos (léxico, estructuras sintácticas, estilo), y trasladar todo eso al vehículo que llevará el mensaje (voz, texto, clave°).

La *transmisión* del mensaje se realiza por medio de instrumentos que llegan al receptor. La tecnología moderna ha facilitado este proceso por medio de las publicaciones, el teléfono, la radio, la televisión, el télex, el teletipo, la computadora.

La *decodificación* del mensaje la realiza el receptor, quien tiene que descifrar sus elementos (sonidos, señales electrónicas, **grafías**), y además internalizar su carga intelectiva y afectiva.

La *reacción* es el resultado de la internalización de las ideas y los sentimientos. A veces, la reacción puede ser el silencio; en ese caso el fenómeno comunicativo termina. Otras veces, comienza un nuevo fenómeno comunicativo; en ese caso, la concepción de un nuevo mensaje da comienzo a un nuevo proceso. El diagrama que sigue muestra el proceso del fenómeno de la comunicación.

El Fenómeno Comunicativo

Emisor

Receptor

1. Concepción

Elementos y Procesos

5. Reacción

Mensaje

2. Codificación → 3. Versión → 4. Decodificación

Cada uno de los procesos del fenómeno comunicativo es importante. En efecto, si no se conciben con claridad las ideas ni se identifican y miden con precisión los sentimientos expresados en el mensaje, éste ya posee desde un principio fallas que afectarán a todos los procesos subsiguientes.° Por otra parte, aunque la concepción del mensaje fuera perfecta, si hay fallas en el lenguaje escrito, el mensaje sufriría distorsiones lamentables, como ocurre cuando el emisor está manejando un idioma que no domina.

También el vehículo utilizado y sus elementos tienen enorme influencia en el proceso comunicativo. Nos referimos al tipo de comunicación escogido, al formato, al papel y aun al color de la tinta.°

Nota de
Interés
profesional

En la cultura hispana se rechaza como inaceptable el uso de tinta roja para escribir cartas, pudiendo ser interpretado como un signo negativo, menosprecio a las normas culturales y al receptor. De la misma manera, sería inaceptable escribir cartas o cualquier otra comunicación en hojas de papel sucias o arrugadas o utilizar un **recado** para solicitar oficialmente un favor muy especial a un superior.

Importancia de las comunicaciones

Como antes se dijo, la comunicación ideal es la que ocurre a través de la conversación entre dos personas. En la vida real, sin embargo, hay que recurrir a otros medios de comunicación. El teléfono y la radio han hecho casi ilimitado el alcance° de la voz humana. La televisión vuelve «presencia» la «ausencia» de los interlocutores. El telégrafo, el teletipo, el télex y los satélites han hecho instantánea la transmisión de los mensajes. A pesar de todo, siguen siendo importantes las comunicaciones escritas porque gracias a ellas se aumentan los conocimientos, se transmiten y se recobran° para ser utilizados cuantas veces sea necesario.

Finalmente, las comunicaciones escritas ponen al alcance de otras personas los acontecimientos o hechos en los que no participaron activamente, volviendo así universalmente accesible todo tipo de información.

La utilización de las comunicaciones en los negocios es aun más importante, puesto que una operación comercial es un acto del cual es necesario **dejar constancia** permanente. Por otra parte, como vivimos en la era de la **informática,** es aun más necesario el conservar registros permanentes de las actividades comerciales a fin de poder referirse a ellos para analizar datos, comprobar responsabilidades, predecir tendencias futuras.

Las leyes comerciales de los países hispanos regulan también, con asombrosa uniformidad, todo lo que se refiere a las comunicaciones de negocios. El Código de Comercio de Colombia dice que «los comerciantes deberán conservar los libros y papeles de su **giro,** hasta que termine de todo punto la liquidación de sus negocios. La misma obligación pesa sobre sus herederos°». «El libro copiador de cartas estará **encuadernado, forrado** y **foliado;** y los comerciantes trasladarán° a él íntegramente° por el orden de sus fechas, y sin dejar **folios** en blanco, todas las cartas que escriban sobre los negocios de su giro por cualquier medio que asegure la exactitud y duración de la copia.» «Los comerciantes están obligados a conservar en **legajos,** ordenados cronológicamente, todas las cartas que reciban relativas a sus negocios, y a anotar en ellas la fecha de la contestación o si no la dieron.» [1]

Y en el Código de Comercio de Bolivia leemos: «En el libro copiador trasladarán los comerciantes íntegramente **a la letra,** todas las cartas que escriban relativas a su giro, en el mismo idioma en que las hayan dirigido. Las que reciban de sus **corresponsales** las conservarán en legajos, y al **dorso** en cada una anotarán si la contestaron o no, con la fecha.» «Las cartas se copiarán en el libro por el orden de sus fechas, y unas tras otras, sin dejar intermedios° ni huecos en blanco,° salvándose° las erratas por notas dentro del margen del libro precisamente.»[2]

Puesto que tanta importancia tienen las comunicaciones en las actividades humanas, y puesto que las leyes disponen° que las consideremos como documentos importantísimos en la práctica del comercio, es necesario familiarizarse con ellas y desarrollar la habilidad para escribirlas e interpretarlas acertadamente.

La correspondencia

Al referirnos a las comunicaciones, la palabra correspondencia puede tener dos definiciones:

- ***El arte de escribir e interpretar las comunicaciones.*** Como todo arte, puede ser enseñado, aprendido y utilizado en cualquier circunstancia de la vida. Por esa razón se imparten cursos de correspondencia en los que el estudiante adquiere la **pericia** necesaria para escribir e interpretar las comunicaciones.

- ***El conjunto de comunicaciones enviadas o recibidas por una persona.*** Si decimos que vamos a la oficina de correos a recoger nuestra correspondencia, nos estamos refiriendo a las comunicaciones—cartas, tarjetas,° postales°—que esperamos haber recibido en nuestra **casilla postal.**

Las personas involucradas en el proceso de la creación, la circulación y el destino final de las comunicaciones son el *remitente,* el *portador* y el *destinatario.*

En la carta que aparece en el documento 2.1 podemos distinguir claramente quién es el remitente y quién es el destinatario.

El *remitente* es la persona responsable de la creación de la comunicación, sea directamente porque escribió o dictó la carta, o indirectamente porque con su firma autoriza el texto de ella. En el ejemplo de la página 26, el Mayor General Álvaro Enrique Mejía Soto es el remitente porque su firma y **rúbrica** autorizan el oficio° e indican que él lo **redactó.** A esta sección también pertenece el **membrete** que da a conocer la empresa o **dependencia** representada por el remitente; en este caso, la Corporación de la Industria Aeronáutica Colombiana, S.A.

Documento 2.1

MINISTERIO DE DEFENSA NACIONAL

CORPORACION DE LA INDUSTRIA AERONAUTICA COLOMBIANA. S. A.

Aeropuerto ELDORADO - Entrada Nº 1 - Apartado Aéreo Nº 14446 - Bogotá, D. E.
Cables: "INDAERONAUTICA" · Telefonos: 268 46 42, 244 86 22, 244 45 47
Conmutador: 244 34 54, 244 45 63, 244 45 64, 244 86 24
Telex 45254 CIAC · CO.

No. 0176-DA/85

Bogotá, D.E., Octubre 28 de 1.985

Señores
TELEDYNE CONTINENTAL MOTORS
AIRCRAFT PRODUCTS DIVISION
P.O. BOX 90
Mobile, Alabama 36601

Apreciados señores :

Con el presente   la CORPORACION DE LA INDUSTRIA AERONAUTICA COLOMBIANA
S.A., se permite devolver el Cuestionario remitido a ésta Empresa, como
entidad que consume repuestos para motores de la categoría de 500 HP o
menos.

El anterior cuestionario fué desarrollado por técnicos de ésta Corporación y funcionarios que controlan las compras y consumos de repuestos pa
ra aviación.

Con lo anterior, consideramos haber satisfecho lo propuesto por su firma.

Atentamente,

MAYOR GENERAL (R) ASDARO ENRIQUE MEJIA SOTO
GERENTE

PGP/mml.-

El *destinatario* es la persona a quien va dirigida la comunicación. Por consiguiente,° el destinatario debe estar identificado por medio de su nombre, si es un comerciante, o por la **razón social,** si es una empresa.

El *portador* es la persona responsable de llevar la comunicación a su destino final. Puede ser una empresa gubernamental (Correos del Estado); una empresa particular que ha obtenido la licencia o la concesión necesaria para hacerlo; o una persona dedicada a este tipo de trabajo como son los mensajeros. Como se verá más adelante, los datos relacionados con el portador aparecen en el sobre o en el papel del mensaje, como en el caso del telegrama.

Clasificación de las comunicaciones

La costumbre, las normas sociales, el tipo de actividad a que se refieran, las personas que las utilicen han ido produciendo diferentes tipos de comunicaciones.

La *correspondencia personal* está constituida por las comunicaciones que se refieren a situaciones familiares o de amistad. Las cartas que escribimos a nuestros parientes, los telegramas que dirigimos a los amigos pertenecen a este grupo.

La *correspondencia social* comprende las comunicaciones relacionadas con los compromisos° que nuestra vida social nos impone, como los **partes** de matrimonio; los anuncios de nacimiento y bautizo; las tarjetas de felicitación por el cumpleaños o el **onomástico;** las tarjetas de pésame y otras comunicaciones de esta **índole.**

Paz Amor y Prosperidad

desea para ustedes

Fernando Reta Martínez

Señores

ADMON IMPUESTOS NACIONALES

Bogotá.

Yo, Hansjoerg Clauss Buerker, en mi condición de representante legal de la compañía Importadora y Laboratorios Fotográficos Limitada "IMPOLAF LTDA", identificada con NIT 60'042.913 y matriculada en la Cámara de Comercio de Bogotá según registro mercantil número 26.339, me comprometo ante la administración de Impuestos Nacionales a cumplir con la oportuna presentación de la Declaración de Renta por el año gravable de mil novecientos setenta y nueve y a cancelar los impuestos de renta y complementarios, que le puedan corresponder al señor John Michel McAdams de nacionalidad norteamericana identificado con cédula de extranjería número 190.476 expedida en Bogotá y NIT   ;quien se ausentará del país transitoriamente. Esta garantía cubre todas las salidas transitorias que pueda registrar el señor McAdams durante el presente año.

De ustedes:

ATT: IMPOLAF LTDA

Hansjoerg Clauss Buerker.

Adjuntamos: Paz y Salvo Nacional de la empresa número 606640 valido hasta el 10 de Septiembre/79.

Fotocopia de la Cámara de Comercio de Bogotá.

La *correspondencia oficial* está constituida por las comunicaciones usadas por los empleados o funcionarios del gobierno, en uso de las funciones que le han sido **encomendadas** y por los ciudadanos y empresas que tienen que comunicarse con ellos.

Ese empleado u oficina puede pertenecer al gobierno local, como el alcalde° de una ciudad; al gobierno regional, como el gobernador de un estado o provincia; al gobierno nacional, como un ministro o secretario de estado de un país; o a una dependencia gubernamental autónoma, como el rector de una universidad estatal.

En la correspondencia oficial se puede distinguir tres grupos de comunicaciones: las que se dirigen unos funcionarios a otros dentro del país; las que dirige el gobierno de un país al gobierno de otro país—es la correspondencia diplomática; las que dirigen las personas o empresas a los empleados del gobierno y viceversa. Todas estas comunicaciones tienen un formato y un estilo especiales y muchas veces están escritas en un papel especial llamado **papel sellado** o **papel timbrado.**

PALABRAS Y EXPRESIONES CLAVES

a la letra: palabra por palabra; exactamente.

casilla postal: caja que una persona o empresa alquila en la oficina de correos para recibir su correspondencia.

codificar: poner un mensaje en un lenguaje convencional para que sea comprendido por el destinatario.

código lingüístico: sistema lingüístico que permite escribir mensajes y descifrar su contenido.

corresponsal: persona con la que se está en contacto por medio de comunicaciones.

dejar constancia: tener prueba.

dependencia: oficina; departamento; sección.

dorso: parte posterior de un objeto plano.

emisor: persona que concibe y emite un mensaje.

encomendar: dar; entregar.

encuadernar: cubrir un libro con un material protector, resistente, para que se conserve mejor.

foliar: escribir el número de la página de un libro o cuaderno.

folio: hoja de papel; página.

forrar: cubrir temporalmente un objeto con un material protector, generalmente ligero, para que se conserve mejor.

giro: negocio; actividad.

grafía: signo lingüístico escrito.

índole: clase; tipo.

informática: ciencia que trata del manejo de la información por medio de ordenadores.

interlocutor: persona que participa en un diálogo.

legajo: varias hojas de papel aseguradas para que permanezcan juntas.

membrete: sección superior impresa de un papel de carta que indica el nombre del comerciante o de la empresa y otros datos importantes como la dirección, el teléfono, etc.

onomástico: día del santo de una persona.

papel sellado/papel timbrado: papel especial con sello del gobierno utilizado para escribir ciertos documentos.

parte: comunicación que informa a una persona sobre un evento importante.

pericia: habilidad; conocimiento.

razón social: nombre legal de una empresa.

recado: comunicación breve, sin formalidades externas ni estilísticas, utilizada en situaciones de rutina.

receptor: persona que recibe e interpreta un mensaje.

redactar: escribir; componer.

rúbrica: dibujo que cada persona diseña como parte de su firma.

EJERCICIOS Y PRÁCTICA

Enriquezca su vocabulario

A. En español muchas palabras antónimas se forman anteponiendo el prefijo **in-** al término afirmativo. Siguiendo este paradigma, forme los antónimos de las palabras que siguen y dé la equivalencia en inglés.

EJEMPLO: clemente ⟶ **inclemente;** *clement* ⟶ *inclement*

1. apropiado
2. capacidad
3. cumplimiento
4. dependencia
5. directo
6. esperado
7. estable
8. flexible
9. humano
10. necesario
11. ofensivo
12. seguridad
13. suficiente
14. utilizar

B. Los antónimos de otras palabras se forman anteponiendo el prefijo **des-** a la palabra afirmativa. Forme los antónimos de las palabras que siguen y dé la equivalencia en inglés.

EJEMPLO: cortés ⟶ **descortés;** *courteous* ⟶ *discourteous*

1. acertado
2. aparecer
3. autorizar
4. cargar
5. consideración
6. empleo
7. esperar
8. cifrar
9. hacer
10. uso
11. leal
12. orden
13. agrupar
14. provisto

Exprésese en español

A. Traduzca las siguientes palabras al inglés y escriba con ellas una oración completa en español.

> **EJEMPLO:** mensaje ⟶ *message*
> **El gerente general envió un mensaje urgente a todos los jefes de departamento.**

1. malentendido
2. acontecimiento
3. giro
4. encuadernar
5. legajo
6. corresponsal
7. pericia
8. recado
9. compromiso
10. encomendar

B. Traduzca las siguientes expresiones al español y luego escriba una oración completa con ellas.

> **EJEMPLO:** *to implement* ⟶ **llevar a cabo**
> **Confiamos que usted llevará a cabo el proyecto.**

1. *to be involved*
2. *word by word*
3. *from the beginning*
4. *legal name of a firm*
5. *to be necessary*

Demuestre su competencia profesional

A. ¿Ha comprendido los conceptos?   Lea las siguientes frases y diga si lo expresado en ellas es **verdadero** o **falso**.

1. La persona que concibe el mensaje tiene primero que identificar con precisión las ideas y sentimientos que quiere transmitir.
2. Si la persona que recibe un mensaje no inicia un nuevo proceso comunicativo, quiere decir que el mensaje no produjo en ella ningún efecto.
3. Para evitar distorsiones y malentendidos, el emisor y el receptor del mensaje deben conocer bien el código lingüístico utilizado.
4. Las comunicaciones escritas ayudan a conservar, transmitir y recobrar la información.
5. Las leyes comerciales de los países hispanos permiten que los comerciantes destruyan las comunicaciones tan pronto como las reciban.

¡El negocio está en sus manos!

Supongamos que el Sr. Serafín Arrázola trabajaba en su empresa y fue despedido antes de cumplir el tiempo necesario para recibir una pensión de jubilación. Como consecuencia, el ex-trabajador, presentó una demanda ante el funcionario correspondiente.

SEÑOR JUEZ DE CONFLICTOS LABORALES

EN SU DESPACHO

> Asunto: se apela del auto dictado por el Inspector Distrital de Trabajo en litigio laboral.

SERAFÍN RAFAEL SUBIRANA SALAZAR, mayor de edad, casado, carnet de filiación sindical No. 246-801, domiciliado en su jurisdicción, a su digna autoridad, con el debido respeto, - - - - - -

SUPLICA: que teniendo por presentado este recurso con los documentos que lo acompañan, dé por evacuadas ante su Juzgado - las pruebas presentadas ante el juez inferior y, previos los trámites procedentes, notificación de las partes involucradas en el litigio y evacuación de las diligencias prescritas por el Código de Procedimiento Laboral, se sirva a) revocar el - auto dictado por el Inspector Distrital de Trabajo por el que denegó al infrascrito la pensión del 75% del salario promedio de los últimos cinco años y b) acordar por sentencia definitiva que se otorgue la susodicha pensión a la cual el apelante tiene derecho por ley, y que retroactivamente se hará efectiva desde la fecha en que se produjo el accidente de trabajo, tan pronto como su sentencia se haya ejecutoriado. - - - - - -

Notifíqueseme en lo sucesivo en el estudio profesional de mi nuevo defensor, el abogado Dr. Juan Francisco Ontaneda Pozo, sito en la Avenida Simón Bolívar No. 456, 3er. piso, izda., de esta ciudad capital. - - - - - - - - - - - - - - - - - - -

Dr. Juan F. Ontaneda P.	Serafín R. Subirana S.
ABOGADO	Carnet No. 246-801

A. **Lea con mucho cuidado** el texto de la demanda° en el que sin duda encontrará términos y expresiones que no comprende.

B. **Identifique lo desconocido.** Haga una lista de las palabras y expresiones cuyo significado desconoce.

C. **Descifre el significado.** Con la ayuda del diccionario, escriba una glosa para cada palabra y expresión de la lista anterior o un sinónimo que usted conozca.

D. **Redacte una versión inteligible.** Parafraseando el texto, escriba una versión que pueda ser entendida por personas legas° sin necesidad de acudir al diccionario o a los expertos.

Notas

1. Arts. 59–63, *Código de Comercio Terrestre,* 2a. ed. (Bogotá: Editorial Voluntad, 1968): 25–26.

2. Arts. 44, 45, *Código Mercantil Boliviano,* 2a. ed. (La Paz: Gran Editorial "Popular", 1946): 12.

CAPÍTULO 3

La correspondencia comercial

Las comunicaciones como documentos comerciales

Las comunicaciones que los comerciantes o las empresas reciben o envían a causa de sus actividades comerciales constituyen la correspondencia comercial. Las leyes mercantiles consideran a estas comunicaciones como documentos comerciales.

Las características de un documento son las siguientes:

- *Que sea escrito.* Una grabación magnetofónica, un cuadro, una fotografía no son «documentos» en el sentido preciso de la palabra.

- *Que sea autorizado.* Este **vocablo** lleva en sí varias connotaciones: que el escrito merece crédito; que ha sido expedido según lo prescriben las leyes; que está firmado por la persona responsable de él.

- *Que pruebe* en caso de **litigio** que es verídica la existencia u ocurrencia de lo que en él se expresa.

- *Que haga constar;* es decir, que afirme la realización de un hecho o de un acto.

- *Que sea permanente.* Lógicamente, esta cualidad es relativa ya que cualquier cosa puede ser adulterada o destruida.

Un documento comercial, por consiguiente, es el escrito autorizado que sirve para probar o hacer constar permanentemente la preparación o realización de operaciones comerciales, así como el cumplimiento o el incumplimiento de las obligaciones **contraídas** en relación con una actividad de negocios.

Si un comerciante escribe una carta al distribuidor de un producto preguntándole si lo tiene, esa comunicación serviría para probar que se está preparando una operación de compraventa. Si este mismo comerciante le escribe una carta haciendo formalmente el pedido y **comprometiéndose** a pagar el precio **contra entrega de la mercadería,** esta carta probaría que existe un **convenio** de compra.

Si el distribuidor envía el producto y luego recibe una carta en la que el comprador **acusa recibo** de la mercadería, y manifiesta que no puede remitir en ese momento el pago, esa carta serviría para probar que el distribuidor cumplió sus obligaciones de vendedor. Por otra parte, la carta del comprador también dejaría constancia de que éste no cumplió sus obligaciones puesto que **consta** que no remitió el precio en el momento convenido.

Nota de Interés profesional	Las normas legales sobre la correspondencia comercial obligan al comerciante a conservar la correspondencia por un tiempo determinado. Por ejemplo, el Código de Comercio de México estipula que «todo comerciante está obligado a conservar los libros de su comercio hasta liquidar sus cuentas, y diez años después. Los herederos de un comerciante tienen la misma obligación».[1]

Clasificación de las comunicaciones comerciales

Los criterios utilizados para clasificar la correspondencia comercial son numerosos y nunca definitivos. Para facilitar el estudio de las comunicaciones se las clasificará por su formato y estilo, por el medio que se utilice para enviarlas o para transmitir el mensaje y por la frecuencia con la que se escriban. Por su forma externa y su estilo tenemos *comunicaciones amplias* y *comunicaciones breves*.

Las *comunicaciones amplias* son aquéllas cuyo texto es elaborado, aunque no sea necesariamente extenso; siguen un formato que la costumbre ha establecido para cada tipo, y se consideran típicas en las actividades comerciales. La carta comercial que aparece en el documento 3.1 es el ejemplo clásico de este grupo.

Las *comunicaciones breves* son aquéllas que no tienen un texto muy elaborado, sino generalmente corto y, además, son utilizadas como comunicaciones internas, es decir, que van dirigidas a personas que trabajan en la empresa. El memorándum, en la forma como se lo prepara y utiliza **de ordinario** en español, es un buen ejemplo de comunicación breve.

Por el medio utilizado para su envío las comunicaciones se clasifican en *comunicaciones postales* y en *telecomunicaciones*. Las *comunicaciones postales* son aquéllas que llegan al destinatario utilizando el servicio de correos. Las *telecomunicaciones* son comunicaciones cuyo texto es transmitido por telégrafo, cable, radio, y télex.

EL EXPEDIDOR DEBE RELLENAR ESTE IMPRESO, EXCEPTO LOS RECUADROS EN TINTA ROJA
SE RUEGA ESCRIBA CON LETRAS MAYUSCULAS O CARACTERES DE IMPRENTA   T. G. - 1

INS. O NUMERO DE MARCACION	SERIAL	N.º DE ORIGEN		INDICACIONES TRANSMISION
	LINEA PILOTO		TELEGRAMA	
OFICINA DE ORIGEN		PALABRAS	DIA HORA IMPORTE EN PESETAS	

INDICACIONES: DESTINATARIO: ....
SEÑAS: ....
TELEFONO: .... TELEX: ....
DESTINO: ....

TEXTO: ....
....
....
....
....
....

| SEÑAS DEL EXPEDIDOR | NOMBRE: .... | TFNO.: .... |
| | DOMICILIO: .... | POBLACION: .... |

UNE A-5 (148 × 210)

Documento 3.1

Espasa-Calpe, S. A.

Carretera de Irún, km. 12,200 (variante de Fuencarral)
Apartado 547 - Dirección telegráfica y cablegráfica: ESPACALPE
Teléfono Centralita: 734 38 00 (8 líneas)

MADRID - 34

CASA DEL LIBRO:
Avenida de José Antonio, 29
Teléfono 221 66 57

Delegaciones:
BARCELONA
BILBAO
BUENOS AIRES
MÉXICO

Octubre 19
COMERCIAL

Muy señor nuestro:

Le agradeceremos tome nota de que, a partir del día 1 del mes de diciem
bre, quedan modificados los precios de las siguientes obras:

"ENCICLOPEDIA ESPASA", que como usted sabe, consta de los tomos 1 a 70,
Apéndices 1 a 10 y Suplementos anuales, 1934, 1935, 1936/39, (1ª y 2ª parte), --
1940/41, 1942/44, 1945/48, 1949/52, 1953/54, 1955/56, 1957/58, 1959/60, 1961/62,
1963/64, 1965/66, 1967/68 y 1969/70. En total 99 volúmenes, ya que los tomos 18
y 28 tienen dos partes.

Precio de la obra completa: 160.000.- ptas.; por tomos sueltos: 1575.-
ptas., cada uno, a excepción de los Suplementos 1959/60, 1961/62, 1963/64, 1965/
66 y 1967/68, cuyo precio es de 2.175 ptas., cada uno. El precio del Suplemento
1969/70 es de 2.650.- ptas.

(Aprovechamos la ocasión para comunicarle que en el curso del presente
año, pondremos a la venta el nuevo Suplemento 1971/72, y que el precio será de
3.000.- ptas. Oportunamente le informaremos de la salida.)

"SUMMA ARTIS. HISTORIA GENERAL DEL ARTE"

- Publicados 25 tomos.
- Precio de la obra completa: 43.750.- ptas.
- Precio de cada tomo: 1.750.- ptas.

"DICCIONARIO ENCICLOPEDICO ABREVIADO"

Tomos 1 a 7, a 1.500.- ptas., cada uno. El Apéndice I, 2.000 ptas., y
el Apéndice II, 2.500 ptas. El precio de la obra completa queda, por tanto, en
15.000.- ptas.

Con nuestro atento y cordial saludo, quedamos suyos afectísimos ss. ss.

ESPASA - CALPE, S. A.
El Director Comercial

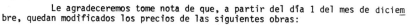

Carlos Ezponda Ibáñez

Por la frecuencia con que se escribe determinado tipo de comunicación, éstas se clasifican en *comunicaciones rutinarias* y *comunicaciones especiales*. Las *comunicaciones rutinarias* son las que se escriben en las situaciones que se repiten en el desarrollo normal de los negocios. Un comerciante **minorista,** por ejemplo, continuamente escribe cartas haciendo pedidos de mercaderías para **surtir** su establecimiento. El texto de estas cartas llega a ser tan repetitivo que el comerciante termina por preparar una **carta-formulario** para utilizarla en cada situación similar.

Las *comunicaciones especiales* son aquéllas que se preparan para casos o situaciones poco frecuentes. Como es natural, el comerciante tiene que preparar cada vez un texto especial que responda a las necesidades del momento.

Cualidades culturales y estilísticas

Aunque el teléfono, la radio, el telégrafo, el télex y la computadora han revolucionado los sistemas de comunicación, gran parte de los contactos comerciales aún se realizan por medio de la correspondencia la cual sigue teniendo gran importancia. Por consiguiente, el comerciante debe **esmerarse** para que sus comunicaciones sean irreprochables. Si la técnica ha puesto en sus manos máquinas de escribir con memoria electrónica, procesadores de textos capaces de editar de mil maneras una comunicación y

otros muchos adelantos, el comerciante puede más fácilmente crear una correspondencia que produzca una impresión favorable y efectos positivos. Así pues, toda comunicación comercial debe ser clara, natural, concisa, apropiada, cortés, profesional y seria.

Por *claridad* se entiende esa cualidad que hace que el texto exprese sin dudas ni ambigüedades las ideas y los sentimientos que el remitente quiere transmitir.

Naturalidad. Ya se ha dicho que la correspondencia es como el diálogo amigable de dos profesionales que hablan de sus actividades e intereses. Así como en la conversación rechazamos° la **afectación,** así en la correspondencia debemos evitar expresiones exageradas, palabras raras y **giros** hiperbólicos.

El diccionario es un gran auxiliar en la preparación de las comunicaciones. Sin embargo, debemos ser cautelosos porque no todas las acepciones léxicas que el diccionario nos da para una determinada palabra son aceptables en todos los casos.

Concisión. El remitente debe recordar que el destinatario tiene otros asuntos pendientes y que sólo puede prestarle una atención limitada a la carta recibida. Si al abrir el sobre encuentra un texto muy largo, el destinatario asume de inmediato una actitud sicológica antagónica porque considera que la comunicación le quitará demasiado tiempo. Por lo tanto, la carta debe ser breve, debe utilizar frases simples y debe evitar digresiones innecesarias.

La *propiedad* es esa cualidad que hace que el vocabulario, la gramática, el tono del texto y la actitud sean profesionales. Puesto que se trata de una comunicación comercial, el remitente debe utilizar el vocabulario técnico apropiado. Una carta en la que se remite una letra de cambio, por ejemplo, debe contener las palabras técnicas apropiadas para el caso. He aquí un ejemplo:

```
Apreciado señor García:

Tengo a bien remitirle nuestra letra de cambio No. 1234
que hemos librado* a la orden de nuestro corresponsal,
el Banco de Crédito de esa ciudad, a fin de que usted la
acepte y la haga avalar, según el aviso que oportuna-
mente le dimos.
```

El texto, aunque no sea una obra literaria, debe ser gramatical y sintácticamente apropiado para el nivel de instrucción y para el nivel social de los comerciantes. La ordinariez o la excesiva pulcritud no son aceptables en las comunicaciones comerciales.

---

*Las palabras que aparecen en letra itálica en los ejemplos y en los documentos del texto están también definidas en la sección «Palabras y expresiones claves».

Finalmente, es necesario tener presente que tanto el remitente como el destinatario son profesionales y que por ello, todos los detalles de la comunicación deben reflejar el decoro y el respeto mutuos que normalmente existen entre ellos.

Cortesía. Así como en el trato personal nos esforzamos por ser amables, así en las cartas debemos hacer lo posible porque nuestro corresponsal no se sienta herido por las palabras, el tono y la actitud de nuestras comunicaciones. Aunque la carta se refiera a asuntos desagradables—reclamos, cobros, negativas—nunca hay que descender hasta ser ofensivos o groseros.

El *profesionalismo* y la *seriedad* hacen que las comunicaciones comerciales escritas en español se limiten a tratar asuntos de negocios. Aunque el remitente y el destinatario tengan relaciones familiares, sentimentales o de amistad, no se debe hacer referencia a ellas en la comunicación comercial.

Supongamos que un comerciante escribe una carta al Jefe de la Sección de Crédito de un banco (quien es su hermano), solicitándole un préstamo para ampliar su negocio. El solicitante no debe hacer mención en su carta a los lazos de consanguinidad° que existen entre ellos. Aún más, no debe siquiera utilizar en la comunicación el trato familiar que con seguridad utilizaría si le escribiera una carta familiar, pues en el mundo hispánico, en las comunicaciones de negocios, se mantienen separadas las relaciones comerciales de las que se refieren a otros campos de actividad.

En cuanto a la seriedad, hay que evitar en las comunicaciones un tono jocoso y humorístico. Estas cartas demuestran siempre que los negocios deben ser tomados muy en serio.

La actitud sicológica de los corresponsales

No cabe duda de que las personas involucradas en las comunicaciones asumen actitudes sicológicas apropiadas para llevar a cabo con éxito las actividades comerciales, y diferentes para cada situación que se les presente.

Si se trata de una **carta de promoción de ventas,** por ejemplo, la actitud del remitente debe ser optimista, amigable, jovial. Si se trata de una carta en la que se solicita un empleo, el remitente debe presentarse como una persona segura de sí misma, pero sin petulancia, flexible, dispuesta a trabajar asiduamente. Si se trata de una **carta de cobranza,** la actitud que el remitente debe reflejar es la seguridad de que lo reclamado es incontestable.

Los hechos y situaciones a los que se refiere la comunicación, así como la actitud sicológica del remitente están reflejados en el texto. Esta actitud y aquellos hechos y situaciones hacen que el remitente escoja el vocabulario, los giros idiomáticos,° la extensión del texto, los epítetos,° en fin, todos los elementos lingüísticos necesarios para producir los efectos deseados: amabilidad en una carta de promoción de ventas, preocupación en una **carta de queja,** exigencia en una carta de cobranza.

Nota de
· · · · · · · · · · ·
interés
· · · · · · · · · · ·
profesional
· · · · · · · · · · ·

En una carta de cobranza, no es aceptable decir: «Si ha enviado usted la cantidad debida, le ruego que no preste atención a esta carta.» (*If you have already sent your check, please disregard this letter.*) El uso de la cláusula condicional y el tono de demasiada cortesía podrían ser interpretados como demostración de que el remitente duda de su derecho a cobrar lo que su propia contabilidad indica.

No se debe traducir literalmente una carta porque las palabras no corresponden exactamente al significado real del mensaje. Ciertas *frases de salutación,* ciertas *frases de conclusión y despedida* y ciertas fórmulas son un buen ejemplo de este fenómeno.

La *frase de salutación,* por su cordialidad y cortesía, ciertamente demuestra la diferencia que existe entre las frases utilizadas en español, en francés y en inglés.

En español

Muy distinguido y estimado colega:

Muy recordado y estimado amigo:

Apreciado señor nuestro:

Muy respetada señora Robledo:

De nuestras consideraciones:

En inglés	En francés
Dear Sir:	Monsieur le Directeur,
Gentlemen:	Messieurs,
Dear Mrs. Smith:	Madame,

La *frase de conclusión y despedida* también se caracteriza por ser cortés y amable. Hay casos en que su traducción literal es inaceptable, pues son frases consuetudinarias usadas por los comerciantes y que se han convertido en clisés, hasta cierto punto arcaicos. Si tradujéramos literalmente las siguientes frases de conclusión y despedida, comprobaríamos que una versión literal sería inadecuada y que también en inglés se usarían las frases que ha establecido la costumbre.

Frases en español

. . . me es grato ofrecerme como su atento y seguro servidor,

. . . queda de usted *s.a.a. y s.s.q.e.s.m.,*

Versión idiomática aceptable

```
Very truly yours,
Yours very truly,
```

Las fórmulas iniciales de los párrafos son también frases idiomáticas o expresiones típicas cuya traducción literal sería inapropiada en otro idioma.

Fórmulas iniciales

```
Obra en nuestro poder su grata del nueve del mes
pasado...
Le ruego que tenga la bondad de expedirme, por correo
aéreo...
```

Versión idiomática apropiada

```
Thank you for your letter of the 9th of September . . .
Kindly send me by airmail . . .
```

PALABRAS Y EXPRESIONES CLAVES

acusar recibo: comunicar que se ha recibido algo.

afectación: extravagancia o exageración en la manera de actuar.

avalar: garantizar un documento de crédito.

carta de cobranza: carta utilizada para reclamar a un cliente el pago de una deuda.

carta de promoción de ventas: carta utilizada para anunciar productos o servicios a los compradores.

carta de queja: carta que expresa disgusto o descontento.

carta-formulario: carta cuyo texto ha sido preparado y reproducido con anticipación y en la que hay espacios en blanco que serán llenados según las necesidades del momento.

comprometerse: obligarse a hacer o a no hacer algo; prometer.

constar: aparecer; expresar.

contra entrega de la mercadería: se usa especialmente para indicar que el comprador pagará el precio de la mercadería cuando la reciba.

contraer: aceptar; contratar; establecer.

convenio: contrato.

de ordinario: generalmente; casi siempre.

esmerarse: hacer las cosas con mucho cuidado e interés.

giro: manera de expresarse; cualidad estilística.

librar: escribir un documento de crédito.

litigio: disputa ante una corte de justicia.

minorista: comerciante que compra la mercadería y la vende a los consumidores en cantidades pequeñas.

s.a.a. y s.s.q.e.s.m.: su atento amigo y seguro servidor que estrecha su mano.

surtir: tener una mercancía; entregar un producto; proveer.

vocablo: palabra; término.

EJERCICIOS Y PRÁCTICA

Enriquezca su vocabulario

A. Complete las oraciones siguientes llenando el espacio en blanco con la palabra o expresión apropiada.

> **EJEMPLO:** El _____ tiene que decodificar el texto de la comunicación.
> El **destinatario** tiene que decodificar el texto de la comunicación.

1. Las comunicaciones que los comerciantes reciben o envían a causa de sus actividades comerciales constituyen la _____.
2. Los bancos generalmente no aceptan cheques _____ a lápiz.
3. El memorándum es un buen ejemplo de _____.
4. Le enviamos por correo aéreo nuestra letra de cambio No. 25 que hemos _____ a la orden del Banco Agrícola del Occidente.
5. Las comunicaciones _____ llegan al destinatario gracias al servicio de correos.

B. Complete las oraciones siguientes escogiendo la palabra o expresión apropiada.

1. Las _____ establecen que las cartas de negocios son documentos comerciales.
   a. empresas
   b. leyes mercantiles
   c. amistades

2. Los documentos comerciales pueden servir para probar la realización de _____.
   a. operaciones comerciales
   b. actividades familiares
   c. éxitos educativos

3. La cotización y _____ prueban que existe un contrato de compraventa.
   a. la solicitud de empleo
   b. el pedido
   c. la frase de salutación

4. Las normas legales obligan a que el comerciante conserve _____ por un tiempo determinado.
   a. la correspondencia de su negocio
   b. la mercadería
   c. los empleados

5. Las comunicaciones de negocios deben limitarse a tratar asuntos
   _____.
   a. sociales
   b. comerciales
   c. diplomáticos

6. Las frases de despedida son fórmulas que deben ser interpretadas
   _____.
   a. literalmente
   b. como expresiones idiomáticas
   c. palabra por palabra.

Exprésese en español

A. Utilizando las siguientes palabras escriba una oración completa en español.

> **EJEMPLO:** avalar:
> **Mi amigo avaló el pagaré que tuve que girar ayer.**

1. vocablo
2. contraer
3. comprometerse
4. surtir
5. minorista

B. Utilizando las siguientes expresiones escriba una oración en inglés y luego tradúzcala al español.

> **EJEMPLO:** *commercial paper:*
> *Please keep that bill of exchange in the file which contains commercial documents.*
> **Por favor, ponga esa letra de cambio en el archivo que contiene los documentos comerciales.**

1. *to acknowledge receipt of*
2. *cash on delivery*
3. *collection letter*
4. *form letter*
5. *sales promotion letter*

Demuestre su competencia profesional

A. Lea las siguientes frases y diga si lo expresado en ellas es **verdadero** o **falso.**

1. Según las leyes de comercio, la carta en la que una persona pregunta el precio de una mercancía es un documento comercial.

2. «Contra entrega de la mercadería» quiere decir que el comprador debe pagar el precio de la mercadería al recibirla.

3. Los comerciantes no están obligados por ley a conservar una copia de las comunicaciones que envían.

4. En los países hispanos se usa el memorándum como una comunicación interna de la empresa.

5. En las cartas de negocios los comerciantes pueden tratar asuntos familiares.

6. La situación sicológica por la que atraviesa el remitente no afecta el texto de la carta.

7. Hay casos en los que la traducción literal de ciertas fórmulas es inaceptable.

B. Lea con cuidado la carta que aparece en la página 47, escrita por Arturo Peláez, gerente de Empresas Textiles S.A. Luego responda a las preguntas que se hacen sobre el contenido de la comunicación.

1. ¿Qué clase de artículos vende la tienda del señor Rojas?
2. ¿Por qué motivo escribe la carta el señor Peláez?
3. ¿En qué forma piensa pagar el señor Peláez el artículo solicitado?
4. ¿Qué documentos solicita el señor Peláez al señor Rojas?
5. ¿Por qué necesita el señor Peláez los informes inmediatamente?

¡El negocio está en sus manos!

Supongamos que Ud. es el Director de Ventas de Electrodomésticos Rojas, S.A., y que el Sr. Arturo Rojas, Gerente de Ventas, le ha encomendado el trabajo de contestar la carta del Sr. Arturo Peláez. Para que le sea más fácil realizar la tarea, prepare una lista en la que aparezcan todos los datos que solicita el Sr. Peláez, y a continuación escriba la carta de contestación.

Notas

1. Art. 46, *Código de Comercio,* 33a. ed. (México: Editorial Porrúa, 1978) 14.

Sr. Arturo Rojas
Gerente de Ventas
Almacenes de Electrodomésticos
Calle Paraná No. 257
Asunción

Estimado señor Rojas:

Por referencias de distinguidos clientes nuestros,
sabemos que su tienda se especializa en la venta de
aparatos electrónicos de las marcas más conocidas por
su alta calidad, lo cual ha dado a su establecimiento un
merecido prestigio.

Como la empresa, cuya gerencia ocupo, está interesada
en adquirir un horno de microondas para la sala de re-
creo de los empleados de nuestra fábrica textil, me
permito solicitarle los informes necesarios a fin de
poder decidir el tipo de aparato que convendría instalar en esa dependencia.

Según el presupuesto, se ha aprobado la cantidad de dinero suficiente para cubrir todos los gastos. Sin embargo como la partida se irá incrementando con un porcentaje de las ventas sucesivas, nos veremos precisados
a pagar el precio total a plazos, en doce abonos durante
el presente año fiscal.

Mucho he de agradecerle, pues, que a la mayor brevedad
posible me envíe la cotización, en forma de proforma de
factura incluyendo el precio del horno, su instalación,
el transporte y otros gastos adicionales que cause esta
operación. Como por razones personales estaré ausente
la semana próxima, le ruego que me envíe los informes
inmediatamente.

Agradeciéndole su amable atención, quedo de usted
a.a. y s.s.

                        Arturo Peláez
            GERENTE DE EMPRESAS TEXTILES, S.A.

Primer repaso

•••

¿LO SABÍA USTED?

Estas son las diez palabras usadas con más frecuencia en el comercio y en la administración de empresas internacionales.*

Español	Inglés
1. artículo	1. percent
2. capital	2. countries
3. banco	3. market
4. empresa	4. company
5. producto	5. business
6. plazo	6. bank
7. caso	7. trade
8. parte	8. sale
9. años	9. foreign
10. desarrollo	10. product

DEMUESTRE SUS CONOCIMIENTOS

A. Conteste oralmente y por escrito las preguntas siguientes:

1. ¿Qué se entiende por comercio?
2. ¿Qué cualidad hace que una actividad sea considerada una actividad comercial?
3. Según las leyes de los países hispanos, ¿quiénes pueden ejercer el comercio?
4. ¿Qué entidades apoyan, sirven y representan a las empresas de comercio y a los negociantes?
5. ¿Qué se entiende por trueque o permuta?
6. ¿Qué demuestra el balance general de una empresa?

---

*Estas listas son tomadas del vocabulario preparado por los Dres. L. Schutte, C. Britt y J. Valdivieso, profesores de A.G.A.S.I.M. (*American Graduate School of International Management*), gracias a los fondos dados por la Fundación EXXON para investigar la frecuencia con que se usan en el comercio las palabras en alemán, inglés y español.

7. ¿Qué se entiende por documento comercial?
8. ¿Por qué las cartas de negocios son documentos comerciales?
9. En los países hispanos, ¿qué títulos académicos debe tener un notario?
10. ¿Para qué se utilizan los documentos de crédito?

B. Diga si las afirmaciones siguientes son **correctas** o **incorrectas.**

1. La manera ideal de comunicarse es hacerlo personalmente.
2. La concepción, codificación y transcripción del mensaje son operaciones realizadas por el receptor.
3. En la cultura hispánica se puede escribir cartas con tinta roja porque eso no tiene ninguna connotación negativa.
4. Las leyes mercantiles de los países hispanos establecen la obligación de conservar por cierto tiempo las comunicaciones relacionadas con las operaciones comerciales.
5. El portador de una comunicación es responsable de que la comunicación llegue al destinatario.
6. En las comunicaciones oficiales interviene un empleado o funcionario del gobierno sea como remitente o como destinatario.
7. Las cartas comerciales son utilizadas para preparar y realizar operaciones de negocios.
8. En la correspondencia mercantil los corresponsales pueden referirse a asuntos relacionados con su vida privada.
9. La forma más segura de interpretar una comunicación es haciendo una traducción literal del texto.

C. Marque la(s) respuesta(s) que mejor concuerde(n) con el concepto expresado en cada una de las frases siguientes:

1. Las leyes del comercio...
   —regulan las actividades mercantiles.
   —estipulan la obligación de participar en las elecciones.

2. En los países hispanos, los extranjeros...
   —pueden ser comerciantes sin tener que obedecer las leyes de esos países.
   —sí pueden realizar transacciones comerciales si se sujetan a las leyes de esos países.

3. Examinando los códigos de comercio de varios países hispanos se comprueba...
   —que las reglas son diferentes entre unos y otros.
   —que las estipulaciones son muy similares.

4. En los procesos del fenómeno comunicativo, después de que el mensaje ha sido decodificado por el receptor...
   —la única reacción posible es la concepción, codificación y transmisión de un nuevo mensaje.
   —es posible que la reacción sea el silencio.

5. Las comunicaciones comerciales son importantes porque...
   —reemplazan al comerciante cuando no puede ponerse en contacto personalmente con sus interlocutores.
   —transmiten ideas, hechos y acontecimientos a sus destinatarios y a otras personas que se ponen en contacto con ellas.

6. La correspondencia social se refiere...
   —a las actividades que la convivencia humana nos obliga a realizar.
   —a las actividades íntimas de la familia.

7. Una carta de negocios es un documento comercial porque...
   —es un escrito que prueba, afirma y conserva lo ocurrido en una situación comercial.
   —menciona las actividades familiares de los comerciantes involucrados en ella.

8. Los comerciantes...
   —no están obligados por ley a conservar la correspondencia relacionada con sus actividades comerciales.
   —deben conservar las comunicaciones referentes a sus transacciones comerciales por el tiempo establecido por la ley.

9. Las cartas de negocios deben tener un tono profesional...
   —para que produzcan los efectos que causaría el mismo comerciante si se comunicara en persona.
   —para cumplir con la cortesía que tenemos en la vida social.

10. La frase de salutación, la frase de despedida y las fórmulas iniciales de los párrafos...
    —deben ser traducidas literalmente.
    —deben ser interpretadas intuitivamente siguiendo las convenciones de la costumbre y la cultura hispánica.

EXPRÉSESE EN ESPAÑOL

A. En las oraciones siguientes, inserte en los espacios en blanco los términos españoles correspondientes a las palabras y expresiones inglesas que aparecen en la lista.

a barter	*files*
addressee	*foreigners*
a profit	*the chamber of commerce*
cash on delivery	*the stock market*
cosign	*will acknowledge receipt*

1. Lo que hace que un acto sea considerado una actividad comercial es que tenga como fin el obtener _____.
2. _____ también pueden ejercer el comercio, pero están obligados a sujetarse a las leyes.

3. Si el comerciante da o recibe otro producto como pago de la transacción, tenemos _____.

4. _____ agrupa a los comerciantes y les ofrece ayuda, respaldo y protección.

5. En _____ las acciones han subido constantemente durante los últimos meses.

6. En la correspondencia comercial, el remitente debe utilizar un lenguaje profesional a fin de que el _____ interprete fácilmente las comunicaciones.

7. Los comerciantes están obligados a conservar las cartas que reciben en _____ ordenados cronológicamente.

8. El comprador prometió pagar el precio _____.

9. Tan pronto como el vendedor reciba el pedido, _____ de él para que el comprador sepa que ha llegado.

10. Ese banco requiere que la esposa _____ la letra de cambio aceptada por el marido.

B. En las oraciones siguientes inserte en los espacios en blanco las palabras o expresiones inglesas correspondientes a los términos españoles de la lista que sigue.

> el conocimiento de embarque
> pruebas
> remitente
> surtimos
> tenedores de libros

1. Whether or not the address of the _____ is printed inside, it always appears on the envelope.

2. I have placed my books in the hands of Hanson's Accounting Service, whose _____ will prepare a statement.

3. We are enclosing documents including _____, Invoice, Insurance Cover, and Certificate of Origin.

4. We _____ the bottles of wine in wooden cases.

5. Upon receiving convincing _____ that they do indeed control the rights, we shall be happy to commence negotiations.

C. Ordene las palabras y expresiones de la columna de la derecha de modo que concuerden con las de la izquierda.

1. corredor de bolsa	a. wholesale _____
2. a crédito	b. firm name _____
3. al por mayor	c. stockbroker _____
4. inversiones	d. misunderstanding _____
5. prestamista	e. expertise _____
6. malentendido	f. retailer _____
7. giro	g. investments _____
8. pericia	h. moneylender _____
9. razón social	i. on credit _____
10. minorista	j. draft _____

¡MANOS A LA OBRA!

A. Clasifique los siguientes documentos de acuerdo a las categorías explicadas en el Capítulo 2.

> **EJEMPLO:** el pagaré $\longrightarrow$ un efecto de comercio

1. la guía aérea
2. el certificado de nacimiento
3. la carta pedido
4. el cheque
5. la tarjeta de felicitación
6. la factura
7. la póliza de seguros
8. la cédula hipotecaria
9. la carta de un amigo
10. el pasaporte

B. Interprete esta comunicación verificando en el diccionario el significado de las palabras y expresiones en letra itálica y conteste luego oralmente y por escrito las preguntas siguientes:

De nuestras consideraciones:

En vista del desarrollo urbano que ha alcanzado el barrio Las Brisas y de las florecientes actividades comerciales de ese sector, hemos inaugurado una moderna *sucursal* en la Avenida Patria No. 525 para *brindar* a nuestros clientes y al público en general servicios de *cuentas corrientes, cuentas de ahorros, cajero automático, giros y operaciones de descuento.*

Esperando que nos dé el placer de atenderlo en nuestra nueva sucursal con la satisfacción y eficiencia con que lo hemos hecho en nuestra *casa matriz,* aprovechamos esta oportunidad para suscribir la pte. como ss. attos. y ss. ss.

---

1. Por la clase de servicios que menciona la carta, ¿a qué clase de negocios se dedica esta empresa?
2. ¿Por qué razón han abierto una sucursal en el barrio Las Brisas?
3. ¿Qué es una sucursal?
4. ¿Qué clase de sucursal es?
5. ¿Qué es la casa matriz de un negocio?
6. ¿Son los servicios sólo para los clientes permanentes del banco o también para otras personas?
7. ¿Qué operación bancaria puede hacer una persona que tiene una cuenta corriente?
8. ¿Cómo se llama la persona que tiene una cuenta corriente?
9. ¿Qué es un cajero automático?
10. ¿Qué quiere decir la abreviatura *pte.* que aparece en la última línea de la carta y a qué se refiere?

D. Traduzca al español el párrafo siguiente.

```
Please open a joint checking account for us in the
name of Urbanizadora Las Brisas, S.A. Along with our
check for US$ 2,400.00, we enclose sample signa-
tures of Mr. Luis A. Riofrío B., General Manager,
and Mrs. Pilar T. de Vélez, Chief Auditor, either of
whom may sign checks on our behalf.
```

PROYECTOS

A. Haga una presentación en clase describiendo una actividad comercial en la que usted participó activamente. Responda a las siguientes preguntas en la preparación del informe.

1. ¿Qué tipo de actividad era? ¿Compra? ¿Venta? ¿Trueque? ¿Inversiones? ¿Alquiler?
2. Explique la actividad; las personas que intervinieron; los documentos, si los hubo; la remuneración; etc.
3. Muestre los documentos y explique los elementos de la operación que aparecen en ellos.
4. ¿Fueron esas actividades, en realidad, «operaciones comerciales», según las definiciones dadas en el texto?

B. Investigue qué ordenanzas locales hay en su ciudad sobre una operación comercial específica—venta de alimentos en una fiesta de su universidad; venta de helados de puerta en puerta en un barrio residencial, etc.—y presente un informe a la clase.

C. Investigue las diferencias y similaridades que existen entre las leyes comerciales de los EE.UU. y las del país hispano en el que le gustaría trabajar. Seleccione una ley específica, compare su contraparte en el país hispano y haga una presentación a la clase.

D. Entreviste en persona o por teléfono a un funcionario de la cámara de comercio de la ciudad donde Ud. vive. Trate de averiguar cómo es la organización de la entidad, cuáles son los requisitos para ser miembro, los servicios que presta a los asociados y la importancia que tiene la cámara en las actividades y el desarrollo comerciales del lugar. Presente un informe a la clase.

CAPÍTULO 4

La carta comercial (I)

Importancia de la carta comercial

En el mundo de los negocios la carta es el instrumento de comunicación más completo, efectivo y económico. Los comerciantes la prefieren muchas veces a los contactos telefónicos o telegráficos porque éstos no dejan constancia escrita y, aun cuando los comerciantes se hayan puesto en contacto personalmente, confirman sus acuerdos o desacuerdos por medio de cartas.

Otra razón para su importancia es le significado **semiótico** que la carta encierra porque ella es una réplica del medio ideal de comunicación, el intercambio personal. En efecto, como la carta encierra en sí todos los elementos del fenómeno natural de la comunicación, se convierte en el *alter-ego* de los interlocutores. Examinemos la carta que sigue.

Asunción, 12 de marzo de 19xx

Sr. Ing.
Carlos Cervantes Quirós
Apartado Postal No. 753
Concepción

Estimado ingeniero:

Por medio de la presente me permito comunicarle que, por decisión del Gerente General, en lo sucesivo° todos los *pedidos* deberán venir acompañados del 25% de su valor. Estamos seguros de que esta disposición no afectará nuestras relaciones comerciales y que, seguirá favoreciéndonos con sus estimados pedidos. Aprovecho esta oportunidad para expresarle mi sincero aprecio, quedando como siempre s. atto. y s. s.

Por LA COMERCIAL PARAGUAYA, S.A.

Angel Felicísimo Rojas
DIRECTOR DE VENTAS

Si relacionamos esta comunicación con el diagrama del fenómeno de la comunicación que aparece en el Capítulo 2, podemos llegar a las siguientes conclusiones:

- La carta contiene todos los elementos necesarios para que, como vehículo del mensaje, produzca el fenómeno de la comunicación.

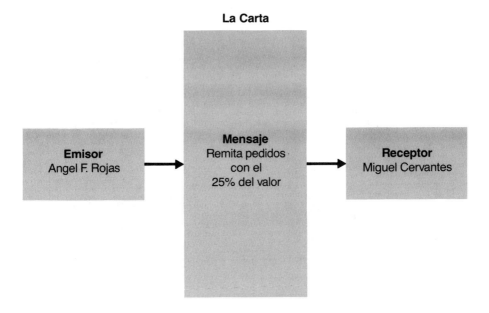

La Carta

Emisor
Angel F. Rojas

Mensaje
Remita pedidos
con el
25% del valor

Receptor
Miguel Cervantes

- La carta nos permite ver también todos los procesos del fenómeno comunicativo:

    1. Los que se realizan en el área del emisor: concepción, codificación y transcripción del mensaje.

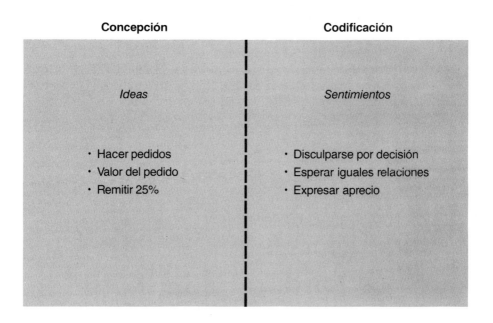

Concepción

Ideas

- Hacer pedidos
- Valor del pedido
- Remitir 25%

Codificación

Sentimientos

- Disculparse por decisión
- Esperar iguales relaciones
- Expresar aprecio

2. Los que se realizan en el área del receptor: decodificación, internalización, reacción.

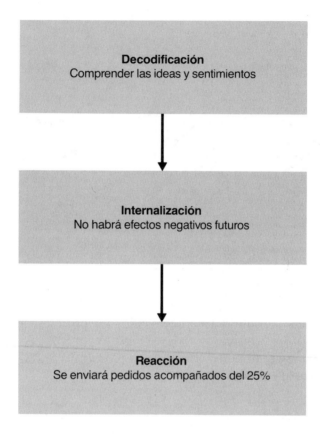

Decodificación
Comprender las ideas y sentimientos

Internalización
No habrá efectos negativos futuros

Reacción
Se enviará pedidos acompañados del 25%

3. Los del proceso de la misma transmisión: los elementos lingüísticos transmiten claramente las ideas y los sentimientos del emisor y anticipan la probable reacción del receptor.

Estructura de la carta

La estructura de la carta, réplica de la figura humana, **desempeña un importante papel** en las relaciones comerciales: sustituir a las personas en la realización de los fenómenos comunicativos. En una carta todos los elementos se agrupan de manera que forman un **bosquejo** análogo al de las diferentes partes del cuerpo humano.

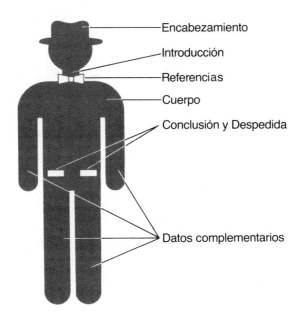

En la carta comercial podemos, pues, distinguir las siguientes partes: el *encabezamiento,* la *introducción,* el *cuerpo,* la *conclusión y despedida,* los *datos complementarios* y las *referencias.*

El *encabezamiento* está constituido por dos elementos: el *membrete* y el *lugar y fecha.*

- El *membrete* es la parte de la carta que ha sido impresa con anticipación. Además de contener importantes datos, debe crear una impresión favorable, ya que cuando se recibe una carta, el membrete es lo primero en lo que se fija la atención.° Los elementos del membrete no son constantes. Podemos encontrar los siguientes:

  1. El *nombre* del comerciante o del negocio que se denomina **razón social.**

  2. El *emblema* que es un dibujo simbólico que sugiere los ideales de la empresa, la clase de negocio o las actividades que realiza.

  3. El *lema*° que es una frase que describe el negocio, mencionando sus ideales, o simplemente diciendo qué actividades realiza la empresa.

  4. *Las direcciones.* Las leyes de comercio mandan que todo comerciante o empresa debe establecer un **domicilio** legal. Por otra parte, a todo comerciante le interesa que el público sepa el lugar en donde realiza sus actividades. En el membrete pueden aparecer la dirección domiciliaria, la dirección postal, la dirección telefónica, la dirección telegráfica, la dirección cablegráfica y la dirección del télex.

CAMINO REAL

PUNTA DEL SABALO
MAZATLAN, SIN., MEXICO.
TEL. 1-68-10   TELEX. 066-855

TORRERO Y MAS S.A.

MATERIAL DIDACTICO CIENTIFICO

ENTENZA, 58
☎ 223 95 10 · 243 71 74 · 243 21 87   BARCELONA (15)

MATERIAL
PRACTICAS DE QUIMICA
B.U.P.

(Solicite los precios del material que desee)

Le orientaremos sobre la manera de realizar estas prácticas.

- El *lugar y la fecha* son dos elementos que siempre deben aparecer en toda comunicación comercial para saber dónde y cuándo fue escrita.

  1. En cuanto al *lugar,* hay que tomar en cuenta las siguientes situaciones:

Cartas que circulan dentro del país

Pueblo o Ciudad	Nogales, Sonora, ...
y	Bogotá, D.E., ...
Estado, Provincia	
o	Guadalajara, Jalisco, ...
Departamento	

Cartas que van al extranjero

Pueblo......	Nogales, Sonora, México, ...
Estado......	Monterrey, Nuevo León, México, ...
y	La Toma, Loja, Ecuador, ...
País	

Cartas destinadas a la capital del país

Nombre de la ciudad	Madrid, España, ...
y	Asunción, Paraguay, ...
País	Buenos Aires, Argentina, ...

Si el nombre de la ciudad en la que se escribe la carta está ya impreso en el membrete, no es necesario escribirlo de nuevo.

2. La *fecha* siempre se refiere al día en el que se escribe la carta, y nunca se debe omitir este dato, pues en las actividades comerciales hay que saber cuándo se ha escrito una comunicación. Hay tres maneras de escribir la fecha:

```
Lima, Perú, 13 de marzo de 19xx

Santiago, Chile, a 13 de marzo de 19xx
```

Para comunicaciones menos importantes, como el memorándum o el **recado,** se puede escribir de la manera siguiente:

```
Barcelona, 13-III-19xx
```

Nota de Interés profesional | Generalmente en los países hispanos se usan los números cardinales para referirse a los días del mes. En Hispanoamérica se acostumbra utilizar el número ordinal únicamente para indicar el primer día del mes. Modernamente el nombre del mes se escribe con minúscula: «Caracas, 1° de abril de 19xx».

La *introducción* de una carta es el inicio del proceso de comunicación entre los interlocutores. Nada es tan importante en las relaciones humanas como el saber dirigirse a otras personas con propiedad. Si por cualquier razón erramos en el nombre, títulos o cargo de una persona, ese error puede ser interpretado como descuido° inaceptable o como ignorancia injustificable. En las comunicaciones la introducción incluye el *nombre* y la *dirección del destinatario* y la *frase de salutación*.

• ***El nombre y la dirección del destinatario*** contienen los *títulos*, el *nombre* del destinatario y la *dirección*, distribuidos de la siguiente manera:

```
1ª. línea ⟶ Títulos
2ª. línea ⟶ Nombres y apellidos
3ª. línea ⟶ Dirección
4ª. línea ⟶ Ciudad y país
```

1. ***Los títulos*** son generales, profesionales y honoríficos. Los *títulos generales* se agrupan en dos series y se usan completos o abreviados.

```
Señor Don ⟶ Sr. Dn./D.
Señora Doña ⟶ Sra. Dña.
Señorita Doña ⟶ Srta. Dña.
```

Los *títulos profesionales* son para los que han terminado carreras universitarias y para los oficiales de las fuerzas armadas. Estos títulos también pueden ir abreviados.

```
Licenciado  ⟶ Lcdo./Lic.    Teniente ⟶ Tnte.
Doctor ⟶ Dr.                Capitán ⟶ Cap.
Arquitecto ⟶ Arq.          Coronel ⟶ Cnel.
Ingeniero ⟶ Ing.           General ⟶ Gral.
```

Los *títulos honoríficos* se usan con personas que tienen dignidades eclesiásticas, gubernamentales, nobiliarias° y diplomáticas.

```
Excelentísimo ⟶ Excmo.   Reverendo ⟶ Rvdo.
Honorable ⟶ Hon.         Ilustrísimo ⟶ Ilmo.
```

La forma más frecuente como aparecen los títulos en las cartas es la siguiente:

```
Sr. Dr. (Dn.)*           Excmo. Sr. (Dn.)
Srta. Lcda. (Dña.)       Ilmo. Sr. (Dn.)
Sr. Gral. (Dn.)          Rvda. Madre
```

2. *Nombres y apellidos.* La impresión que recibimos al leer nombres hispanos es que son más largos que los de otras culturas. En parte eso es verdad, ya que los hispanos usan generalmente dos **nombres de pila** y dos apellidos—el apellido paterno y el apellido materno, en ese orden. Por lo regular en las cartas sólo se usa el primer nombre, pero hay personas que prefieren usar sus dos nombres o por lo menos el primer nombre seguido de la letra inicial del segundo.

```
Carlos Eladio López Ruiz

Carlos E. López Ruiz

María Josefa Peláez Ponce

María J. Peláez Ponce
```

Los hispanos **suelen** usar sus dos apellidos, pero con frecuencia aparece sólo la inicial del apellido materno.

```
Carlos Eladio López Ruiz

Carlos Eladio López R.

María Josefa Peláez Ponce

María Josefa Peláez P.
```

---

*Aparecen entre paréntesis los títulos **Dn.** y **Dña.** porque ahora se omiten con frecuencia.

Las mujeres casadas omiten con frecuencia el apellido materno para reemplazarlo por el apellido del esposo, precedido de la preposición «de». Algunas señoras, para abreviar el nombre, suprimen su apellido paterno.

```
María Josefa Peláez Ponce de Sánchez

María Josefa Peláez P. de Sánchez

María Josefa P. de Sánchez

María Josefa de Sánchez

María J. de Sánchez

María de Sánchez
```

Aunque actualmente va desapareciendo la costumbre, algunas viudas indican su **estado civil** usando «viuda de» abreviado, antes del apellido de su difunto esposo.

```
María Josefa Peláez Vda. de Sánchez
```

Algunas señoras divorciadas conservan el título de señoras y los apellidos de casadas; otras conservan el título de señoras, pero vuelven a usar los apellidos de solteras. Por último, otras prefieren ser tratadas como «señoritas» y usar los apellidos de solteras.

```
Sra. María Josefa Peláez de Sánchez

Sra. María Josefa Peláez Ponce

Srta. María Josefa Peláez Ponce
```

3. La *dirección* aparece en otro renglón. Se usa la dirección domiciliaria o la dirección postal, pero no las dos. La dirección domiciliaria incluye el nombre o número de la avenida, calle, carrera o paseo; el número de la casa, el piso o departamento.

```
Avenida Independencia No. 479

Paseo de la Reforma, 2561

Calle de Embajadores, 44, bajos

Carrera 3ª., No. 743

Bulevar 12 de Octubre, 125, 3°., izqda.

Calle Génova, 109, 65-A
```

Muchas veces se prefiere mandar la correspondencia a la dirección postal. Así pues, en la carta aparece el número de la **casilla postal** o **apartado postal** del destinatario.

```
Casilla Postal No. 1095
Apartado Postal No. 236
Casilla de Correos No. 7480
Casilla Aérea No. 864
Casilla No. 1357
Apartado Aéreo No. 845
Apartado No. 9246
```

4. El *lugar* donde vive el destinatario aparece en la última línea de esta sección. Los elementos que incluimos dependen del lugar a donde vaya la comunicación. Para las comunicaciones locales enviadas por medio del servicio de correos hay que indicar el nombre de la ciudad, aunque no salgan a otra población, y el distrito o zona postal, si lo hay.

```
28006 — Madrid
08002 — Barcelona
Buenos Aires (1427)
Bogotá. D.E.
```

Para las comunicaciones locales enviadas por medio de mensajeros a propios hay que poner el nombre de la ciudad o, en su lugar, las palabras «Ciudad» o «Presente».

```
Srta. Lcda.
María Josefa Peláez P.
Paseo de la Reforma No. 37279
Ciudad
```

Para las comunicaciones que salen del lugar donde fueron escritas y van a una población situada en el mismo país, se usa el nombre de la ciudad a la que van y del estado, provincia o departamento.

```
Sr. Dr. Dn.
Estanislao Riofrío Peralta
Avenida General O'Higgins, 8
Macas, Zamora-Chinchipe
```

En las comunicaciones internacionales se debe poner los nombres de la ciudad y del país en donde está el destinatario y el estado, provincia o departamento, si se sabe.

Señor Capitán
Álvaro Rosas Martínez
Avenida Circunvalación No. 582
Guadalajara, Jalisco, México

Sr. Ing. Dn.
Carlos María Paz y Miño
Bulevar de las Amazonas No. 25
Quevedo, Prov. de Manabí, Ecuador

Rvdo. Padre
Santiago J. Carrasco Bell S.J.
Rector del Colegio San Francisco Javier
Calle General Sucre 325
La Paz, Bolivia

- La *frase de salutación* de las cartas comerciales se caracteriza por su cortesía, variedad y longitud. Es un elemento de suma importancia porque corresponde al saludo que se darían dos personas antes de iniciar una conversación, haciendo que las primeras palabras que dirige a su interlocutor causen una buena impresión.

    Las frases de salutación son tan variadas porque su uso está regido por el grado de amistad que existe entre los corresponsales, por la frecuencia con la que se escriben, por el contenido de la comunicación, por el número de corresponsales involucrados, y hasta por la costumbre que impera en determinada región.

**Nota de
Interés
profesional**

El grado de amistad de los corresponsales influye de dos maneras, al parecer contradictorias, en la frase de salutación que escoge el remitente.

Si la amistad es muy estrecha, el remitente escoge una frase más bien fría, para darle así a entender al destinatario que la amistad que los une no debe influir en la decisión que tome. Por ejemplo, «Estimado señor:».

O por lo contrario, quizá escoja una frase de salutación muy cordial para demostrar con ello que espera que el destinatario tome en cuenta la amistad que los une. Por ejemplo, «Muy apreciado cliente y amigo:».

El contenido de la comunicación es uno de los factores que más debe tomarse en cuenta al escoger la frase de salutación. Ésta tiene que corresponder exactamente al tema de la carta. Por consiguiente, para comunicaciones en las que se pide favores, informes o un cargo,° se debe usar frases de salutación muy corteses y amables; para cartas de cobranza, al contrario, frases frías.

Solicitando favores	**Expresando disgusto**
Muy distinguido señor director:	Señor director:
Muy apreciada señorita Peralta:	Señorita Peralta:
Estimado señor gerente:	Señor gerente:
	Señor:

El número de destinatarios así como el de remitentes también hace que varíe la frase de salutación.

Un remitente

Un destinatario	Varios destinatarios
Muy señor mío:	Muy señores míos:

Varios remitentes

Un destinatario	Varios destinatarios
Muy señor nuestro:	Muy señores nuestros:

La costumbre del lugar es otro factor que influye al escoger la frase de salutación.

España	**México**
Más tendencia a pluralizar	Más tendencia a singularizar
Muy señores míos:	Muy apreciable señor:
Muy señores nuestros:	Estimado amigo:
Muy señores nuestros y amigos:	Apreciado cliente:
Apreciados señores nuestros:	Estimado agente:
Más énfasis en la amistad	Menos énfasis en la amistad
Muy Sr. mío y amigo:	Estimado señor:
Muy Sr. mío y estimado amigo:	Estimado amigo:
Muy Sr. mío y distinguido amigo:	Apreciable amigo:

Siempre la frase de salutación, aun en el caso de las cartas personales, está seguida de dos puntos (:). Algunas frases de salutación utilizadas con frecuencia en las cartas comerciales son las siguientes:

Estimado señor:

Distinguido señor:

Distinguido amigo:

Apreciable amigo:

Muy estimado señor:

Respetable señor:

De mi consideración:

Muy señor mío:

EXPRESIONES Y PALABRAS CLAVES

bosquejo: diagrama; primer dibujo de un objeto.

casilla postal/apartado postal: cajita que se alquila en la oficina de correos para que pongan la correspondencia que el destinatario ha recibido.

desempeñar un papel: tener una función.

domicilio: residencia de una persona, o lugar en donde funciona una empresa.

estado civil: situación civil de una persona que indica si es soltera, casada. viuda o divorciada.

nombre de pila: nombre que recibe una persona al ser bautizada.

pedido: escrito en el que el comprador le solicita al vendedor la venta de un bien.

razón social: el nombre legal de una empresa o negocio.

recado: comunicación breve que circula generalmente entre los empleados de la misma empresa.

semiótico: se refiere al estudio de los signos.

soler: tener la costumbre; hacer algo frecuentemente.

EJERCICIOS Y PRÁCTICA

Exprésese en español

A. Traduzca las siguientes palabras al inglés y escriba con ellas una oración completa en español.

EJEMPLO: vocablo ⟶ *term*
El vocablo «asiento» se usa en los libros de contabilidad.

1. pedido
2. réplica
3. diagrama
4. bosquejo
5. domicilio
6. membrete
7. recado
8. soler
9. propio
10. interlocutor

B. Traduzca las siguientes expresiones al español y escriba con ellas una oración completa.

> **EJEMPLO:** *given name* ⟶ **nombre de pila**
> **Mi nombre de pila es Felipe.**

1. *to play a role*
2. *post office box*
3. *on behalf of*
4. *marital status*
5. *legal name*

Proponga fechas, títulos y salutaciones

A. Escriba cada una de las fechas que siguen de las tres maneras usadas en español.

1. México, D.F., January 1st., 19xx
2. Tegucigalpa, February 3rd., 19xx
3. Bogotá, D.E., October 12th, 19xx
4. Lima, November 15th, 19xx
5. Santiago, December 31st., 19xx

B. Siguiendo las instrucciones, escriba los títulos y el nombre del destinatario para los casos siguientes.

1. El destinatario es el señor Carlos Suárez Montesdeoca, un arquitecto respetable y tradicionalista a quien usted quiere demostrar especial respeto con el uso de dos títulos genéricos y del título profesional correspondiente.
2. La destinataria es la señorita Lucía Méndez Rodríguez, Licenciada en Derecho. Para ella, lo que tiene importancia es el haber alcanzado un título profesional y no le preocupan las cortesías tradicionales.
3. El destinatario es el señor Alfredo José Roca Ponce, persona de edad avanzada a quien usted quiere demostrar especial respeto. El señor Roca no tiene ningún título profesional.
4. El destinatario es el ingeniero Marcos Renato Cueva Ontaneda, Gerente de Transportes Occidentales, S.A. Al señor Cueva le gusta que en las cartas aparezca su título profesional y el cargo que ocupa en la empresa. No le preocupan los títulos que denotan respeto especial hacia las personas y preferencia por las costumbres antiguas.
5. La destinataria es la señora Dolores Virginia Ortega. Hace pocos meses perdió a su esposo, el señor Laurencio Pesantes, y por ello insiste en que en las comunicaciones que recibe conste que ahora es viuda. Por la edad de la destinataria, ella merece especial respeto.

C. Escoja la variante apropiada de la frase «Muy señor mío» que esté de acuerdo con las situaciones siguientes.

1. El destinatario es el señor Cornelio Espinosa Monteros. La remitente es la doctora Gertrudis López de Belaúnde.
2. El destinatario es la Empresa Textil Argentina, S.A. El remitente es el economista Arturo Campos Ferlosio, quien escribe la carta a nombre de Arturo Campos Ferlosio, Hnos. y Cía.
3. La destinataria es la señora Mercedes Robles de Luján. El remitente es el licenciado Reinaldo Arcentales Hinojosa.
4. Las destinatarias son las socias del Club Femenino de Natación de Cartagena. El remitente es el señor Hugo Arcentales, Presidente de la Asociación Colombiana de Atletismo. Entre las socias hay damas solteras y casadas.
5. El destinatario es el Presidente de la Asociación Colombiana de Atletismo, a quien las socias del Club Femenino de Natación de Cartagena le contestan la carta del caso No. 4.

Demuestre su competencia profesional

Como ejecutivo de una empresa, usted tendrá que ejercitar su talento de mil maneras. Así pues, no sería extraño que le encargaran el diseño de un membrete para el papel de carta de su compañía. Siguiendo el diagrama que aparece a continuación, diseñe el membrete de su empresa—una cadena de tiendas de artesanías ecuatorianas situadas en la ciudad de Quito, Ecuador.

Razón Social de la Empresa		
Emblema		**Télex**
	Lema	
Telégrafo **y** **Cable**		**Teléfono** **y** **Apartado**
	Ciudad, País	

¡El negocio está en sus manos!

Diseñe el membrete para el papel de carta que utilizará en su propio negocio.

CAPÍTULO 5

La carta comercial (II)

El cuerpo de la carta

Como se dijo en el capítulo anterior, en la carta se distinguen el *encabezamiento*, la *introducción*, el *cuerpo*, la *conclusión*, la *firma* y los *datos complementarios*. El *cuerpo* de la carta es la parte más importante porque en ella está expresado el mensaje. El cuerpo debe caracterizarse por su claridad, concisión, propiedad, cortesía y profesionalismo, y por ser un todo° bien estructurado en el que se distinga un *preámbulo*, una *exposición* y una *conclusión* y *despedida*.

El *preámbulo* o *introducción* puede ser una frase o un párrafo. En todo caso, este elemento tiene singular importancia porque en él, por primera vez, el remitente se expresa, estableciendo el tono y el estilo que distinguirán el mensaje de la comunicación.

Puesto que cada carta tiene su propio objetivo, el preámbulo varía de acuerdo al propósito específico de cada comunicación. Como puede ser utilizado de muchas maneras, aquí nos limitaremos a mencionar algunas situaciones típicas:

- *Enunciar el asunto.* Si se tratara de una solicitud para un cargo, podríamos iniciar la carta diciendo:

```
Sr. González:

Escribo la presente para señalarle mi interés en el
cargo anunciado por su empresa el fin de semana
pasado...
```

***

```
Muy distinguida señorita:

Tengo el gusto de dirigirle la presente carta
para solicitarle informes acerca de los
servicios prestados por su prestigiosa firma...
```

***

```
Estimado señor Gorrizaga:

El motivo de esta carta es comunicarle
el estado precario en que se encuentran
los equipos instalados por Uds. ...
```

EMPRESA MULTINACIONAL

JEFE DE PRODUCCION

Se requiere de un profesional para laborar en el Departamento de Producción.

Se reportará a la Gerencia de Planta; y, sus funciones principales son;

1. Organizar, ejecutar y controlar los programas de producción.
2. Elaborar programas de producción según necesidades de planteamiento.
3. Supervisar que las operaciones de manufactura sean desarrolladas de acuerdo a los procedimientos respectivos.
4. Coordinar las actividades con los Departamentos de material y Control de calidad.

REQUISITOS:

Educación: Ingeniero Industrial, Ingeniero Químico o Tecnólogo en Alimentos con excelentes conocimientos del idioma inglés.

Experiencia: **2 años de experiencia en labores similares.**

Lugar de trabajo: Lasso — Cotopaxi.

Favor enviar currículum vitae a la casilla 662—A Quito, hasta el 18 de mayo de 1984

04.05.84

• *Identificar al remitente* (Persona o empresa). Esta situación es frecuente cuando en la carta se pide o se ofrece algo: informes, mercancías, documentos, servicios. La identificación quizá requiera sólo una frase o tal vez ocupe un párrafo completo. He aquí un ejemplo de cómo se identifica a una persona:

Muy estimado señor:

Después de cinco años de estudios y seis meses de prácticas profesionales, *me recibí* de Licenciado en Ciencias Químicas en la Universidad Nacional, obteniendo todos los años las más altas calificaciones.

• En el siguiente ejemplo aparece la identificación de una empresa:

Muy señor mío:

A nombre de La Oriental, S.A., empresa que ofrece servicios de transporte de pasajeros y carga en la región de Levante de nuestro país, me permito dirigirme a Ud. para solicitarle un favor especial.

- *Mencionar el motivo* por el que se escribe la carta:

  > Distinguido señor:
  >
  > Me permito informarle que la presente es parte de un
  > proyecto de estudio que el Departamento de Crédito
  > del Banco de Préstamos se encuentra realizando, como
  > medio de determinar la *factibilidad* de introducir en
  > nuestra provincia y por un período de prueba el ser-
  > vicio de Cajeros Automáticos.

- *Preparar el ánimo* del destinatario para que reciba **de buen grado** el asunto expresado en la comunicación:

  > Muy señor nuestro:
  >
  > Tenemos el placer de comunicarle que de hoy en
  > adelante podrá Ud. adquirir a un precio ventajoso el
  > aparato televisor que siempre ha deseado, sin tener
  > que sacrificar una importante suma de dinero.

- *Combinar las situaciones.* También en el preámbulo se puede combinar dos o más situaciones de las que hemos indicado antes, u otras que puedan ocurrir. Por ejemplo, podríamos tener un preámbulo en el que aparecen combinados la identificación del remitente, la de la empresa a la que pertenece y el enunciado del propósito de la comunicación:

  > Muy señor mío:
  >
  > A nombre de La Oriental, S.A., una empresa de trans-
  > porte de pasajeros y carga que opera en nuestro país
  > y de la cual soy el Gerente General, me permito di-
  > rigirle la presente a fin de solicitarle un favor
  > especial.

La exposición

La *exposición* es la sección del cuerpo de la carta en la que se trata a fondo° el asunto. Este puede ser expresado en un párrafo o puede requerir mayor espacio. En todo caso, hay que evitar párrafos demasiado extensos, pues esto predispone negativamente el ánimo° del destinatario.

Para que la exposición resulte perfecta, se la tiene que preparar si-guiendo las siguientes sugerencias:

- *Estudie el asunto* sobre el que va a escribir hasta que lo conozca perfec-tamente bien.

- **Prepare mentalmente o por escrito, un esquema** o plan para la exposición.
- **Haga una lista** de las ideas o puntos que piensa incluir en la carta.
- **Agrupe esas ideas** de acuerdo al tema común que las una.
- **Ordene esos grupos** de modo que las ideas sigan un orden lógico.
- **Escriba uno o varios párrafos** para cada grupo, cuidando que haya entre los párrafos de este **borrador** un elemento sintáctico o ideológico de conexión.
- **Revise el borrador** para corregir, eliminar, añadir y pulir el texto.
- **Reproduzca el texto final** de la carta a máquina o por otro medio mecánico.

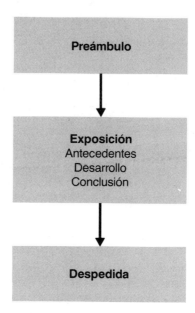

Para ilustrar el procedimiento anterior, vamos a escribir una carta de promoción de ventas de un nuevo automóvil que acaba de llegar a nuestra agencia.

1. **Estudio del asunto.** Como paso previo, habrá que familiarizarse con los nuevos modelos, de modo que conozcamos perfectamente el asunto del que vamos a tratar. También habrá que **estar al tanto** de las técnicas de **mercadeo** utilizadas en nuestra empresa y de las instalaciones y servicios con que cuenta la agencia.

2. **Preparación del esquema.** Como se trata de una carta compleja, será mejor preparar el plan sobre el papel para tener una visión clara de los componentes y la estructura de la comunicación.

Antecedentes
Triunfos del automóvil en competencias nacionales
e internacionales.

Desarrollo
Razones: experto diseño, fabricación esmerada,
éxito en pruebas de laboratorio
y competencias.
Resultado: sofisticación técnica, bajo consumo de
combustible, comodidad, ahorro en
gastos de servicio y mantenimiento.

Conclusiones
Bueno en pruebas de laboratorio y en competencias
automovilísticas....
Bueno para la familia....

3. **Lista de ideas.** Una vez que se ha trazado° el plan general, se puede escribir al azar los puntos importantes para cada sección de la exposición. No hay que preocuparse si las ideas no tienen una conexión lógica; más tarde se las organizará.

4. **Agrupar las ideas.** El siguiente paso consiste en agrupar los puntos antes anotados alrededor de un tema común. Si alguna idea tiene relación con uno, dos o más temas, no hace falta repetirla. He aquí la forma cómo podría realizarse este paso:

Antecedentes

```
Triunfos repetidos:      «Vuelta a la República»
                         (3 veces)
                         «Carrera internacional»
                         (5 veces)
Buena clasificación:     «Circuito Internacional»
                         «Carrera Libertadores»
```

Desarrollo

```
Adelantos técnicos: bajo coeficiente aerodiná-
mico; bajo consumo de gasolina.
```

Frenos en las 4 ruedas; seguridad
Ventanillas anteriores y posteriores de ventilación; comodidad y seguridad.
Pruebas de laboratorio: Resistencia de materiales; mayor duración.
Menos servicio de mantenimiento; economía.
Mejor resistencia a los impactos; seguridad y
economía.
Nuevo diseño de asientos; comodidad y seguridad.
Pruebas: En carreteras—seguridad, fácil manejo;
bajo consumo de gasolina.
En ciudades—fácil de maniobrar; respuesta
precisa a los frenos; poca contaminación ambiental; amplitud para pasajeros; economía
de gasolina.
Comodidad y elegancia: amplia visibilidad,
asientos anatómicos regulables; mayor espacio para pasajeros y equipaje; menos ruido;
ventilación y circulación de aire; tapicería
y alfombras elegantes.
Economía: bajo consumo de gasolina y lubricante.
Menos servicio de mantenimiento.
Menos gastos de reparación.
Abundancia de repuestos.

Conclusión

Técnicamente bueno: por su diseño, por la seguridad, por la economía, por su elegancia,
por su resistencia, por su comodidad.
Por consiguiente: es bueno para la familia.

5. *Escritura y revisión del texto.* Después de haber reunido ordenadamente los elementos de la exposición, se puede **redactar** el texto.
En el borrador° de la carta que aparece a continuación, se han
redactado el preámbulo, tres párrafos de exposición y el párrafo de
conclusión, utilizando en ellos los elementos previamente
catalogados en el esquema.

Muy estimado amigo:

Para celebrar dignamente su duodécimo° aniversario, AUTOMOTORES UNIDOS, S.A., presenta en el
salón de exhibiciones de su Agencia Central los
últimos modelos de los automóviles LEAN—el
triunfo más rotundo de la industria automovilís-
tica nacional.

La Empresa Constructora de Automóviles
Nacionales S.A. se siente orgullosa de haber
desarrollado los modelos LEAN/XX y LEAN/XL, en
cuya fabricación no ha escatimado° esfuerzos a
fin de que sean ejemplo de excelencia tecnológica, elegancia, comodidad y economía.

En efecto, el nuevo diseño del LEAN/XX y del
LEAN/XL elimina la resistencia al aire, logrando
así un bajo coeficiente aerodinámico. Este
acierto° de ingeniería da una máxima seguridad de
conducción° y un mínimo consumo de combustible,
características ya tradicionales de los coches
LEAN.

Los poderosos LEAN/XX y LEAN/XL incorporan en su
estructura el regulador° automático de carbura-
ción° y el sistema de inyección de combustible
computarizado que los convierte en los automóviles más eficientes y económicos. Tanto en el
tráfico congestionado de la ciudad como en las
autopistas, el LEAN responde con absoluta precisión y energía a la acción del pedal de acelera-
ción, eliminando así el innecesario consumo de
gasolina y permitiendo que su poderoso motor
desarrolle rápidamente su máxima potencia.

(. . .)

Por la seguridad, resistencia y perfección técnica, el coche LEAN ha triunfado en las competencias automovilísticas. Por su elegancia,
comodidad y economía nuestros automóviles son
también los preferidos de las familias.

(. . .)

La conclusión

Así como el preámbulo produce la primera impresión favorable, así el
párrafo final o *conclusión* también deberá producir una reacción positiva en
el destinatario. Por consiguiente, este párrafo debe ser breve y cortés, y
debe estar estrechamente relacionado con el contenido de la carta, refle-
jando así el tono, la actitud, los sentimientos y las ideas de los párrafos de
exposición.

El párrafo final puede ser utilizado de diferentes maneras: para hacer
una recapitulación sucinta de lo expuesto en la carta; para insistir en algún
punto importante; para reforzar la impresión general dada en la carta o

simplemente para preparar un marco° lingüístico apropiado para la despedida.

- *Hacer una recapitulación.* Si la carta sirve para enumerar las cualidades de una persona a quien se recomienda para un cargo, por ejemplo, el párrafo final podría servir para hacer una recapitulación de esos méritos y para reiterar la recomendación. El texto del párrafo final podría ser el siguiente:

```
Seguro estoy de que la preparación académica de mi
recomendado, su experiencia profesional y las
cualidades personales que lo adornan harán que usted
lo escoja para el cargo de Auditor General de su im-
portante empresa.
```

- *Insistir sobre algún punto importante.* Si el objeto de la carta es, por ejemplo, el conceder a un deudor la oportunidad de renovar el contrato de préstamo a condición de que pague los intereses de la **deuda,** se podría hacer énfasis en el párrafo final sobre esta importante concesión.

```
Esperamos recibir de inmediato el importe de los
intereses del préstamo que le concedió nuestro
banco, a fin de que podamos proceder a renovarle el
contrato de crédito, haciendo así innecesario el
litigio judicial.
```

- *Reforzar la impresión general.* Si en la carta se hubiera agradecido los pedidos que un cliente ha hecho durante el año anterior, el párrafo final serviría para hacer énfasis en el agradecimiento.

```
Le agradezco el favor que me hizo con sus pedidos
durante el año anterior y, expresándole mis deseos
de seguir sirviéndole en el futuro, lo saludo como
su atto. y s.s.
```

- *Preparar el marco para la despedida.* Muchas veces el párrafo final sirve simplemente para preparar la estructura lingüística que permita incluir las fórmulas de despedida apropiadas.

```
Reiterándole mis respetos, suscribo la presente
como su atento y seguro servidor.
```

La despedida

La *despedida* es una fórmula convencional con la que se termina el texto de la carta, en la misma forma como damos fin a una conversación. La frase de despedida se caracteriza por su variedad y su elaboración, así como por estar de acuerdo con la frase de salutación, con el tono del texto de la carta, con las relaciones que existen entre los interlocutores y con quien firma realmente la carta.

La concordancia entre la frase de salutación y la despedida radica en que ésta debe corresponder a la frase de salutación tanto en el tono como en la forma. Si la frase de salutación expresa amistad, cortesía y aprecio, la frase de despedida debe contener los mismos sentimientos; y si la frase de salutación expresa lo contrario, la despedida deberá también expresarlo. Los siguientes pares de frases estarían de acuerdo con el tono de la carta:

Salutación		Despedida
Señor González:	⟶	Atentamente,
Estimado señor:	⟶	Suyo atentamente,
Muy distinguido señor:	⟶	De Ud. atto. y s.s.,
Muy estimado Señor Paredes:	⟶	Afectísimo y s.s.,
De nuestras consideraciones:	⟶	Afectísimos Attos. y ss.ss.,

La concordancia entre el número de remitentes y de destinatarios se manifiesta en el hecho de que si el remitente es una persona, la despedida debe estar gramaticalmente de acuerdo con esa situación y viceversa. He aquí algunos ejemplos:

Salutación		Despedida
Muy señora mía:	⟶	De Ud. atto. y seguro servidor,
Muy señora nuestra:	⟶	De Ud. attos. y seguros servidores,
Muy señor mío:	⟶	De usted atentamente,
Muy señores míos:	⟶	De ustedes atte.,
Muy señores nuestros:	⟶	De ustedes attos. y ss.ss.

La concordancia con el género. La frase de despedida cambiará de acuerdo al género de quien firme o quienes firmen la carta.

Si firma un hombre:

Su atento y seguro servidor,

Si firma una mujer:

Su atenta y segura servidora,

Si se firma a nombre de varios:

Sus atentos y seguros servidores,

Si se firma a nombre de varias:

Sus atentas y seguras servidoras,

La ubicación° de la frase de despedida varía: a veces es parte del párrafo final, sin que exista ninguna **solución de continuidad** entre ellos; otras veces aparece separada aunque sintácticamente es parte de él; o está separada del párrafo final como una unidad independiente:

Le expreso anticipadamente mi agradecimiento y,
reiterándole mis respetos, suscribo la presente como su
atento y seguro servidor.

***

Aprovecho esta oportunidad para reiterarle mis respetos
y para quedar de usted como

    Su seguro servidor,

***

Esperamos que la remesa de mercadería haya llegado a
tiempo y que nos comuniquen por escrito su recepción.

    Sus seguros servidores,

Nota de Interés profesional	Es costumbre perfectamente aceptada en los países hispanos el que la frase de despedida vaya abreviada. Por consiguiente, con frecuencia se encuentran conclusiones con las siguientes despedidas: «Quedo de Ud. s.a. y s.s.» («Quedo de usted, su atento y seguro servidor.»); «Le reitero mi agradecimiento y suscribo la presente como s. atta. a. y s.» («Le reitero mi agradecimiento y suscribo la presente como su atenta amiga y servidora.»).

La firma

La *firma* es una de las partes más importantes de la carta comercial porque sin ella sería un documento inválido. Toda carta debe estar firmada por el remitente o por la persona a quien él ha autorizado o a quien los estatutos de la empresa autorizan a que lo haga. En esta sección encontramos la antefirma, la firma y el pie de firma.

La *antefirma* aparece debajo de la frase de despedida, en el centro del papel. Puede ser el nombre de la empresa, una frase especial, el nombre o cargo del responsable de la carta o una combinación de los casos mencionados.

- El *nombre de la empresa* es usado con frecuencia como antefirma y va precedido de la preposición «Por».

Atentos y seguros servidores,

Por TRANSPORTES UNIDOS, S.A.

- Una *frase especial* también se usa como antefirma, puede ser una frase similar al lema,° o el lema mismo. En las comunicaciones oficiales, por ejemplo, encontramos frases patrióticas, lemas alusivos a determinados ideales nacionales, o expresiones que por costumbre u obligación deben ser incluidas como antefirma.

En México

SUFRAGIO LIBRE; NO REELECCIÓN

En el Ecuador

DIOS, PATRIA Y LIBERTAD

- El *nombre* o el *cargo* del remitente se escribe también como antefirma inmediatamente debajo del nombre de la empresa. Esta costumbre se ve en España con más frecuencia que en Hispanoamérica.

Sus atentos y seguros servidores,

MOTORLANDIA, S.A.

El Apoderado General

En Hispanoamérica aparece como antefirma el nombre y cargo de quien debía firmar la carta y, no pudiendo hacerlo, la firma otra persona escribiendo delante del nombre la preposición «Por».

Muy atentamente

AUTOMOTORES ANDINOS, S.A.

Por Arturo Buendía
GERENTE

Hay que aclarar que si el señor Buendía hubiera firmado la carta, su nombre y su cargo aparecerían como pie de firma. La *firma*, propiamente dicha, es el nombre del remitente acompañado de la **rúbrica,** que es un diseño o dibujo peculiar de cada persona con el que adorna su firma.

Nota de Interés profesional

En los países hispanos llama la atención cómo firman y cómo dibujan la rúbrica las personas. Cada firma tiene características individuales y personales que la distinguen y que dificultan su falsificación. Con frecuencia no es posible distinguir los nombres de las personas por medio de su firma debido a los diseños intrincados que se utilizan.

¡Felicidades!
Los que hacemos «La Vanguardia»

El *pie de firma* se encuentra debajo de la firma propiamente dicha. Es la reproducción a máquina o en forma legible del nombre de la persona que firma la carta y la indicación del cargo que ocupa. El pie de firma ayuda a descifrar el nombre del remitente, ya que con mucha frecuencia su firma es ilegible.

```
          De ustedes atentos y seguros servidores,



              Por PERFUMERÍA ARCOIRIS, S.R.L.
```

```
              Miguel Angel Carrera Cortés
                   GERENTE DE VENTAS
```

Los datos complementarios

Hasta aquí hemos descrito las partes esenciales de la carta. Muchas comunicaciones, sin embargo, tienen otros elementos adicionales muy importantes, pero no indispensables. Los *datos complementarios* se encuentran fuera del cuerpo de la carta, en la parte superior y en la parte inferior del papel. Los que con más frecuencia se usan son los siguientes:

- Las *iniciales de identificación* que aparecen debajo del pie de firma, a la izquierda del papel, sirven para saber quiénes estuvieron involucrados en la producción de la carta; es decir, quién la dictó, redactó y **mecanografió.**

- Los *materiales adjuntos* también aparecen **al pie** de la carta y a mano izquierda. Sirven para indicar qué materiales van junto con la carta. La abreviatura «Adj.» (adjunto) o la palabra «Anexo(s)»° seguidas de dos puntos (:) y de una brevísima descripción de lo que se adjunta sirven para recordar que hay que incluir ciertos materiales y para que el destinatario verifique si han llegado.

- Las *instrucciones de distribución* indican que se va a mandar copias de la comunicación a otras personas. Esto se indica por medio de las iniciales «c.c.»: (con copia) seguidas del nombre o el cargo de quienes van a recibir las copias. De esta manera el destinatario sabe quiénes conocen el contenido de la comunicación, y se ayuda al personal de secretaría a verificar que las copias han sido enviadas.

. . . .

Miguel Angel Carrera Cortés
GERENTE

MAC/es

Adj.: folleto y fotografías

c.c.: Contador
      Cajero
      Auditor

• Las *referencias* aparecen generalmente en la parte superior de la carta. Sirven para identificar la comunicación, para dar instrucciones especiales o para llamar la atención de determinadas personas. Las *referencias de identificación* son marcas, **contraseñas** o señales que sirven para identificar la comunicación cuando más tarde sea necesario referirnos a ella en otra comunicación. Por lo común, la referencia es un número o una combinación de letras y números que aparecen en un lugar visible en la parte superior derecha de la hoja. Este recurso hace posible saber, por ejemplo, en qué sección fue preparada la carta, a qué comunicación se refiere, y qué **clave** se utilizará para referirse a esta carta.

Ref. No.: S-1357

Lima, 3 de mayo de 19xx
Señores
Transportes Aéreos Orientales, S.A.
Avenida Patria No. 2468
Trujillo
Estimados señores:

Atención Sr. Paz

• Las *instrucciones* son frases muy cortas que aparecen generalmente a la derecha, al nivel del nombre del destinatario. Por medio de ellas damos instrucciones especiales o llamamos la atención de determinadas personas o departamentos de una empresa. «Atención Sr. Paz», por ejemplo, es una referencia que sirve para indicar quién debe atender esta comunicación.

• *Párrafos adicionales.* Ocurre a veces que, estando ya escrita la carta, nos damos cuenta de haber omitido algo importante que debíamos haber incluido en el texto. En este caso se puede añadir un párrafo adicional al pie de la carta, el cual va precedido de **P.D., P.S.** o **N.B.** que corresponden a las expresiones latinas *Post Data, Post Scriptum, Nota Bene,* respectivamente, o *posdata, post scripto* y *nota bene* en español.

La expresión *posdata* (**P.D.**) indica que algo más se ha añadido después de la fecha, la cual en tiempos pasados aparecía al pie de la carta.

La expresión *post scripto* (**P.S.**) indica que se añade algo a lo que está ya escrito.

Nota Bene (**N.B.**) se utiliza cuando se quiere llamar la atención del destinatario sobre algo importante que se va a añadir.

En español, se usan más las iniciales **P.D.** antes del párrafo adicional. Le siguen en frecuencia las iniciales **P.S.,** y en último lugar **N.B.**

Hay que evitar que se vuelva un hábito el uso de párrafos adicionales en las cartas. El hacerlo denotaría cierta falta de concentración o de preparación al escribir las comunicaciones.

De ordinario el remitente debe poner sólo las iniciales al pie del párrafo para **refrendar** con ellas su autenticidad.

A veces se encuentra al pie del párrafo adicional la palabra latina *Vale* que equivale a *¡adiós!*

Transcripción y diagrama de la carta comercial

Las cartas comerciales pueden estar escritas a mano o a máquina. Con los adelantos técnicos modernos, cada día es más frecuente el uso de la máquina de escribir e incluso de las computadoras y los procesadores de textos.

Si se escribe a mano, la carta debe tener buena apariencia: buena caligrafía, limpieza, buena organización y distribución. Si se escribe a máquina, debemos tener cuidado de que el aparato tenga los caracteres propios del idioma español—acento, diéresis, signos para abrir y cerrar admiración e interrogación y la letra «ñ». Si se comete errores, hay que corregirlos borrándolos por los medios más apropiados.

El papel de carta más usado para las comunicaciones comerciales mide 22 × 28 centímetros. El papel membretado se usa sólo para la primera página. Las siguientes páginas no tienen membrete, pero el papel será de la misma clase. En la parte superior de las páginas subsiguientes aparecerá la paginación, el nombre del destinatario y la fecha. En general, se debe usar papel de buena calidad que resista la manipulación que sufre una carta hasta llegar al archivo.

Como modelo básico de distribución del material de una carta de extensión mediana—250 palabras—se aconseja seguir el siguiente diagrama:

Los cuatro estilos usados con más frecuencia para **mecanografiar** las cartas comerciales se denominan *estilo bloque, estilo semibloque, estilo sangrado* y *estilo extremo.* Los diagramas que aparecen a continuación son su mejor descripción.

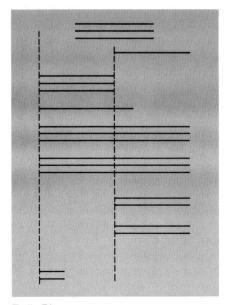

Estilo Bloque

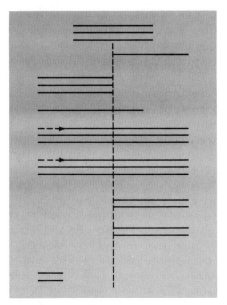

Estilo Semibloque

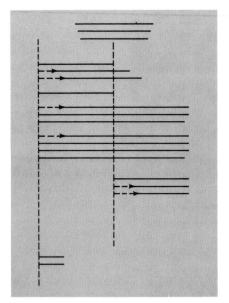

Estilo Sangrado

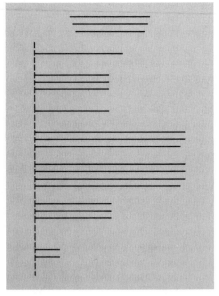

Estilo Bloque Extremo

PALABRAS Y EXPRESIONES CLAVES

al pie: en la parte inferior (de una hoja de papel).

borrador: versión inicial de un escrito en la que se puede hacer correcciones, cambios, supresiones o adiciones antes de obtener la versión definitiva.

clave: código; signo; cifra.

contraseña: señal escrita que sirve para reconocer ciertas cualidades de un documento.

de buen grado: con buena voluntad; de buena gana; con gusto.

deuda: dinero que hay que pagar.

estar al tanto: estar informado; saber; conocer.

factibilidad: posibilidad de hacer algo.

importe: suma; cantidad.

mecanografiar: escribir a máquina.

mercadeo: procedimientos, técnicas y estrategias utilizados para promover la venta y circulación de un producto o servicio.

recibirse: graduarse; recibir el título.

redactar: componer; escribir el texto.

refrendar: probar; certificar; garantizar.

rúbrica: diseño con el que cada persona adorna e individualiza su firma.

solución de continuidad: espacio en blanco; división; separación.

EJERCICIOS Y PRÁCTICA

Exprésese en español

A. Escriba con cada palabra una oración completa en español y luego tradúzcala al inglés.

> **EJEMPLO:** factibilidad:
> **Necesitamos un estudio de factibilidad.**
> *We need a feasibility study.*

1. redactar
2. recibirse
3. borrador
4. mercadeo
5. refrendar

B. Traduzca las siguientes palabras y expresiones al español y escriba una oración completa con cada una.

> **EJEMPLO:** *debt* ⟶ **deuda**
> **La deuda de la compañía debe ser pagada cuanto antes.**

1. *willingly*
2. *signature*
3. *to type*
4. *to be up to date*
5. *sum or amount*

Frases de despedida

A. Utilizando la frase de despedida «Quedo de usted su atento y seguro servidor», escoja la variante apropiada para cada caso.

1. El destinatario es el señor Cornelio Espinosa Monteros. La remitente es la doctora Gertrudis López de Belaúnde.
2. El destinatario es la Empresa Textil Argentina, S.A. El remitente es el economista Arturo Campos Ferlosio, quien escribe la carta a nombre de Arturo Campos Ferlosio, Hnos. y Cía.
3. La destinataria es la señora Mercedes Robles de Luján. El remitente es el licenciado Reinaldo Arcentales Hinojosa.
4. Las destinatarias son las socias del Club Femenino de Natación de Cartagena, Colombia. El remitente es el Presidente de la Asociación Colombiana de Atletismo, que escribe la carta a su propio nombre. Entre las socias hay damas solteras y casadas.
5. El destinatario es el Presidente de la Asociación Colombiana de Atletismo, a quien las socias del Club Femenino de Natación de Cartagena le contestan la carta del caso No. 4.

B. Refiriéndose a los casos anteriores utilice la variante apropiada de la frase de despedida: «Le expreso mi respeto y consideración.»

C. Haga el mismo ejercicio con la frase: «Me es grato ofrecerme a usted como su seguro servidor.»

Materiales adjuntos

A. Escriba el dato complementario que aparecería al pie de la carta para los casos que se describen a continuación.

1. Junto con la carta va el cheque No. 98765 por la suma de 300 pesetas.
2. Se adjunta a la carta una factura.
3. Se envían en la carta cuatro fotografías.
4. Se envía en el mismo sobre de la carta un folleto.
5. Se adjunta un formulario de pedido.

Demuestre su competencia profesional

A. Siguiendo el modelo, complete las fórmulas siguientes hasta formar pequeños **párrafos de introducción** o **preámbulos** que concuerden con las respectivas situaciones.

EJEMPLO: **Situación**
Mencionar la llegada de repuestos de automóviles.
Fórmula
Tengo el gusto de informarles a Uds....

Párrafo

Tengo el gusto de informarles a ustedes que acabamos de recibir un extenso surtido de repuestos para todos los modelos de los incomparables automóviles marca SEAL, a los precios más bajos del mercado local.

1. **Situación**

   Anuncie a un destinatario la llegada de un nuevo modelo de máquinas de escribir marca SUPREMA.

   Fórmula

   La presente tiene por objeto informar...

2. **Situación**

   Acusar recibo de una carta.

   Fórmula

   Tenemos en nuestro poder...

3. **Situación**

   Acusar recibo de una carta en la que dan malas noticias.

   Fórmula

   Obra en nuestro poder...

4. **Situación**

   Lamentar el tener que anunciar el alza de precios de mercaderías.

   Fórmula

   Siento tener que comunicarles...

B. Siguiendo el modelo complete las fórmulas siguientes hasta formar pequeños **párrafos de conclusión** que concuerden con las respectivas situaciones.

   EJEMPLO: **Situación**

Se anunció en la carta la llegada de repuestos de automóviles.

Fórmula

En espera de...

Párrafo modelo

En espera de sus importantes pedidos de repuestos, les doy anticipadamente las gracias y quedo de Uds. su atento y seguro servidor.

1. **Situación**

   Anunció en la carta la llegada de un nuevo modelo de máquinas de escribir marca SUPREMA.

   Fórmula

   Asegurándoles que sus pedidos...

2. **Situación**

Se acusó recibo de una carta.

Fórmula

Esperamos que los informes enviados...

3. **Situación**

Se acusó recibo de una carta en la que le daban malas noticias.

Fórmula

Espero que esta situación no se repita otra vez y...

4. **Situación**

Se lamentaba el tener que anunciar el alza de los precios de las mercaderías.

Fórmula

Ojalá que este desagradable aumento de precios no cause ninguna molestia...

¡El negocio está en sus manos!

En el texto de la carta siguiente, cada décima palabra ha sido suprimida. Todos los términos suprimidos aparecen al margen derecho, ordenados alfabéticamente. Reconstruya el texto de la carta utilizando la palabra que corresponda a cada espacio en blanco.

Muy señor nuestro:

Al realizar la revisión mensual de nuestros
libros de _____ hemos encontrado que nuestra
factura No. 631 expedida a _____ nombre el día
28 de febrero pasado, _____ no ha sido pagada,
quizá por un olvido involuntario _____ su
parte.

Aunque no deseamos causarle molestias, nos
vemos _____ a pedirle que nos envíe el importe
de dicha _____, a más tardar a principios de la
semana entrante, _____ fin de seguir gozando de
la línea de crédito _____ tan gustosamente le
concedimos hace un año.

Esperamos _____ oportunamente su respuesta y
quedamos como siempre,

Sus atentos _____ seguros servidores.

a

aun

contabilidad

de

factura

obligados

que

recibir

su

y

Segundo repaso

••

¿LO SABÍA USTED?

Este es el segundo grupo de palabras usadas con más frecuencia en el comercio y en la administración de empresas internacionales.

Español	*Inglés*
11. crédito	11. government
12. garantía	12. major
13. precio	13. price
14. firma	14. cost
15. producción	15. even
16. mercado	16. company
17. operación	17. international
18. dólar	18. economic
19. préstamo	19. growth
20. valor	20. interest

DEMUESTRE SUS CONOCIMIENTOS

A. Conteste oralmente y por escrito las preguntas siguientes:

1. ¿A qué comunicación nos referimos al hablar de la carta comercial?
2. ¿Por qué es importante la carta en el mundo de los negocios?
3. ¿Qué limitaciones tiene la carta en comparación con otros medios de comunicación?
4. ¿Qué procesos comunicativos podemos ver en la carta?
5. ¿Por qué se dice que la carta se convierte en el *alter-ego* de quien la escribe?
6. ¿Qué analogía se puede establecer entre la estructura de la carta y el cuerpo humano?
7. ¿Por qué el lugar y la fecha son dos elementos que no deben faltar en las comunicaciones comerciales?
8. ¿Por qué la firma del remitente debe aparecer siempre en la carta comercial?
9. ¿Qué obligación tiene el ejecutivo en cuanto a la apariencia de las comunicaciones?

10. ¿Por qué hay que evitar en las cartas el uso habitual de párrafos adicionales?

B. Diga si las afirmaciones siguientes son **Correctas** o **Incorrectas.**

1. La epístola es generalmente una comunicación relacionada con los negocios.
2. En el mundo de los negocios la carta es el medio de comunicación más completo y económico.
3. En los membretes siempre encontramos los mismos elementos.
4. Si el destinatario tiene un título profesional, es buena idea usarlo en las cartas que a él dirigimos.
5. El grado de amistad de los corresponsales sí influye en la clase de salutación que se usa en las cartas.
6. El cuerpo de la carta contiene el mensaje.
7. El éxito de una carta puede depender de cómo se escriba el preámbulo.
8. El párrafo final no tiene ninguna relación con las otras partes de la carta.
9. Las iniciales de identificación sirven para identificar a las otras personas que recibirán una copia de la carta.
10. Los párrafos adicionales son resúmenes del mensaje que aparece en el cuerpo de la carta.

C. Marque la(s) respuesta(s) que mejor concuerde(n) con el concepto expresado en cada una de las frases siguientes:

1. La palabra «misiva» indica que...
   —la comunicacion es íntima.
   —la carta va dirigida a una persona importante a la que tratamos con mucho respeto.
2. Los comerciantes prefieren la carta a ciertos medios de contacto electrónicos como el teléfono porque...
   —la carta es más costosa y rápida.
   —los medios electrónicos no dejan prueba documental del contacto realizado con la otra persona.
3. El membrete de una carta comercial debe contener las direcciones importantes...
   —para hacer posible que el destinatario se comunique fácilmente con el remitente.
   —para que sirva de medio de publicidad.
4. En las cartas que van al extranjero, en la sección correspondiente al lugar y fecha, es aconsejable incluir...
   —el nombre de la ciudad, del estado (provincia, departamento), y del país.
   —sólo el nombre del pueblo.

5. En los países hispanos, las señoras viudas...
   —aceptan que se indique su estado civil mediante el uso de la expresión *vda. de* antes del apellido del difunto esposo.
   —no pueden indicar en su nombre ese estado civil.
6. El preámbulo de una carta...
   —varía de acuerdo al propósito que ella tenga.
   —es generalmente un párrafo muy largo.
7. Para que los párrafos de exposición expresen bien el mensaje...
   —el remitente debe conocer a fondo el asunto del que trata la comunicación que está escribiendo.
   —el remitente sólo necesita improvisar unas frases y agruparlas en párrafos.
8. El párrafo final sirve para...
   —recapitular lo expresado en la exposición.
   —insistir en los puntos más importantes expresados en la carta.
9. El pie de firma le ayuda al destinatario a...
   —descifrar el nombre de la persona que firma la carta.
   —conocer el cargo que tiene la persona que firma la carta.
10. La carta está firmada por el Dr. Carlos Julio Ponce Bahamonde como presidente y en representación de los miembros de la Junta Directiva de Laboratorios Farmacéuticos e Industriales, S.A. El destinatario es el Sr. Fabián Arteta Rosales, ingeniero químico. La frase de salutación correcta sería...
    —De mis consideraciones:
    —Muy señor nuestro:

EXPRÉSESE EN ESPAÑOL

A. Traduzca al español los párrafos siguientes:

1. I am happy to notify you that the Board of Directors has elected you as a member of the Executive Committee of ITEDO, Inc.
2. Two years of specialized training in advertising have prepared me to be an effective representative of your company.
3. This letter is addressed to you as the person who makes important decisions in your company.
4. We are attaching to this letter a copy of the telegram which we sent you this morning.
5. A subsidiary company has been formed to take care of the distribution of parts in the South American market.

¡MANOS A LA OBRA!

A. De las fórmulas que aparecen en la lista, escoja la que mejor corresponda a las situaciones rutinarias siguientes:

a. Estimados señores:	d. De nuestras consideraciones:
b. Muy señor mío:	e. Estimable señor:
c. Distinguida señorita:	f. Muy señores míos:

1. Remitente: la Srta. María E. Terán A., Presidente del Club Náutico Femenino de Valparaíso; a nombre de la directiva del club.
   Destinatario: la Sra. Eulalia J. de Mancheno.
2. Remitente: el Ing. Arturo Quintero Sáenz
   Destinatarios: los Sres. Adriano Robalino Ferrer y Luis Gómez Estrada.
3. Remitente: Pedro Fermín Ceballos, a nombre de los miembros de la Cooperativa Agrícola El Porvenir.
   Destinatarios: los miembros de la Junta Directiva del Banco Comercial y Agrícola.

B. Escriba en español los siguientes lugares y fechas.

1. Bogotá, January 1st, 1988 (Para una carta dirigida al exterior)
2. Barcelona, October 25, 1990 (Para una carta dirigida a Madrid)
3. Guadalajara, Jalisco, México, May 5, 1989 (Para una carta dirigida a EE.UU.)

C. Escriba, como se ha indicado en el Capítulo 4, el nombre y la dirección de los destinatarios.

1. Mrs. Graciela Méndez de Portuondo, Ph.D. (Exprese mucho respeto)
   P.O. Box 1348
   Buenos Aires, Argentina
2. Mr. Patricio Morán Uribe (Ingeniero)
   Manager, Development Bank
   7531, 3rd., right, Independence Avenue
   Asunción, Paraguay
3. Srta. Alicia Gutiérrez Valle, M.D.
   Director, Saint Joseph's Hospital
   October 9 Street
   Monterrey, Nuevo León, México

D. Escoja la frase de despedida que concuerde mejor con cada una de las conclusiones dadas.

1. Les expresamos nuestras gracias y suscribimos la presente como...
2. Le reitero una vez más las gracias y quedo...

3. Soy de Ud....
   a. ss. attos. y ss.ss.,
   b. s.s.s.,
   c. suyo atentamente,

EJERCICIOS DE INTERPRETACIÓN

Después de verificar en el diccionario el significado de las palabras y expresiones subrayadas, interprete esta comunicación, contestando oralmente y por escrito a las preguntas siguientes:

Estimado cliente y amigo:

Nos apena mucho saber la mala situación por la que está atravesando su negocio debido a la escasez de capitales. Hemos estudiado su plan de pagos y su promesa de cancelar el importe total de su pedido del 5 de marzo último en cuatro abonos sucesivos de TREINTA MIL BOLIVARES (Bs.30.000,00) cada uno, a partir del primero de agosto próximo.

Aceptamos gustosos el arreglo y esperamos que esta concesión de nuestra parte sirva para restablecer el ritmo de ventas y los consiguientes ingresos que le permitan finiquitar su obligación. Esperamos que nuestras mutuas relaciones comerciales continúen con iguales o mayores pedidos.

En espera de recibir su confirmación inmediata, quedamos de Ud. sus attos. amigos y servidores,

---

1. ¿Cuál es la razón de la mala situación por la que está atravesando el cliente?
2. ¿Qué han recibido del cliente los acreedores?
3. ¿Cuál es el concepto de la deuda?
4. ¿A cuánto asciende el valor total del pedido?
5. ¿Cuándo hará el cliente el primer pago de $30.000,00?
6. ¿En qué país se ha realizado esta operación?
7. ¿Qué resultado dará este arreglo?
8. Si el cliente cumple el plan, ¿cuándo estará pagada la deuda?
9. ¿Cómo espera el vendedor que serán los nuevos pedidos?
10. ¿Qué tiene que mandar el cliente al vendedor cuando aquél reciba esta carta?

PROYECTOS

A. Solicite a un comerciante del lugar una carta comercial y, valiéndose de un proyector, explique en clase la estructura de esa comunicación.

1. ¿Tiene los mismos elementos que los de la carta comercial escrita en español?
2. ¿Qué elementos le faltan?
3. ¿Cuáles le sobran?
4. ¿Cómo se podría mejorar esa carta?

B. Entreviste a la secretaria de una oficina para que ella le muestre los estilos que más usa al mecanografiar las cartas y así pueda Ud. dar un informe en clase.

1. ¿Usa ella diferentes estilos?
2. ¿Cuándo usa cada estilo? ¿Por qué?

C. Coleccione algunos papeles membretados para examinar los elementos, la distribución, la realización artística, las fallas, los aciertos, etc. Haga una presentación en clase mostrando los modelos y pidiendo algunos comentarios a sus compañeros.

D. Diseñe en español «el membrete ideal» para el negocio o la empresa en que a Ud. le gustaría trabajar. Este membrete debe incluir los elementos descritos en el Capítulo 4.

CAPÍTULO 6

Las cartas rutinarias

Tipos de cartas rutinarias

Las cartas rutinarias se escriben en situaciones que se repiten constantemente en la vida normal de un negocio y, por lo tanto, tienen ciertos rasgos° estilísticos comunes y característicos. También se incluye en este grupo la **carta circular** porque muchas veces son similares a las cartas rutinarias.

En cada negocio existen situaciones rutinarias típicas. Sin embargo, las situaciones que con más frecuencia se repiten en cualquier negocio son las de **acuse de recibo,** las de **solicitud** y las de **remisión.** Así pues, como hay situaciones que se repiten, es posible preparar un texto para ser utilizado una y otra vez. Pero antes de preparar el texto, el comerciante debe identificar las situaciones que ocurren con más frecuencia, la clase de destinatarios a quienes se enviará la carta y la actitud que coincida mejor con la situación y con las personas involucradas.

Todos estos factores obligan a que el comerciante tenga que concebir un texto muy general, el cual no siempre se aplica con propiedad al caso específico al que uno quiere referirse.

En este capítulo se ofrecerá una guía para la preparación de las cartas rutinarias antes mencionadas, y se incluirá un modelo de cada tipo de comunicación. También se presentarán numerosos ejemplos de cartas-formulario que podrían ser usadas cuando no se necesite preparar cartas rutinarias especiales.

La carta de acuse de recibo

Acusar recibo de una comunicación es una de las situaciones más frecuentes en la vida de un negocio. En efecto, el comerciante continuamente acusa recibo de comunicaciones: cartas, telegramas; de documentos: facturas, pagarés, comprobantes, listas de precios; de dinero: cheques, giros postales, metálico°; de mercaderías.

Lo importante de esta carta es que por medio de ella los comerciantes logran° el toque de cortesía° que debe existir en las relaciones comerciales, **dan cuenta** de lo que se ha recibido para **constatar** si esto está de acuerdo con lo que se remitió, exoneran de la responsabilidad que tenía el remitente de enviar algo al destinatario.

Cada carta de acuse de recibo puede ser redactada de una manera diferente. Sin embargo, se recomienda adquirir cierto **dominio** en una técnica específica de redacción, para luego diversificar los modelos. La técnica recomendada es la siguiente:

- Utilice para empezar una de las fórmulas de acuse de recibo establecidas por la costumbre.

Fórmulas de acuse de recibo

```
Tenemos en nuestro poder...

Acabamos de recibir...

Acusamos recibo de...

He recibido...

Obra en nuestro poder...
```

- Identifique brevemente lo que ha recibido. Si se trata de comunicaciones o documentos, se sugiere que sean identificados de la siguiente manera:

Por medio de la fecha

```
Estimado señor Aguirre:

Tenemos en nuestro poder su atenta carta del 30 de
agosto del presente año...
```

Por medio de la referencia

```
Estimado señor Aguirre:

Acabamos de recibir su comunicación distinguida con
el No. SP—456...
```

Por medio del asunto

```
Estimado señor Aguirre:

Acusamos recibo de su amable carta en la que nos
comunica la decisión tomada por la Junta Directiva
de abrir una nueva sucursal del Banco Nacional en
nuestra ciudad.
```

Combinando dos o más de los anteriores

```
Estimado señor Aguirre:

Tenemos la satisfacción de comunicarle que hemos re-
cibido su atta. del 30 de agosto del pte. año, en la
que nos comunica la buena noticia de que la Junta
Directiva del Banco Nacional ha decidido abrir una
nueva sucursal en nuestra ciudad.
```

- Si se trata de mercaderías, se sugiere identificar la **remesa** de la siguiente manera:
  1. Mencione la mercadería, el medio de transporte, la fecha de llegada y los documentos que la acompañaban.

2. Mencione algunos detalles importantes relacionados con lo que se
   ha recibido. Estos detalles pueden ser positivos (que se ha recibido
   algo que se esperaba con impaciencia, por ejemplo) o negativos
   (que en la remesa de mercadería recibida hay **faltantes** o **desperfectos**).

Detalles positivos

Tenemos el gusto de comunicarle que en el correo de
ayer hemos recibido el cheque No. 5316.

La cantidad de TRESCIENTOS PESOS ($300,00) del men-
cionado cheque, girado el 15 de agosto pasado, contra su cuenta corriente No. CC-9876 del Banco Nacional, será acreditada en la cuenta que Ud. tiene
con nosotros, quedando por tanto un *saldo* de TREINTA
PESOS ($30,00) a su favor.

Detalles negativos

Por medio de la presente le informo que he recibido
la última remesa de zapatos, enviada por intermedio
de Transportes Occidentales, S.A.

Aunque la remesa llegó a tiempo, debo comunicarle
que la mercadería recibida no corresponde al pedido
que le hicimos el 10 de febrero de este año, pues en
el envío del que acusamos recibo todos los zapatos
de caballero son negros y no de los colores surtidos
que habíamos solicitado.

- Agradezca el envío.

  Le agradecemos una vez más la prontitud con la que
  nos ha enviado el pago, y gustosos le hacemos el
  descuento del 5% prometido por pronto pago.

- Ofrézcase a servir al destinatario en situaciones similares y despídase
  cordialmente.

  Esperamos que nos dará la oportunidad de servirle
  nuevamente en el futuro y, agradeciéndole una vez
  más el envío del dinero, quedamos de Ud.

  Muy atentamente,

Modelo de carta de acuse de recibo

Santiago, 15 de marzo de 19xx

Fábrica de Caramelos «La Perla»
Apartado Postal 681
Valparaíso

Estimados señores:

Obra en nuestro poder su amable carta del 3 de marzo del
presente año, a la que se han servido adjuntar el cheque
No. 99484 por SEISCIENTOS CINCUENTA PESOS ($650,00)
para cancelar nuestra factura No. V-1235 emitida el 15
de febrero pasado por la venta de 150 kilogramos de
azúcar, a razón de CUATRO PESOS, TREINTA Y CUATRO CEN-
TAVOS ($4,34) el kilogramo.

Les agradecemos sinceramente el envío, y les manifestamos que el exceso remitido por ustedes—CINCUENTA
PESOS ($50,00)—les será acreditado en su cuenta para
ser abonado a futuras operaciones, puesto que el precio
real del azúcar era de CUATRO PESOS ($4,00) por kilo-
gramo. Reciban una vez más nuestro agradecimiento y,
esperando recibir pronto sus nuevos pedidos, quedamos
de ustedes ss. attos. y ss.ss.

Por ALMACENES EL GLOBO, S.A.

Fernando Guerra Paz
JEFE DE VENTAS

Carta-formulario de acuse de recibo

Señor:

Acusamos recibo de _____
que llegó a nuestro poder el _____ de _____
del presente año.

Agradecemos el envío y nos repetimos muy atte.

Por HERMANOS RODRÍGUEZ Y CÍA.

     Pablo Rodríguez L.
       GERENTE

Cartas de solicitud

Tarde o temprano, todo hombre de negocios tiene que escribir cartas en las que pide informes, mercaderías, documentos, dinero, servicios. Según las circunstancias, esta carta puede tener un tono de extrema cortesía—cuando se pide un favor—o un tono de demanda—cuando se considera que el destinatario está obligado a hacer lo que se le pide. También esta carta puede ser escrita de muchas maneras. Uno de los muchos procedimientos aconsejables es el siguiente:

- Identifíquese tanto si la carta es personal como si se la escribe **a nombre de** la empresa. El remitente debe identificarse a sí mismo y a la empresa a cuyo nombre está escribiendo la carta. Para ello, una simple frase puede ser suficiente.

    Muy estimado señor:

    Como Auditor de LABORATORIOS FARMACOLÓGICOS, S.A.
    de C.V....

- Indique la razón por la que solicita lo que pide en la carta.

  Muy estimado señor:

  Como Auditor de LABORATORIOS FARMACOLÓGICOS, S.A. de C.V. estoy llevando a cabo una revisión general de las cuentas de todos nuestros clientes...

- Describa con precisión lo que solicita: informes, mercadería, cantidad de dinero, documentos. Piense que el destinatario sólo **cuenta con** los datos que aparecen en su carta para saber lo que el remitente desea.

  Al verificar el movimiento de su cuenta corriente he constatado que faltan los originales de la factura No. V–2469 del 10 de noviembre y de la factura No. V–3570 del 15 de diciembre del año pasado, las cuales fueron canceladas con nuestros cheques Nos. 12468 y 13579 del 20 de noviembre y del 25 de diciembre, respectivamente.

  Puesto que nos urge terminar el *arqueo* que estamos realizando, le ruego que me remita esos documentos sellados con el correspondiente «Recibí».

- Agradezca anticipadamente la atención que se espera recibir.

  Le agradezco anticipadamente la pronta atención que se digne dar a mi pedido...

- Ofrézcase a servir al destinatario en situaciones similares que se presenten en el futuro, si es apropiado al asunto de la carta.
- Si se trata de informes especiales y si lo juzga conveniente, exprese en la carta que los informes que reciba serán **guardados en reserva** y que serán utilizados sólo para el asunto que se ha mencionado en la comunicación.
- Despídase de una manera cordial.

  ... la atención que sabrá dar a mi pedido y, esperando poder serle útil en el futuro si se presenta la oportunidad, quedo de Ud.

  Su atento y seguro servidor,

Reconstrucción de la carta anterior

La Paz, 12 de enero de 19xx

Señor Contador Público
Carlos Arturo Flores M.
Farmacias «La Salud» Cía. Ltda.
Diagonal Norte No. 2451
Cochabamba

Muy estimado señor:

Como Auditor de LABORATORIOS FARMACOLÓGICOS, S.A. de
C.V., estoy llevando a cabo una revisión general de las
cuentas de todos nuestros clientes, correspondientes al
último trimestre del año pasado.

Al verificar el movimiento de su cuenta corriente he
constatado que faltan los originales de la factura No.
V−2469 del 10 de noviembre y de la factura No. V−3570
del 15 de diciembre del año pasado, las cuales fueron
canceladas con nuestros cheques Nos. 12468 y 13579 del
20 de noviembre y del 25 de diciembre, respectivamente.

Puesto que nos urge terminar el arqueo que estamos
realizando, le ruego que me remita esos documentos se−
llados con el correspondiente «Recibí».

Le agradezco anticipadamente la pronta atención que se
digne dar a mi pedido y, esperando poder serle útil en
el futuro si se presenta la oportunidad, quedo de Ud.
s.a. y s.s.

Enrique Rosales N.
      AUDITOR

Modelo de carta-formulario de solicitud

Señor

Le _____ rogamos que nos envíe _____ _____
ejemplar _____ de la revista _____ correspondiente _____ al mes de _____ del presente año.

Atentamente,

    Lcda. Juana Rueda G.
       BIBLIOTECARIA

La carta de remisión

Otra situación que se presenta con frecuencia en la vida de los negocios es el envío de informes, documentos, dinero, mercaderías e impresos. A veces lo que remite va adjunto a la comunicación; otras veces, se envía por separado. En ocasiones el remitente envía algo por su propia iniciativa; otras lo hace porque el destinatario lo ha solicitado.

Las circunstancias a las que se refiere la carta hacen que ella tenga una mayor o menor complejidad estructural. El procedimiento que a continuación se explica sirve para escribir una carta de remisión aplicable a muchas situaciones.

- Mencione, si existe, la comunicación o documento que sirve de antecedente para la carta.

  Muy estimado amigo:

  Como respuesta a su carta del 11 del presente, nos
  es grato adjuntar...

- Describa con precisión lo que envía y la forma cómo lo envía.

  Muy estimado amigo:

  Como respuesta a su carta del 11 del corriente, nos
  es grato adjuntar a la presente nuestro cheque No.

> 7543, girado contra el Banco de Comercio por la suma
> de NOVECIENTOS CUARENTA Y TRES DÓLARES ($943,00)
> para cancelar la factura No. 1357 del 10 de marzo
> del año en curso, cuyo original también remitimos
> por correo aéreo.

- Exprese la razón por la que remite lo que se indica en la carta.

> Muy estimado amigo:
>
> ......
>
> El cheque en mención se refiere a nuestra compra de
> 50 quintales de harina de pescado, según el pedido
> que hicimos el mes anterior, el cual queda así
> pagado en su totalidad.

- Exprese su satisfacción por enviar aquello a lo que se refiere la carta.

> Muy estimado amigo:
>
> ......
>
> Nos alegra el que hayamos podido cumplir nuestro
> compromiso con puntualidad y...

- Pida al destinatario que envíe un recibo o un aviso de recepción, si es apropiado.

> Muy estimado amigo:
>
> ......
>
> ... con puntualidad y le pedimos que nos devuelva el
> original de la factura con su correspondiente Nota
> de Cancelación para nuestro descargo.

- Despídase con la cordialidad acostumbrada en la correspondencia comercial.

> Le agradecemos el que haya atendido a nuestro pedido
> con tanto interés y, esperando poder continuar en el
> futuro nuestras relaciones comerciales, quedamos de
> Ud. sus servidores y amigos,

13 de junio de 19xx

Sr. Dn.
Pablo Saénz García
Jefe de Ventas
HARINAS y ALIMENTOS Ltda.
Avenida Juárez 379
México, D.F.

Estimado amigo:

Como respuesta a su carta del 11 del corriente, nos es grato adjuntar a la presente nuestro cheque No. 7543, girado contra el Banco de Comercio por la suma de NOVECIENTOS CUARENTA Y TRES DÓLARES ($943,00) para cancelar la factura No. 1357 del 10 de marzo del año en curso, cuyo original también remitimos por correo aéreo.

El cheque en mención se refiere a nuestra compra de 50 quintales de harina de pescado, según el pedido que hicimos el mes anterior, el cual queda así pagado en su totalidad.

Nos alegra el que hayamos podido cumplir nuestro compromiso con puntualidad y le pedimos que nos devuelva el original de la factura con su correspondiente Nota de Cancelación para nuestro descargo.

Le agradecemos el que haya atendido a nuestro pedido con tanto interés y, esperando poder continuar en el futuro nuestras relaciones comerciales, quedamos de Ud. sus servidores y amigos,

Por AGROMEX, S.A. de C.V.

Marcelo Batallas
GERENTE

Adj.: Cheque No. 7543
      Factura No. 1357
MB/jv

Carta-formulario de remisión

```
Distinguido cliente y amigo:

Adjunta sírvase encontrar nuestra factura No.
_____ correspondiente a su apreciable pedido
enviado por intermedio del Sr. _____ y cuyo
valor asciende a la suma de $ _____. Como
el valor arriba indicado tiene un descuento del
_____ % por pronto pago, para hacerse acreedor
al mismo, la factura en mención debe ser cancelada
a más tardar el _____ de _____
de _____. En ese caso su valor neto
será de $ _____.


Esperando haberlo atendido como Ud. lo deseaba, nos
complace suscribir la pte. como ss.ss.ss.



              _____
```

La carta circular

Llamamos carta circular a aquélla cuyo texto es igual en los numerosos ejemplares° remitidos para comunicar asuntos que interesan a muchas personas.

Nota de
Interés
profesional

Aunque los destinatarios saben que la carta que reciben es igual a la que han recibido otras personas, el remitente debe redactarla de tal manera que cada destinatario pueda considerarla como una comunicación personal y debe multicopiarla de modo que cada ejemplar dé la impresión de que es el original. Por suerte, la tecnología moderna hace posible que ahora todos los ejemplares parezcan cartas originales.

Los comerciantes usan la carta circular para referirse a asuntos de interés general como los que a continuación se mencionan:

- **Comunicar la apertura** de un nuevo negocio: empresa, oficina, sucursal, servicios.

- **Informar sobre cambios de dirección:** domiciliaria, postal, telegráfica, cablegráfica.
- **Comunicar eventos:** visitas de empleados, reuniones, exposiciones, demostraciones.
- **Comunicar decisiones** que afectan a los destinatarios: cambio de precios, procedimientos.

En la preparación de la carta se pueden seguir los siguientes pasos:

- **La frase de salutación.** A fin de que la frase de salutación dé el tono apropiado, se recomienda escoger una frase neutra que pueda aplicarse a cualquier o cualesquiera destinatarios sin distinción de sexo; o una frase que sirviendo como raíz invariable puede ser cambiada de acuerdo a las necesidades, añadiendo para ello el sufijo apropiado al destinatario de la carta.

```
De mi consideración:

De mis consideraciones:

De nuestra consideración:

De nuestras consideraciones:

Amable cliente:

Señor:        Señor-es:

Señor-a:      Señor-as:

Señor-ita:    Señor-itas:
```

También se puede dejar en blanco el espacio destinado a la frase de salutación para que, al momento de escribir el nombre y la dirección del destinatario, se añada además la frase de salutación apropiada.

- **El texto** de una carta circular debe ser redactado en términos tan generales que la comunicación pueda ser recibida por cada destinatario como si hubiese sido escrita para él. Para lograrlo se recomienda hacer lo siguiente:

   1. Prepare la carta como si sólo estuviera dirigida a un destinatario; esto da la impresión de que la comunicación es personal.
   2. Use los pronombres personales «le», «les» y evite los complementos directos «lo», «la», «los», «las» para que la comunicación pueda referirse a cualquier destinatario sin distinción de sexo.

```
De mis consideraciones:

Tengo el gusto de dirigirle la presente para
comunicarle que a partir de la semana entrante
podrá Ud. utilizar los servicios de nuestra...
```

En el ejemplo anterior se puede ver que sólo se ha utilizado pronombres personales como complementos indirectos (dirigir*le*, comunicar*le*) y pronombres personales como sujetos (*yo* tengo; *usted* podrá).

3. Deje en blanco los espacios necesarios para escribir el nombre y la dirección del destinatario.

4. Haga el número necesario de ejemplares, utilizando un medio que permita que cada copia parezca que es original.

- *La contestación.* La carta circular es, casi siempre, una comunicación informativa que sirve para producir una acción determinada por parte del destinatario. Por consiguiente, generalmente esta carta no tiene que ser contestada, pues la mejor respuesta será que se realice la acción.

Modelo de carta circular

De nuestras consideraciones:

Tenemos el agrado de informarle que, para su mayor comodidad, hemos trasladado nuestro departamento de ventas al Edificio ITESA, situado en la intersección de la Avenida América y Carrera Independencia de esta ciudad capital.

Las modernas instalaciones de nuestro nuevo local nos permitirán realizar las operaciones de ventas al por mayor y al por menor con la prontitud y el esmero con que siempre hemos atendido a nuestros clientes. Esperando vernos favorecidos con sus apreciables pedidos, nos repetimos sus atentos amigos y servidores.

Por Industrias Textiles, S.A. de C.V.

Rodrigo Guzmán L.
GERENTE

PALABRAS Y EXPRESIONES CLAVES

a nombre de: en representación de.

acuse de recibo: expresar por escrito que se ha recibido una carta, un pedido u otra cosa cualquiera.

arqueo: auditoria.

carta circular: carta dirigida en términos iguales a varias personas.

carta de remisión: carta que acompaña el envío de los pedidos.

carta de solicitud: carta en la que el remitente pide información, mercaderías o productos.

constatar: acción o procedimiento que sirve para verificar la existencia de un hecho, un acto o aseveración.

contar con: tener; poseer.

dar cuenta: informar; decir.

desperfecto: daño que ha sufrido una mercancía.

dominio: conocimiento; habilidad; competencia.

faltante: una cantidad específica de mercadería que no se encuentra en la remesa a la que se refieren los comerciantes.

guardar en reserva: no divulgar informes; mantenerlos en secreto.

remesa: una mercadería específica pedida por el comprador.

saldo: suma resultante de sustraer una cantidad.

FÓRMULAS UTILIZADAS EN LAS CARTAS RUTINARIAS

Fórmulas para acusar recibo

Acuso recibo de...	I acknowledge receipt of . . .
Hemos recibido...	We have received . . .
Obra en nuestro poder...	We have . . .
Acabamos de recibir...	We have just received . . .
Me complace sobremanera el acusar recibo de su atenta carta...	I am happy to acknowledge receipt of your letter . . .
Estamos agradecidos de haber recibido su...	We are thankful for having received your . . .
Con gran sorpresa hemos recibido su comunicación en la que nos participa que...	With great surprise we have received your letter in which you inform us that . . .

Fórmulas para solicitar

Sírvanse (mandarnos)...	Please (send us) . . .
Me permito solicitarle que...	I ask you to . . .
Tengan la bondad de (darnos)...	Please (give us) . . .
Les agradeceríamos que al recibo de la presente nos expidieran...	We would appreciate it if, upon receipt of this letter, you shipped to us . . .
Acompañamos a la presente...	Enclosed in this letter . . .
Adjunto a la presente sírvase encontrar...	Enclosed please find . . .

Le enviamos bajo cubierta separada...	Under separate cover we are sending you . . .
Le incluyo...	I am enclosing . . .

Fórmulas para otras situaciones rutinarias

Dar informes

Tenemos el honor de poner en su conocimiento que...	It is our pleasure to inform you that . . .

Referencia

Nos referimos a su...	We refer to your . . .
En referencia a nuestra carta...	With reference to our letter . . .

Instrucciones sobre remesas

Desearíamos que efectuasen el embarque de...	Please send the shipment . . .
Todas las mercancías deben ser facturadas a la orden de...	Please bill all goods to the order of . . .

Informes sobre alza de precios

Les comunicamos que el precio aumentará...	We would like to inform you that the price will increase . . .
Le informamos que nuestros precios tendrán un aumento de...	We would like to inform you that there will be a price increase of . . .

Reclamos

Con gran sorpresa hemos constatado que...	Much to our surprise we have found that . . .
Nos vemos obligados a pedirles que...	We feel obliged to ask you that . . .

EJERCICIOS Y PRÁCTICA

Exprésese en español

A. Utilizando como base las fórmulas siguientes, escriba párrafos de acuse de recibo, de solicitud y de remisión.

1. *Párrafos de acuse de recibo*

   Acusando recibo de un cheque:

   Tenemos en nuestro poder su _____ en la que viene adjunto _____

   Acusando recibo de un libro:

   Acabamos de recibir por correo aéreo _____

2. *Párrafos de solicitud*

   Solicitando informes sobre un nuevo modelo de microcomputadoras:

   Me permito solicitarle que, al recibo de la presente, nos ————

   Solicitando el envío de mercadería por correo aéreo:

   Les ruego se sirvan ————

3. *Párrafos de remisión*

   Remitiendo una factura por la compra de mercadería:

   Tenemos la satisfacción de ————

   Remitiendo un folleto con informes sobre el nuevo modelo de microcomputadoras que acaba de recibir en su tienda:

   Hoy tenemos el gusto de remitirle adjunto ————

Demuestre su competencia profesional

A. *Intercambio de comunicaciones*

1. A continuación se encuentra una carta en la que se comunica la remisión de un cheque para cancelar un pedido de azúcar. Léala con mucho cuidado y prepárese para hacer el ejercicio que sigue:

Sucre, 7 de abril de 19xx

Señor Don
Carlos Paz y Miño
Gerente de AZUCARERA OCCIDENTAL, S.A.
Apartado No. 609
Cochabamba

Estimado amigo:

Tenemos el agrado de enviarle nuestro cheque No. 844,
girado contra el Banco de Comercio por la suma de TRES
MIL SETECIENTOS CINCUENTA PESOS ($3.750,00), para
cancelar la factura No. V-7197 del 28 de marzo ppdo.,
correspondiente a nuestro pedido No. C-5310 del 3 del
mismo mes.

A este respecto, nos permitimos hacerle notar que el
precio del pedido fue calculado por Uds. tomando como
base el peso bruto de la remesa, sin rebajar la tara de
los veinte sacos vacíos, a razón de $\frac{1}{2}$ lb. cada uno.

Esperando que revisen estas cifras y que nos abonen el
saldo correspondiente en nuestra cuenta corriente,
quedamos como siempre sus amigos y seguros servidores,

Por PANIFICADORA MODELO, S.A.

Arnaldo Castro Marín
SUBGERENTE

Anexo: Cheque No. 844

AC/es

2. Utilizando la carta-formulario que aparece a continuación, complete la carta de acuse de recibo, como contestación a la que envió Arnaldo Castro Marín al señor Carlos Paz y Miño.

Cochabamba, 15 de abril de 19xx

Señor Don
Arnaldo Castro Marín
Subgerente de PANIFICADORA MODELO, S.A.
Avenida Mariscal Sucre No. 8642
Sucre

Estimado cliente y amigo:

Acuso recibo de su atta. del ＿＿＿ de ＿＿＿ del pte. año en la que vino adjunto el cheque No. ＿＿＿ por la cantidad de \$ ＿＿＿ destinada a cancelar el pedido de azúcar No. C-5310 hecho por Uds. el ＿＿＿ de ＿＿＿ ppdo.

Respecto a su observación de que en el precio no se les dedujo el valor de las diez libras de azúcar correspondientes a la tara de los veinte sacos vacíos, me permito informarle que de inmediato di las instrucciones necesarias a nuestro contador para que él ＿＿＿. Dándole una vez más las gracias por el envío del ＿＿＿ y en espera de sus nuevos pedidos, quedo de Ud. s. atto. a. y a.a.

Por AZUCARERA OCCIDENTAL, S.A.

Carlos Paz y Miño
GERENTE

CPM/se

B. *Interpretación de una carta*

A fin de desarrollar la habilidad necesaria para interpretar acertadamente una comunicación comercial, proceda de la siguiente manera:

1. Examine con cuidado las fechas que aparecen en los matasellos del sobre de cada carta que llegue a su oficina para saber cuándo fue depositada en la oficina postal de origen y cuándo fue recibida en la oficina de destino.
2. Preste especial atención a la fecha que aparece en la carta, para establecer relaciones entre ésta y las fechas que aparecen en los matasellos. De este análisis puede Ud. sacar interesantes conclusiones.
3. Lea de corrida la carta para captar el tema central y su tono.
4. Relea con cuidado cada párrafo para identificar las palabras y expresiones cuyo significado necesite verificar.
5. Dé una lectura final a toda la comunicación para lograr una vez más una apreciación total del mensaje.
6. Decida cuál sería la respuesta que daría a la comunicación.

C. *Aplicación de la técnica interpretativa*

1. Lea de corrida la siguiente carta.
2. Estudie las palabras y expresiones y verifique su significado. Aunque crea estar seguro del significado de ellas, con la ayuda del diccionario verifique el significado que tienen dentro del contexto de la carta las siguientes palabras y expresiones:

> **Primer párrafo**
> —Tener a bien
> —La presente
> —Cuyo
>
> **Segundo párrafo**
> —Estar a punto de
> —Convenir
> —... días de plazo
> —Comprometerse en firme
> —Acceder
> —Demanda
>
> **Tercer párrafo**
> —Estar por demás
> —Facilitar
> —Tratar con estricta confidencialidad
> —Compromiso

Cuarto párrafo

—Ocasión

—Anticipadamente

3. Interprete el contenido global de la comunicación. Una vez hecho el estudio del significado que tienen en el contenido de la carta las palabras y expresiones importantes, lea de nuevo la comunicación para contestar mentalmente, oralmente o por escrito las siguientes preguntas:

   a. ¿Qué cargo tiene la Srta. Etelvina Rojas N.?

   b. ¿Qué informes le solicita ella al gerente del banco?

   c. ¿En dónde aparece el nombre de la empresa de la que se necesita informes?

   d. ¿Por qué necesita ella esos informes?

   e. ¿Por qué cree Ud. que la Srta. Rojas escogió el Banco de Descuento para pedir los informes que necesita?

   f. ¿Qué condiciones de pago demanda el cliente de la empresa en la que trabaja la Srta. Rojas?

   g. ¿Cómo tratará los informes que reciba del banco?

   h. ¿Qué ofrecimiento le hace la Srta. Rojas al gerente del Banco de Descuento?

PHILIPS APORTA NUEVAS DIMENSIONES AL TRATAMIENTO DE LA INFORMACIÓN

PHILIPS: SOLUCIONES FLEXIBLES EN INFORMÁTICA Y COMUNICACIONES.

¡El negocio está en sus manos!

Utilizando el modelo de carta-formulario que aparece en la página 104, escriba una carta acusando recibo de la comunicación anterior.

Rosario, 17 de julio de 19xx

Señor Don
Nicolás Rivadeneira Reus
Gerente del Banco de Descuento
Apartado Postal No. 593
Buenos Aires

Muy señor nuestro:

Como Jefe del Departamento de Ventas de nuestra empresa
me permito dirigirle la presente para pedirle que, lo
más pronto posible, tenga a bien informarnos acerca de
la solvencia, capital y reputación de la firma cuyo
nombre se indica en el documento anexo.

Nuestra solicitud se debe a que estamos a punto de convenir en la celebración de un contrato con la firma en
referencia para la venta de mercaderías por un valor
equivalente a USA $225.000,00 y nos solicitan crédito
para hacer pagos a 30, 60 y 90 días de plazo. Por ello y
antes de comprometernos en firme, desearíamos obtener
sus informes a fin de saber si sería oportuno y aconsejable acceder a esa demanda.

Está por demás decirle que cuantos informes nos faci-
lite serán tratados con estricta confidencialidad, y
sin que ello represente compromiso alguno por su parte.

Confiamos que podremos serle útiles en alguna ocasión
y, expresándole anticipadamente las gracias, quedamos
de Ud. sus attos. y ss.ss.

Por **MATERIALES DE CONSTRUCCIÓN, S.A.**

Etelvina Rojas N.
JEFE DE VENTAS

Adj.: documento

CAPÍTULO 7

La compraventa: Cartas del vendedor

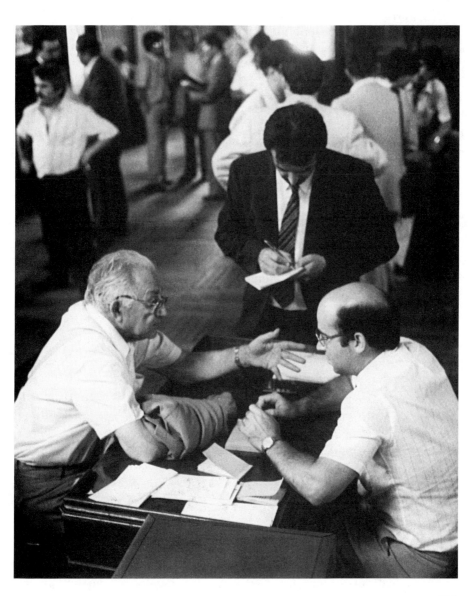

La compraventa

La compraventa es sin duda, una de las operaciones comerciales más importantes y frecuentes en la vida de los negocios; por ello, esta transacción es como el paradigma de otras muchas operaciones.

En efecto, el contrato de trabajo, el de **arrendamiento** o el de crédito podrían ser considerados como variaciones del contrato de compraventa. En el contrato laboral, la materia sería la venta del trabajo que realiza un obrero o empleado; en el de arrendamiento, el uso que hace el **arrendatario** de un **bien inmueble;** en el contrato de crédito, la utilización del dinero por el **prestatario.**

Las leyes de comercio definen la compraventa como un contrato por el cual una de las partes se obliga a dar un **bien,** y la otra a pagarlo.

Las partes o personas que intervienen en la compraventa son el comprador y el vendedor. El vendedor es la persona que se obliga a entregar el bien. El comprador es la persona que se obliga a pagarlo. Los bienes son *tangibles* o *intangibles;* o sea, un bien es una cosa corporal o una cosa incorporal.

Los *bienes tangibles* se clasifican de la siguiente manera:

- Bienes muebles son las cosas que pueden ser transportadas, movidas de un lugar a otro sin que pierdan su naturaleza.°

- Bienes inmuebles o bienes raíces son las cosas que no pueden ser transportadas de un lugar a otro sin que pierdan su naturaleza, como fincas, casas, minas.

- Semovientes° son los animales domésticos o domesticados.

  Los *bienes intangibles* se dividen así:

- Los derechos, como los derechos de autor, el derecho a recibir alimentos.

- Las acciones que puede tener una persona en una compañía.

  La remuneración que recibe el vendedor en una operación de compraventa se denomina el precio, el valor o el importe.

Nota de ·········· **Interés** ·········· **profesional** ··········	El trueque o permuta es una operación comercial en la que todo el precio o la mayor parte de él está representado por otro bien. Por ejemplo, un comerciante que exporta maquinaria puede aceptar como pago un cargamento° de hierro.

Las comunicaciones que aparecen en la compraventa

La manera ideal de iniciar, **concertar** y llevar a cabo° una venta es con la presencia real del comprador y del vendedor. Como esto no siempre es posible, son las comunicaciones las que facilitan la realización de esa operación comercial.

En este capítulo estudiaremos las cartas que escribe el vendedor. Las que escribe el comprador constituyen la materia del capítulo siguiente. El diagrama que sigue ilustra la secuencia de las comunicaciones que se dan en la compraventa.

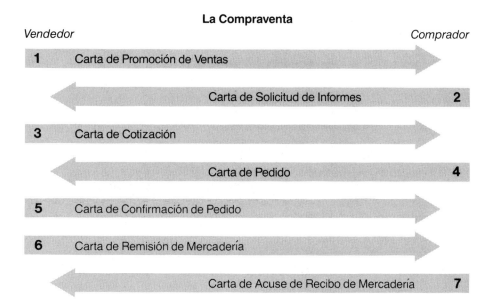

La Compraventa

Vendedor   *Comprador*

1   Carta de Promoción de Ventas

                          Carta de Solicitud de Informes   2

3   Carta de Cotización

                                    Carta de Pedido   4

5   Carta de Confirmación de Pedido

6   Carta de Remisión de Mercadería

                      Carta de Acuse de Recibo de Mercadería   7

Cartas preparadas por el vendedor

Como se ve en el diagrama, el vendedor es quien debe preparar la carta de promoción de ventas, la carta de cotización, la carta de acuse de recibo de pedido y la carta de remisión de mercadería. Si el vendedor inicia la operación de compraventa, deberá iniciar el contacto con el comprador. Para ello puede valerse de los medios que la tecnología moderna le ofrece—el teléfono, la radio, la televisión—o puede hacerlo por medio de la prensa—periódicos, revistas, folletos, **hojas volantes**—o puede servirse de una carta: la carta de promoción de ventas.

La carta de promoción de ventas

La carta de promoción de ventas es la comunicación que utilizan los comerciantes para anunciar la venta de un producto, un servicio, o cualquier otro bien. Esta comunicación tiene, pues, ciertos propósitos definidos, los cuales pueden ser expresados en los términos siguientes:

- *Sustituir* al agente vendedor que no puede llegar personalmente hasta el comprador.

- *Individualizar* el contacto con el comprador, a diferencia de los contactos hechos por medio de la prensa, la radio, la televisión y aun el teléfono que son impersonales.

- *Ampliar* las relaciones, haciendo posible establecer contacto con aquellos compradores a los que no se podría contactar en persona.

No se puede negar el valor que tienen para el comerciante los medios de promoción que la tecnología ha puesto a su servicio. Por eso vemos que los hombres y mujeres de negocios los utilizan más y más. Sin embargo, hay que reconocer que cualquier campaña de promoción de ventas sería incompleta sin la utilización de la carta de promoción. Entre otras, esta carta tiene las siguientes ventajas:

- *Versatilidad.* Al contrario de lo que ocurre con un agente vendedor, el cual generalmente se especializa en determinada línea de productos o servicios, la carta de promoción puede ser utilizada como medio de propaganda en toda clase de campañas de venta y para toda clase de mercaderías y servicios.

- *Alcance.* La carta puede llegar a los lugares más remotos, adonde quizá no tienen acceso la prensa, la radio, la televisión o el teléfono.

- *Aceptación.* Por regla general una comunicación nunca es rechazada. A los agentes vendedores tal vez se les cierren las puertas; como el periódico cuesta dinero, podemos decidir no comprarlo; el aparato de radio y el televisor pueden ser apagados a voluntad cuando nos disgusta el programa, no nos interesa o estamos cansados. Por el contrario, las cartas son abiertas y leídas porque el contenido nos concierne personalmente.

Nota de Interés profesional

El público de los países hispanos aún no está saturado de propaganda postal. No existe todavía la idea del *«junk mail»* porque los comerciantes usan las cartas de promoción de venta de forma muy selectiva y porque el correo no es tan eficaz como en los Estados Unidos.

- *Individualización.* La carta de promoción de ventas debe tener todas las características de una comunicación personal. De esta manera, el destinatario siente la satisfacción de pensar que un vendedor se ha fijado en él, que ha hecho el esfuerzo de conseguir su dirección y ha incurrido en los gastos de **franqueo** para ofrecerle un servicio, una mercadería o cualquier negocio.

- *Economía.* Aunque una campaña postal de ventas exija dinero y tiempo, es sin embargo más barata que otros medios de promoción como periódicos, **carteles,** anuncios radiales, televisión.

La carta, sustituto de la persona que la escribe, debe producir en el destinatario los mismos efectos que los que un buen agente vendedor obtendría si tratara personalmente con el comprador. De consiguiente, la carta de promoción de ventas debe producir los siguientes efectos:

- *Atraer la atención* del lector a fin de que, al leer la carta, concentre su atención en la comunicación y continúe leyendo el texto.

- *Transmitir la información* suficiente para que la carta dé respuesta a las siguientes preguntas:

    1. ¿Quién ofrece el producto o servicio?

    2. ¿Qué producto, servicio o negocio ofrece?

    3. ¿Qué características tiene el producto, servicio o negocio ofrecido?

    4. ¿Dónde o cómo se puede adquirir lo que se ofrece?

    5. ¿Bajo qué condiciones se ofrece el producto, servicio o negocio?

- *Crear el deseo de comprar.* La carta debe presentar el producto, servicio o negocio, de modo que el lector sienta el deseo de comprarlo, la conveniencia de poseerlo, o la necesidad de adquirirlo.

- *Vencer la resistencia a gastar.* Aunque el lector sienta el deseo y la necesidad de adquirir el producto, hay que convencerlo a que se desprenda de sus **ahorros** o utilice el crédito para adquirirlo.

- *Despertar la acción.* Atraer la atención del lector, incitarlo a adquirir un producto y convencerlo a que utilice sus ahorros no es tarea fácil. Pero lo que más cuesta es hacer que el destinatario convierta en acción su interés y su decisión de adquirir el producto, procediendo en realidad a formular el pedido.

Nota de
Interés
profesional

Sea por costumbre de meditar largamente antes de actuar o por tener limitados recursos, la verdad es que es difícil convencer al hispano de la necesidad de formular inmediatamente un pedido. Por eso, la carta de promoción de ventas debe ser preparada con mucho cuidado para que produzca los efectos deseados.

- *Facilitar el hacer el pedido.* Aunque el destinatario esté convencido de que debe adquirir el producto y de que debe actuar, aún puede quedarse inactivo valiéndose de la excusa de no tener los medios físicos— papel, pluma, estampillas, sobre—o el tiempo necesario para hacer el pedido.

    De consiguiente, se debe incluir en la carta los medios que permitan que el lector formule el pedido con facilidad, sin esfuerzo y con la mayor economía de tiempo y de dinero.

- **Convertir al lector en diseminador del mensaje.** La carta de promoción de ventas no produce siempre como resultado la formulación de un pedido. Quizá el destinatario no desea el producto; tal vez no lo necesita; quizá no tiene los medios económicos para adquirirlo. Por lo tanto, esta comunicación no sólo debe convencer al lector de adquirir lo que se anuncia, sino que debe convertirlo en un intermediario deseoso de diseminar el mensaje.

Preparación de la carta de promoción de ventas

Así como los expertos en publicidad comercial planean cuidadosamente un anuncio, así el comerciante debe preparar la carta a fin de que sea lo más perfecta posible. Sugerimos que en la preparación de la carta se sigan los siguientes pasos:

- **Estudiar a fondo** el producto, servicio o negocio que se va a ofrecer. No se puede hablar o escribir con facilidad y en forma convincente si no se conoce perfectamente la materia de la que se trata.

- **Familiarizarse** con las condiciones ambientales. Sería un esfuerzo perdido el tratar de vender plantas hidroeléctricas en una región carente de potencial hidráulico.

- **Circunscribirse** a un mercado determinado. Hay que enfocar los esfuerzos publicitarios a un segmento de población definido para que la carta **surta efectos.**

   La carta que quiere **abarcar** segmentos de mercado demasiado amplios y heterogéneos se desperdicia porque su impacto se diluye al tener que recurrir a débiles generalizaciones.

- **Seleccionar las cualidades** del producto a las que se hará referencia para que la carta produzca los efectos deseados. A veces hay que sacrificar cierta información para lograr el impacto sicológico que se desea. Que la brevedad sea la cualidad insustituible de las cartas de promoción de ventas.

- **Mencionar testimonios** para que la carta sea eficaz. Los hechos, los datos y los testimonios sirven para probar que las cualidades aducidas en realidad existen.

- **Dar el enfoque apropiado** a la argumentación. En ciertos casos conviene que la carta apele a los sentimientos del lector para convencerlo de que debe adquirir el producto; en otros casos hay que valerse de razonamientos. La elección depende del producto y de la clase de persona a quien se dirige la comunicación.

- **Presentar los elementos** en forma ordenada. La selección de las cualidades que se va a mencionar, de los argumentos, de los testimonios y del enfoque sicológico es de suma importancia. Sin embargo, todo ello sería ineficaz si el remitente no presentara los elementos de la carta de manera sistemática, de modo que produzca los efectos deseados.

- **Preparar un esquema** o bosquejo. Cada persona tiene su manera propia de organizar un texto. Algunos escriben los puntos importantes en tarjetas que luego organizan en el orden apropiado; otros anotan las ideas en una hoja de papel, según se les ocurren. En todo caso, antes de escribir el borrador de la carta hay que preparar y organizar todos los elementos que se quiere que aparezcan en ella.

- **Escribir el borrador** de la carta. Ahora es el momento de poner ordenada y estratégicamente todos los elementos—cualidades del producto, argumentos, testimonios...—en un texto coherente que, al ser luego corregido y pulido constituirá la carta de promoción de ventas definitiva.

Escritura de la carta de promoción de ventas

El material que constituye el texto de la comunicación debe incluir el *párrafo inicial,* los *párrafos de exposición* y el *párrafo final.* El *párrafo inicial* es importantísimo porque tiene como misión el atraer la atención del lector de modo que sienta el deseo de seguir leyendo la carta. He aquí algunas ideas que pueden ser utilizadas para atraer la atención del lector:

- Dar una noticia interesante como el aniversario, datos estadísticos, noticias relacionadas con el negocio del remitente o del destinatario.

- Hacer una pregunta cuya respuesta sería favorable para el negocio que se propone en la carta.

- Usar una frase humorística. ¡Cuidado! El sentido del humor es diferente según el temperamento de las personas, el lugar, la cultura, el nivel de instrucción y la educación.

- Ofrecer **sin ambages** el producto.

- Mencionar un problema que frecuentemente tiene que afrontar el lector. Naturalmente, la solución aparecerá en el texto de la carta—el producto, servicio o negocio que se ofrece.

Modelo de párrafo inicial

```
De mis consideraciones:

El reloj TOPAZ—JV/TR se ha convertido en el
cronómetro oficial de los astronautas nor-
teamericanos por haber marcado con precisión de
milésimas de segundo el vuelo del transbordador
COLUMBIA.


. . . . . .
```

En los *párrafos de exposición* el remitente tiene que crear en el destinatario el deseo de comprar el producto, debe vencer su resistencia natural a gastar, debe despertar la acción de modo que formule el pedido, dándole para ello los medios que le faciliten hacerlo.

- ¿Cómo se puede crear el deseo de comprar? He aquí algunas sugerencias:

    1. Describir en forma atractiva el producto o servicio. ¡Ojo!... Muchos detalles son fastidiosos.

    2. Mencionar las cualidades técnicas. Esto se recomienda para el caso en que los argumentos utilizados sean de tipo intelectual.

    3. Mencionar las cualidades emocionales, si los argumentos utilizados son de índole afectiva.

    4. Incluir materiales atractivos—fotografías, folletos, ilustraciones.

    5. Incluir muestras del producto.

    6. Combinar varias de las sugerencias indicadas anteriormente.

Modelo de párrafo de exposición

```
De mis consideraciones:

. . . . . .

Las razones por las que ha triunfado el TOPAZ
son tanto estéticas como tecnológicas. Este re-
loj es un bello instrumento cronométrico de de-
talles exclusivos: diseño estilizado, elegante y
deportivo; caja de facetas,° ligera y resis-
tente; esfera luminosa con números en relieve;
todo esto trabajado de acuerdo a la mejor tradi-
ción de los relojeros° y orfebres° nacionales. La
máquina ultraprecisa, de movimiento de cuarzo de
alta calidad, la caja de doble fondo,° el cris-
tal—zafiro inrayable° y la corona de rosca° con-
vierten al TOPAZ en un cronómetro resistente a
golpes y a la presión del agua hasta una profun-
didad de 100 metros.

. . . . . .
```

- ¿Cómo se vence la resistencia a gastar? Algunas razones que se puede aducir para que el lector se convenza de que le conviene hacer este gasto serían las siguientes:

    1. Citar estadísticas y cálculos que prueben la conveniencia económica de hacer esta compra;

2. Mencionar personas o empresas de prestigio que hayan adquirido el producto o utilicen el servicio que se anuncia;

3. Ofrecer garantías de funcionamiento, **reembolso** del precio y servicio de reparaciones gratis;

4. Mencionar el bajo costo de mantenimiento, la abundancia de repuestos y la existencia y prontitud de los servicios;

5. Mencionar la existencia de asesoría técnica.

Más párrafos de exposición

```
De mis consideraciones:


. . . . . .


El reloj TOPAZ—JV/TR, en versiones de damas y
caballeros, fabricado en acero pavonado,° dorado°
y plateado, hasta ahora sólo ha sido ofrecido
en los mejores establecimientos especializados.

Por eso nos enorgullece° ofrecérselo a usted a
precios competitivos, con garantía total válida
en cualquier lugar del mundo, donde los expertos
profesionales de la empresa CRONOMEX le asesora-
rán° sobre mantenimiento y le darán gratis el
servicio que su reloj requiere.
```

• ¿Cómo se despierta la acción? Todos sabemos la tendencia de los hispanos a dejar para mañana lo que deben hacer hoy. A fin de contrarrestar esta dificultad, se sugiere lo siguiente:

1. **Fijar** un tiempo limitado para adquirir el producto, en condiciones favorables para el destinatario;

2. Anunciar un próximo aumento de precios;

3. Indicar que la **existencia** del producto es limitada;

4. Ofrecer regalos a quienes adquieran el producto o el servicio que se anuncia durante un período limitado.

Más párrafos de exposición

```
De mis consideraciones:


  . . . . . .


Distribuidora CRONOMEX, S.A. le ofrece este re-
loj insuperable° al precio de promoción de
$250,00 sólo hasta el 31 de diciembre. Si su
pedido llega antes de esa fecha, le enviaremos
como obsequio° una hermosa pluma CRUZ con sus
iniciales grabadas en una placa dorada.


  . . . . . .
```

- ¿Cómo se facilita el hacer el pedido? La operación de compraventa no se realiza a menos que el remitente reciba el pedido. De consiguiente, el vendedor tiene que hacer todo lo posible para facilitarle al comprador potencial la tarea de formular el pedido. Los siguientes medios pueden ser utilizados para lograr este objetivo:
  1. Incluir formularios que simplifiquen al máximo la preparación del pedido;
  2. Enviar sobres con el **franqueo** o **porte pagado** para que el comprador no tenga que gastar en estampillas;
  3. Aceptar que el precio sea pagado contra entrega de la mercadería;
  4. Aceptar pedidos hechos por teléfono;
  5. **Proporcionar** servicio de entrega a domicilio.

Más párrafos de exposición

```
De mis consideraciones:


  . . . . . .


Utilice de inmediato el formulario° y el sobre
con el franqueo pagado que adjuntamos, para que
llegue a tiempo su pedido y pueda así recibir su
reloj TOPAZ y nuestro obsequio a vuelta de co-
rreo.


  . . . . . .
```

El *párrafo final* puede ser utilizado para insistir en las cualidades del producto, en su precio razonable o en la conveniencia de adquirirlo; también puede servir para exhortar al lector a actuar. Así pues, se podría utilizar los siguientes recursos:

- Felicitar al lector por haber adquirido el producto, como si ya lo hubiese hecho;
- Agradecer el pedido, como si ya el destinatario lo hubiese formulado;
- Utilizar giros exhortativos que conserven el tono optimista y dinámico de la carta;
- Ser cortés y cordial para ganar la buena voluntad del cliente potencial.

Modelo de párrafo final

. . . . . .

```
Lo felicitamos anticipadamente por su decisión de
adquirir un TOPAZ, le agradecemos su amable pedido y
quedamos de Ud. ss.ss.ss.
```

La carta de cotización

Debido al carácter general de la carta de promoción de ventas, con frecuencia el comprador potencial necesita solicitar datos más precisos sobre el producto anunciado y sobre las condiciones de la venta. Como respuesta a esa solicitud, el vendedor prepara la carta de cotización, en la cual el vendedor expresa su decisión de vender el producto o servicio y da a conocer las condiciones bajo las cuales él realizará la operación.

Para redactar una carta de cotización se empieza mencionando la comunicación en la cual el comprador potencial solicita los informes y dando las gracias por el interés que tiene en el producto que se vende. Esto constituiría el párrafo inicial.

Modelo de párrafo inicial

```
Muy estimado señor Arias:

Le damos gracias por su amable carta del 1° del pte.
mes, en la que nos solicita una cotización detallada de
los precios y más condiciones de venta de nuestros in-
superables relojes TOPAZ-JV/TR para damas y caballeros.
```

A continuación se dan con precisión los informes solicitados, añadiendo otros datos oportunos. Hay que mencionar que el precio u otras condiciones del contrato no son definitivos, a fin de que el comprador potencial sepa que en la cotización hay ciertos puntos que están sujetos a confirmación posterior.

Las costumbres comerciales han establecido la regla de que el vendedor debe confirmar las condiciones definitivas de la venta al momento de recibir el pedido, quedando el comprador en libertad de aceptarlas o rechazarlas cuando reciba la confirmación del pedido. Esta información aparecerá en los párrafos de exposición.

Modelo de párrafo de exposición

Muy estimado señor Arias:

. . . . . .

Con mucho gusto, pues, le informamos que el precio del reloj TOPAZ—JV/TR chapeado° en oro, con esfera luminosa, es de DOSCIENTOS CINCUENTA DÓLARES ($250,00) *F.A.B.*, en el que está incluido el valor del estuche° de peluche.° En pedidos de dos o más relojes hacemos un descuento del 5% y obsequiamos° una hermosa pluma CRUZ con las iniciales del comprador. Solemos enviar la mercadería por correo aéreo/certificado, debidamente asegurada contra todo riesgo, siendo el comprador responsable del pago del precio, así como del seguro y del *flete,* contra entrega de la mercadería.

. . . . . .

Se termina la carta ofreciendo ampliar los informes si así lo pide el comprador, y dando las gracias por el interés que ha demostrado.

Modelo de párrafo final

Muy estimado señor Arias:

. . . . . .

Está por demás° decirle que estamos listos a enviarle cualquier otro informe que necesite, tanto sobre el reloj TOPAZ como sobre los otros modelos que ofrecemos.

Le agradecemos el interés que ha demostrado por nuestros productos y, en espera de su amable pedido, suscribimos la presente como sus attos. y ss. servidores.

Por CRONOMEX, S.A.

Patricio Paredes Punín
GERENTE

La carta de acuse de recibo

Esta comunicación, llamada también *carta de confirmación de pedido* o *de aviso de recibo de pedido* tiene mucha importancia en las operaciones de compraventa porque por medio de ella el vendedor le informa al comprador que su pedido ha llegado; le comunica las condiciones definitivas de la transacción si la cotización tenía términos sujetos a confirmación; y demuestra el interés mutuo que debe existir entre las partes contratantes.

Por su parte el comprador, al recibir esta carta, tiene la oportunidad de comprobar que no existe ningún malentendido° y de rectificarlo si fuese conveniente, así como la oportunidad de cancelar el pedido si las condiciones definitivas son distintas a las que aparecían en la cotización.

Los elementos que contiene la carta de acuse de recibo de pedido son los siguientes:

- El agradecimiento y la identificación del pedido al que se está refiriendo. Esto puede aparecer en el párrafo inicial.

Modelo de párrafo inicial

Acusamos recibo de su amable pedido del 5 de diciembre del año en curso, que sinceramente se lo agradecemos.

- La descripción breve de la mercadería solicitada y la referencia a los términos del contrato, sobre todo a los que, según la cotización, quedaron sujetos a confirmación. Estos elementos forman parte de los párrafos de exposición.

Modelo del párrafo de exposición

La media docena de relojes TOPAZ–JV/TR le será enviada por expreso aéreo, en paquete asegurado contra todo riesgo. Le confirmamos el precio de doscientos cincuenta dólares ($250,00) por unidad, valor que será cargado a su cuenta así como el seguro y el flete.

- El ofrecimiento de que se atenderá al cliente en cualquier modificación, siempre que esté en manos del vendedor el hacerlo, es otro elemento que aparece con frecuencia en esta carta.

Otro párrafo de exposición

Le indicamos además que estamos dispuestos a hacer cualquier cambio que solicite, en cuanto se refiere a la forma de envío, siempre que nos lo comunique

antes del 10 de este mes, puesto que depositaremos
la mercadería en Aerolíneas Transcontinentales el
15 de diciembre, a más tardar.

- Para terminar la carta, repita el agradecimiento y reitere su decisión de atender al cliente con prontitud y esmero en este pedido y en los próximos. Esto puede constituir el párrafo final.

Modelo de párrafo final

Le repetimos nuestro agradecimiento y le aseguramos
que atenderemos este pedido y los que nos haga en el
futuro con toda prontitud y esmero, a la vez que
quedamos de Ud. sus muy atentos y seguros servidores.

La carta de remisión de mercaderías

En el capítulo anterior nos referimos a la carta rutinaria de remisión y mencionamos que, con frecuencia, esa comunicación se refiere a la remisión de mercaderías. El procedimiento recomendado para la redacción de esta carta es el siguiente:

- Mencione la comunicación o comunicaciones importantes que se refieren a la transacción, tales como la cotización, el pedido, la confirmación de pedido.
- Describa con precisión la mercadería que envía y la forma cómo la envía.
- Indique los documentos que remite, tales como la factura, los documentos de transporte, los documentos de seguros. No olvide señalar en qué forma se envían—adjunto a la carta, **bajo cubierta separada,** por correo.
- Exprese su satisfacción por haber tenido la oportunidad de realizar esta transacción.
- Pídale al destinatario que acuse recibo de la mercadería y de los documentos.
- Ofrézcase a atender al cliente en futuros pedidos.
- Despídase con la cordialidad acostumbrada en estos casos.

Modelo de carta de remisión de mercadería

Sr. Dn.
Arnulfo Arias G.
TEMPUS, S.A.
Casilla Aérea 795
Panamá, República de Panamá

Muy estimado señor Arias:

Atendiendo a su amable pedido del 5 de diciembre, le enviamos nuestra carta de confirmación fechada el 10 del mismo mes, en la cual ratificamos los precios y condiciones de venta de nuestros relojes TOPAZ–JV/TR, estipulados en nuestra cotización del 1° del presente, de la que oportunamente Ud. se dignó acusarnos recibo.

Según lo acordado el 10 de diciembre, le hemos enviado por intermedio de Aerolíneas Transcontinentales, por expreso aéreo y en paquete debidamente asegurado contra todo riesgo, media docena de relojes TOPAZ para caballero, del modelo JV/TR, chapeados en oro, con esfera luminosa, además de los respectivos estuches de peluche y el obsequio de una pluma CRUZ con sus iniciales.

Para los efectos pertinentes le adjuntamos lo siguiente:

   La Guía Aérea No. 124 expedida por Aerolíneas Transcontinentales, en la que consta que hemos pagado el seguro y el flete.

   Nuestra factura No. 9876 por la suma de UN MIL CUATROCIENTOS CINCUENTA Y SIETE DÓLARES ($1.457,00) que corresponde al valor neto de esta operación, habiéndole abonado a Ud. el 5% prometido y habiéndole cargado a s/cta. el seguro y el flete.

Le rogamos que nos remita la susodicha cantidad, contra entrega de documentos, por medio de *giro bancario* o de cheque girado a nuestra orden, y que nos acuse recibo de la mercadería cuando la retire de las oficinas de Aerolíneas Transcontinentales, a fin de saber si los relojes llegaron sin novedad.

Reciba otra vez las gracias por su amable pedido y, ase-
gurándole que será un placer servirle en el futuro,
quedamos como siempre sus atentos y seguros servidores.

Por CRONOMEX, S.A.

Patricio Paredes Punín
GERENTE

Adj.: Guía Aérea No. 1234
      Factura No. 9876

PPP/jv

PALABRAS Y EXPRESIONES CLAVES

abarcar: incluir; cubrir

ahorros: dinero guardado por una persona para gastarlo cuando lo juzgue conveniente.

arrendamiento: contrato por el cual el dueño de un bien da a otra persona la autorización para que lo utilice, a condición de que le pague una suma periódica.

arrendatario: la persona que, autorizada por el dueño, utiliza un bien por un tiempo determinado, a condición de pagar periódicamente una cantidad.

bajo cubierta separada: en otro sobre; en otro paquete.

bien: los objetos, derechos y acciones que pertenecen a una persona o empresa.

bien inmueble: propiedad constituida por casas, terrenos, haciendas.

cartel: tablero puesto en un lugar público, en el que se escribe o se fija un material escrito, un diseño o un dibujo para hacer que el público en general se informe de su contenido.

concertar: ponerse de acuerdo; convenir; contratar.

existencia: cantidad; provisión.

F.A.B.: franco a bordo: el vendedor es responsable hasta poner la mercadería en el medio de transporte en el lugar de salida.

fijar: establecer; dar.

flete: remuneración que se paga a quien transporta la mercadería.

franqueo: cantidad que se paga en el correo para que una comunicación sea llevada y entregada al destinatario.

giro bancario: documento utilizado por un banco para ordenar que otro banco pague una cantidad de dinero.

hoja volante: hoja de papel que se reparte gratuitamente a las personas interesadas o a veces a los transeúntes, en la que aparece impreso un aviso, anuncio, propaganda, invitación.

porte pagado: el costo está pagado; las estampillas están pagadas.

prestatario: la persona que recibe de otra una suma de dinero y se compromete a devolvérsela dentro de un tiempo determinado, junto con los intereses estipulados en el contrato.

proporcionar: dar; ofrecer.

reembolso: devolución del dinero.

sin ambages: directamente; sin eufemismos.

surtir efecto: dar resultado; producir resultado.

FÓRMULAS UTILIZADAS EN LAS CARTAS DE COMPRAVENTA

Para ofrecer mercancías y servicios

Ahora podemos proporcionarle sin demora...

We can now provide you without delay . . .

Tendríamos mucho gusto en ofrecerle...

We are pleased to be able to offer to you . . .

Para cotizar precios

Creemos que le interesará conocer nuestros precios actuales...

We thought our most recent price list would be of interest to you . . .

... les mandamos el catálogo y la lista de precios...

. . . we are sending you our catalogue and price list...

... esta cotización es válida por...

. . . this price quote is valid until . . .

Para acusar recibo de pedidos

Acusamos recibo de su pedido...

We acknowledge receipt of your order . . .

Obra en nuestro poder su amable pedido...

We now have received your order . . .

Para enviar mercaderías

Tenemos el gusto de remitir(le) las siguientes mercaderías...

We are pleased to send you the following goods . . .

Me permito comunicar(le) que (le) he enviado...

Let me inform you that we have sent you . . .

Le comunicamos que por vía marítima le enviamos...

We would like to inform you that we have shipped by sea . . .

Cambio de precios

Nos vemos obligados a aumentar los precios en un...

We have been forced to raise our prices by . . .

Imposibilidad de atender pedidos

Lamentamos informarle que nos es imposible atender su pedido...	We regret to inform you that it will be impossible for us to carry out your order . . .

EJERCICIOS Y PRÁCTICA

Exprésese en español

A. Utilizando las fórmulas siguientes, escriba párrafos completos y tradúzcalos al inglés.

1. Párrafo sobre el precio

   ... que desde hace un mes el precio F.A.B. de _____ es de $ _____ por docena.

2. Párrafo sobre retraso de pedido

   ... que nuestro pedido No. _____ aún no ha llegado y que es absolutamente necesario que lo recibamos el _____ de _____ de 19 _____, a más tardar.

3. Párrafo sobre la forma de pago

   Por consiguiente, les pedimos que paguen el _____ % del valor de la mercadería, y el saldo en _____ abonos mensuales de $ _____.

4. Párrafo pidiendo disculpas

   Lamentamos mucho que a causa de _____ todavía no hemos podido _____ su pedido _____.

5. Párrafo dando instrucciones

   Les agradeceremos que reexpidan por vía _____ al comisionista la mercadería que les enviamos por ferrocarril el _____ de _____ del año _____.

B. Con la ayuda del vocabulario que aparece al final del libro y de un diccionario, exprese en español lo siguiente.

1. If you can increase your order to a hundred units, we can offer you a 2.5% discount.
2. We are making every effort to carry out your order by the 20th at the latest.
3. The price you offer is so low that we cannot agree to ship merchandise under those conditions.
4. Much to our surprise, we found that several boxes were missing.
5. The shipment must have been handled carelessly.

Demuestre su competencia profesional

A. Su tienda ha recibido el pedido descrito en la siguiente carta.

Valencia, 9 de mayo de 19xx

Muy señor mío:

Le ruego que se sirva remitirme por vía aérea, a los precios y condiciones de pago acostumbrados,

    Dos (2) computadoras ABACO-X-23600
    Dos (2) impresoras TIPO-Z-2.6574

Espero recibir la remesa a finales de este mes, a más tardar, y quedo de Ud. afmo. atto. y s.s.

Por COMPUIBERIA, S.A.

Ing. Gustavo Barahona
GERENTE

B. Como contestación a esta carta su jefe ha escrito la siguiente comunicación que Ud. debe traducir al español.

Dear Mr. Barahona:

Thank you for your letter of May 9 in which you ordered several microcomputers. Unfortunately we do not have in stock the units that you specified. We are therefore sending your order to our supplier in Barcelona.

Sincerely yours,

Peter Sheppard
MANAGER

MICROWORLD, Inc.

Interprete una comunicación

Después de leer la carta de promoción escrita por el señor Lluís G. Renart, conteste las preguntas que siguen.

Lluís G. Renart

Obra gràfica original
Original prints
Barcelona

Barcelona, 15 de Junio de 1984.

Distinguido amigo/a:

Agradezco la oportunidad de dirigirme a usted para ofrecerle mi catálogo de litografías originales, creadas en Barcelona, y que puede adquirir cómodamente por correo desde su domicilio en EE.UU.

Como puede ver en el catálogo adjunto, estas obras de arte originales han sido creadas por prestigiosos artistas ya consagrados, quienes han dibujado personalmente a mano las planchas correspondientes a cada color. Una vez realizado el meticuloso tiraje manual de cada color sobre papel de arte, las litografías han sido numeradas y firmadas a lápiz por el artista. Finalmente, las planchas han sido destruídas, por lo que la edición ha quedado absolutamente limitada a la tirada realizada, declarada en cada caso en el catálogo.

La elevada tasa de cambio del dólar frente a la peseta, así como el hecho de vender directamente (sin intermediarios), me permiten ofrecerle estas litografías originales de gran calidad a unos precios muy razonables.

Para cursar su pedido, sólo tiene que rellenar la hoja adjunta ("order form"), indicando su nombre, dirección completa, número y tipo de su tarjeta de crédito y fecha de caducidad, procediendo a continuación a remitírmela por correo aéreo.

En cuanto reciba su pedido, procederé a enviarle por paquete postal aéreo la(s) litografía(s) escogida(s), dentro de un tubo de cartón de alta resistencia, sellado en sus extremos, que asegura su perfecta protección.

Las litografías originales no precisan ningún tipo de licencia de importación, ni pagan ningún arancel de entrada en

EE.UU. El precio indicado en la hoja de pedido incluye los gastos de envío hasta su domicilio.

Le garantizo personalmente que si, por cualquier motivo, decide devolverme la litografía enviada, le abonaré su importe íntegro, inmediatamente y sin ningún problema.

¡Mándeme hoy mismo su hoja de pedido! Recuerde que se trata de obras de arte originales, de edición limitada. En consecuencia, los pedidos serán servidos por estricto orden de llegada. En caso de que se hubiera agotado la edición, se lo comunicaré inmediatamente.

Si usted no desea comprar ahora, pero quiere seguir recibiendo mis ofertas sin compromiso, le ruego me lo indique, marcando una cruz al pie de la hoja de pedido.

Finalmente, de antemano le agradezco cualquier ayuda que pueda prestarme para difundir selectivamente mi catálogo de litografías originales en EE.UU. Los artistas y yo mismo, le quedaríamos sumamente agradecidos si pudiera usted facilitarnos nombres y direcciones completas de personas amantes del arte, suscriptores de revistas de arte, socios de museos, amantes de nuestra cultura, etc.

Le ruego reciba un cordial saludo.

Lluís Renart

1. ¿Qué materiales envía el Sr. Renart adjuntos a su carta?
2. ¿A qué obras de arte se refiere esta carta?
3. ¿Qué clase de artistas crean estas obras?
4. ¿Qué han hecho los artistas para garantizar que las litografías son auténticas?
5. ¿Por qué han destruido las planchas?
6. ¿Por qué Lluís Renart puede vender las litografías originales a precios razonables?
7. ¿Mencionó Ud. en su respuesta a la pregunta (1) la hoja de pedido?
8. ¿Qué tiene que hacer el cliente para que el Sr. Renart dé curso a su pedido?
9. ¿Qué servicio de correos utilizará el vendedor para enviar la mercadería?
10. ¿Están incluidos en los precios que aparecen en la hoja de pedido el costo, el seguro y el flete?

11. ¿Qué reembolsaría el Sr. Renart al cliente?: ¿el costo?, ¿el seguro?, ¿el flete?
12. ¿Qué ventajas obtendría el cliente por hacer un pedido urgentemente?
13. Además de solicitarle que difunda el catálogo de las litografías, ¿qué ayuda le pide el Sr. Renart al destinatario de la carta?
14. ¿Qué añadiría Ud. debajo de la firma y rúbrica del Sr. Lluís Renart?
15. ¿Qué elemento falta al pie de la carta?
16. ¿Está Ud. interesado en adquirir esta mercadería?

¡El negocio está en sus manos!

Prepare y escriba una carta de promoción de ventas utilizando como punto de partida el anuncio de FEBERCAR. Siga la técnica de redacción explicada en este capítulo. Incluya un párrafo para cada objetivo de la comunicación—atraer la atención, crear el deseo de comprar, vencer la resistencia a gastar, despertar la acción y facilitar la formulación del pedido.

CAPÍTULO 8

La compraventa:
Cartas del comprador

143

Cartas preparadas por el comprador

Iniciada la relación comercial gracias al contacto de promoción hecho por el vendedor, el comprador potencial reacciona, produciéndose así el primer eslabón de esta cadena de contactos comerciales que continúa hasta que se obtiene el resultado deseado—la compraventa. Todos estos contactos pueden realizarse por correspondencia.

Las comunicaciones escritas con más frecuencia por el comprador son la *carta de solicitud de informes* (la requisición de precios), la *carta de pedido* (el pedido), la *carta de cancelación de pedido* (la nota de cancelación) y la *carta de acuse de recibo de mercadería* (la nota de recepción).

La carta de solicitud de informes

En una operación de compraventa, la *carta de solicitud de informes* es la respuesta del comprador potencial a la carta de promoción de ventas o a cualquier otro contacto promocional realizado por el vendedor personalmente o a través de los medios modernos de publicidad.

Esta carta puede ser concebida en términos generales, cuando responde a situaciones de rutina o puede originarse en un interés preciso por parte del comprador. Cuando esta comunicación responde a esa necesidad específica y a un interés serio por conocer las condiciones precisas en que se realizará la venta de determinado bien, se la denomina *requisición de precios*. Puesto que en la requisición de precios el comprador potencial pide informes específicos sobre el bien ofrecido en venta, la comunicación debe incluir los siguientes datos:

- Cantidad de mercadería que el comprador necesita;
- La calidad del producto anunciado y si hay otras clases disponibles;
- El precio y las condiciones de pago;
- La forma y condiciones de transporte;
- Detalles referentes a la entrega.

En esta comunicación, por lo tanto, el remitente debe hacer mención a los siguientes puntos:

- La fuente de donde obtuvo los informes;
- El interés y la intención de adquirir el bien;
- La clase o variedad de mercadería en la que está interesado;
- El precio, los descuentos, recargos y cambios que puedan producirse, así como la forma en que se cumplirá los **compromisos** si se realiza la operación;
- Las responsabilidades sobre transporte, fletes y seguro;

- El tiempo para el que se necesita el bien, evitando siempre esas expresiones vagas como: «lo más pronto posible», «cuando le sea conveniente»;

- La necesidad de obtener los informes con prontitud;

- El ofrecimiento de hacer el pedido tan pronto como se reciba los informes, si las condiciones de la cotización son aceptables, o de informar que se ha desistido° de hacer la compra;

- El agradecimiento anticipado por los informes;

- La despedida cortés.

Incluyendo los elementos antes mencionados y utilizando como punto de partida la carta de promoción de los relojes TOPAZ escrita por el gerente de CRONOMEX, S.A., se ofrece a continuación un modelo de requisición de precios.

Sr. Dn.
Patricio Paredes Punín
Gerente de CRONOMEX, S.A.

. . . . . .

Muy señor mío:

He leído con mucho interés su carta del 20 del mes anterior en la que anuncia los relojes TOPAZ—JV/TR a precios especiales y ofrece obsequios para quienes hagan pedidos antes del 31 de diciembre del presente año.

Como gerente de TEMPUS, S.A. de C.V., establecimiento dedicado a la venta de relojes, tengo interés en ofrecer a nuestros distinguidos clientes la mayor variedad posible de marcas, incluyendo por supuesto CRONOMEX, a fin de que puedan elegir el reloj que más les convenga.

Por consiguiente, le ruego que a vuelta de correo me envíe mayores detalles sobre los relojes TOPAZ—JV/TR para damas y caballeros, indicando con precisión si podrá atender de inmediato pedidos de más de seis unidades.

Según su carta, el precio del reloj TOPAZ es de doscientos cincuenta dólares ($250,00), si se hace el pedido hasta el 31 de diciembre. Sin embargo, nada dicen sobre los descuentos que ofrecen, sobre las facilidades de pago para quienes pidan seis o más unidades, sobre el flete y los seguros, y sobre cuánto tiempo demorará la preparación y el embarque de la remesa.

Como la temporada de Navidad se acerca, haré mi pedido tan pronto como reciba estos datos. Estoy seguro que recibiré los informes a tiempo, de modo que nos hagamos acreedores a los obsequios que ustedes ofrecen. Le agradezco anticipadamente la atención que dé a lo que solicito y aprovecho esta oportunidad para suscribir la presente como su atento amigo y seguro servidor.

Por TEMPUS, S.A. de C.V.

Arnulfo Arias Guerra
GERENTE

La carta de pedido

En la *carta de pedido* el remitente expresa su decisión de comprar un determinado producto, mercadería, servicio, derechos o acciones. En esta carta están expresadas en forma explícita (de preferencia) o implícita las condiciones del contrato de compraventa.

Puesto que el pedido hace que exista el contrato de compraventa, es necesario esforzarse porque esta comunicación sea clara, precisa y completa.

- *Claridad y precisión.* Para que la carta sea clara, el comprador debe tener conceptos precisos de lo que quiere adquirir y de lo que el vendedor exige. Además debe poseer la preparación lingüística y estilística que le permita expresar en forma apropiada aquellos conceptos.

- *Totalidad.* El destinatario (el vendedor) necesita encontrar en la carta de pedido todos los elementos que le permitan saber exactamente lo que el remitente (el comprador) le pide. Por ejemplo: «... una máquina de escribir eléctrica, pequeña, de color gris, portátil, marca IMPERIAL, modelo X-600, con teclado y tipos trilingües, de carro de doce pulgadas...», es suficiente para que el vendedor sepa lo que quiere el remitente. La carta de pedido debe contener los siguientes elementos:

- *La identificación del bien.* El comprador debe ser preciso en la identificación del bien que desea adquirir. Para hacerlo, puede describir el bien, o puede referirse a un catálogo, prospecto u otro documento.

Identificación por descripción

El nombre:	máquina de escribir
La clase:	eléctrica
La marca:	Imperial
El color:	gris
El estilo:	X-600
El modelo:	portátil
El tamaño:	pequeña
El origen:	Argentina

Identificación por catálogo

Añõ o temporada:	Primavera
Edición:	edición aérea
Página:	página 123
No. de Identificación:	413573

- *La cantidad.* Al referirse a la mercadería hay que ser preciso, indicando la cantidad total de la mercadería y la medida de los **envases** parciales.

Nota de	En los países hispanos se utilizan principalmente las medidas del sistema métrico decimal, que es el sistema oficial. Sin embargo, también se usan otras medidas como la libra, la yarda, la vara, el galón, etc.
Interés	
profesional	Para que el estudiante se familiarice con las medidas del sistema oficial, con las otras medidas y con las equivalencias respectivas, se ha incluido el Apéndice A. Consulte la página 303 de este libro de texto.

- *El precio.* En el pedido, y aunque a veces parezca redundante, conviene especificar el precio unitario, el precio parcial y el precio total de la mercadería pedida. Si en la carta de pedido, por ejemplo, se solicita la venta de tres camisas, dos corbatas y cinco pañuelos. La manera más precisa de expresar el precio sería:

```
... enviarme los siguientes
    artículos:

3 camisas MARATÓN, blancas, modelo
    XL-392, a $25,00 c/u ..............    $ 75,00

2 corbatas LUX, modelo TC-m19 a razón
    de $20,00 c/u ......................    $ 40,00

5 pañuelos de lino, modelo MG-21 a
    razón de $5,00 c/u ...............    $ 25,00

                     Suman: ....    $140,00
```

- *Las condiciones de pago.* En la carta de pedido hay que indicar también la forma en la que se realizará el pago.

Expresiones referentes a la forma de pago

```
Al contado riguroso

Al contado comercial

A plazos

Contra entrega de la mercadería

Contra entrega de documentos

En plaza
```

- **El medio de pago.** Otro detalle importante que debe aparecer en la carta de pedido es el medio de pago que utilizará el comprador para pagar el precio convenido.

Expresiones referentes al medio de pago

En efectivo
Por medio de cheque
Por giro bancario
Por *giro* o *libranza postal*

- **Transporte y seguros.** Especialmente en las operaciones de compraventa realizadas **fuera de plaza** y en las operaciones internacionales, el comprador debe indicar quién será responsable del pago del transporte y de los seguros que cubrirán la remesa de mercadería.

    Estos detalles pueden ser expresados por medio de frases explícitas o utilizando las fórmulas convencionales ya establecidas en las prácticas comerciales.

    A continuación ofrecemos algunas de las fórmulas y expresiones convencionales utilizadas en el comercio para referirse a estas situaciones.

Expresiones convencionales

```
                                  ⌈ a mi cuenta (a m/cta.)
cargar, precio, seguro,   │  a nuestra cuenta (a n/cta.)
flete...                  │  a su cuenta (a s/cta.)
                                  ⌊ a cuenta de (a cta. de)
```

correr a cargo de.... precio, seguro, flete...
por mi cuenta (por m/cta.)
a mi cuenta y riesgo
por nuestra cuenta (por n/cta.)
a nuestra cuenta y riesgo
por su cuenta (por s/cta.)
a su cuenta y riesgo

Fórmulas comerciales establecidas

```
Franco a bordo—FAB

Libre a bordo—LAB

Costo, seguro y flete—CSF

En esta plaza: F.A.B. (lugar del remitente)

En esta plaza: C.S.F. (lugar del destinatario)

En esa plaza: C.S.F. (lugar del remitente)

En esa plaza: F.A.B. (lugar del destinatario)
```

- *Envases y paquetes.* Si la clase de envase y la forma de empaquetar la mercadería tiene mucha importancia para el comprador, debe explicarlo.

- *Entrega.* Uno de los elementos más importantes para el comprador y para el vendedor es saber cuándo debe hacerse la entrega de la mercadería. Es preciso indicar en el pedido la fecha en la que espera recibir la mercadería o por lo menos la fecha en la que el vendedor debe embarcarla.

Modelo de una carta de pedido

```
                                Panamá, 5 de diciembre de 19xx

Señor Don
Patricio Paredes Punín
Gerente de CRONOMEX, S.A.

. . . . . .

Estimado señor Paredes:

De conformidad con la cotización y condiciones de venta
que figuran en su carta del 1° del presente mes, me es
grato solicitarle que, a vuelta de correo, embarque la
siguiente mercadería:

    3 relojes TOPAZ—JV, chapeados en oro
    con esfera luminosa,
    a razón de $250,00 c/u . . . . . . . . . . . . . . . . . .   $  750,00
    3 relojes TOPAZ—TR, plateados,
    con esfera luminosa,
    a razón de $250,00 c/u . . . . . . . . . . . . . . . . . .   $  750,00

                            Suman. . . .   $1.500,00
```

Tengo entendido que, como mi pedido es de seis relojes, soy acreedor al descuento del 5% sobre el valor total; que los relojes vendrán en sendos° estuches de peluche, y que recibiré como regalo una pluma marca CRUZ con mis iniciales.

Estoy de acuerdo en que la mercadería venga por correo aéreo certificado, debidamente asegurada contra todo riesgo, y que los costos sean cargados a m/cta., así como el valor de la caja de cartón corrugado utilizada para el envío, el cual lo harán el 15 de diciembre del pte. año a más tardar.

Quedando en espera de los documentos de embarque que me permitan tramitar en el Banco del Plata la transferencia de fondos para efectuar el pago de la cuenta en forma de giro a su orden, suscribo la presente como su atento y seguro servidor.

Por TEMPUS, S.A. de C.V.

Arnulfo Arias G.
GERENTE

La carta de cancelación de pedido

La *carta de cancelación de pedido* es la comunicación por medio de la cual el comprador **deja insubsistente** el pedido que hizo. El comprador no puede cancelar arbitrariamente su pedido. Se justificaría esta decisión si el vendedor, por ejemplo, no hubiese confirmado los términos que en la cotización quedaron sujetos a confirmación de pedido; si no hubiese remitido a tiempo la mercadería; si las condiciones confirmadas al acusar recibo del pedido no fuesen aceptables. En esta carta deben aparecer los siguientes elementos:

- *La identificación de la comunicación* por medio de la cual se hizo el pedido.
- *La descripción* de la mercadería a la que se refiere la operación de compraventa que se está dejando insubsistente.
- *La razón* por la que el comprador ha decidido cancelar el pedido.

Aunque el tono de esta carta denote cierto disgusto, el comprador no debe ser descortés y mucho menos ofensivo.

Modelo de una carta de cancelación

Panamá, 5 de enero de 19xx

Señor
Patricio Paredes Punín
Gerente de CRONOMEX, S.A.

. . . . . .

Señor Paredes:

En referencia a mi pedido del 5 de diciembre del año
pasado, el cual debía haber sido embarcado el 15 de ese
mes, tengo que comunicarle que hasta esta fecha, 5 de
enero del nuevo año, no ha sido aún recibido por nosotros. Por consiguiente, le hago saber que cancelamos
definitivamente nuestro pedido de tres relojes TOPAZ–JV
y tres relojes TOPAZ–TR que con tanta urgencia le so-
licitamos.

Como comprenderá, esta informalidad injustificable de
su parte nos ha creado desagradables molestias puesto
que no es nuestra costumbre anunciar mercaderías que
luego no pueden ser adquiridas por nuestros clientes.

Aunque creemos tener derecho a reclamar indemnizaciones
por los daños sufridos, preferimos dar por terminado
este asunto.

Atentamente,

Por TEMPUS, S.A. de C.V.

Arnulfo Arias Guerra
GERENTE

La carta de acuse de recibo

Aunque ya nos referimos a esta carta cuando explicamos la carta rutinaria
de acuse de recibo, vale la pena insistir otra vez en el contenido de ella. La
carta de acuse de recibo de una mercadería avisa al vendedor que ha sido recibido el bien, y expresa satisfacción porque la operación haya tenido un
feliz término.

Si el comprador descubre faltantes o defectos en la mercadería recibida,
la carta explica detalladamente en qué consisten y cuáles son sus reclamos.
Si hubiese recibido los documentos de embarque, el comprador lo hace
saber al vendedor y le devuelve los que tengan que ser devueltos.

La carta hace mención también al precio y a la forma cómo el comprador ha cumplido o va a cumplir su obligación de pagarlo.

Modelo de carta de acuse de recibo

Panamá, 5 de enero de 19xx

Señor Don
Patricio Paredes Punín
Gerente de CRONOMEX, S.A.

. . . . . .

Muy estimado señor Paredes:

Me es grato acusar recibo de su atenta carta del 15 del mes en curso a la que adjuntaba los documentos de embarque—Factura No. 9876 y Guía Aérea No. 1234—correspondientes a nuestro pedido del 5 de diciembre.

Los seis relojes TOPAZ—JV/TR en sus respectivos estuches llegaron sin novedad, así como la pluma CRUZ con mis iniciales. Por todo ello, le expreso mi agradecimiento. Al tenor de lo convenido, he presentado la documentación de embarque en el Banco del Plata solicitándoles que autoricen el préstamo que pedí el 1° de este mes, a fin de que acrediten en mi cta. cte. los fondos necesarios para poder girar un cheque a su orden por $1.470,00. Esta suma corresponde al valor neto de su factura, en la que consta el descuento del 5% que me ofrecieron y los cargos respectivos por el seguro ($20,00) y por el flete ($25,00).

Agradecido por su diligente servicio y esperando tener la oportunidad de realizar más negocios con Uds., los saluda muy atentamente,

Por TEMPUS, S.A. de C.V.

Arnulfo Arias Guerra
GERENTE

La carta de cobranza

La carta de cobranza es una comunicación escrita por el acreedor para exigirle al deudor que pague la suma que le debe.

Como en este capítulo nos estamos refiriendo a las comunicaciones de la compraventa, estudiaremos la carta de cobranza en ese contexto.

La carta de cobranza tiene mucha importancia porque tarde o temprano el vendedor tendrá que escribirla. Las operaciones a crédito van haciéndose más frecuentes en todos los campos de los negocios, y esto produce un mayor número de clientes que no pagan sus deudas a tiempo y que al recibir la carta lo hacen sin necesidad de que el acreedor tenga que utilizar medios más costosos y desagradables.

También es importante esta carta porque ayuda a **recaudar** el dinero adeudado sin que se rompan las buenas relaciones entre el deudor y el acreedor, lo cual no ocurriría si éste acudiese a medios de recaudación más drásticos.

Otros medios de cobranza

Esta comunicación es eficaz siempre que el deudor tenga la intención de cumplir sus obligaciones y siempre que la **mora** se deba a causas explicables. El acreedor debe tener presente que los objetivos de la carta de cobranza son dos: atraer los pagos y conservar sus buenas relaciones con el cliente.

- **Atraer los pagos.** El volumen de ventas (si las ventas son hechas a crédito) sólo es significativo para la prosperidad del negocio si el volumen de pagos es sustancial. La carta de cobranza logra acrecentar ese volumen aumentando las **recaudaciones°** correspondientes a las cuentas deudoras de los clientes morosos.

- **Conservar las buenas relaciones.** Sin duda hay otros medios, tanto o más eficaces que la carta de cobranza, para recaudar las sumas debidas. Pero la carta tiene la ventaja de que ordinariamente no produce un rompimiento de las relaciones entre el deudor y el acreedor.

    La carta de cobranza escrita en español se caracteriza por las siguientes cualidades:

- **Es firme y seria.** En esta carta no encontramos frases jocosas° o toques humorísticos.

- **Denota seguridad.** Esta carta da la impresión de que el acreedor no puede equivocarse al afirmar que el destinatario le adeuda una suma determinada; de que el acreedor siempre tiene razón. Le corresponderá al destinatario probar que hay errores u omisiones.

- **Es cortés.** Hay que evitar la rudeza y el insulto porque éstos ofenden y llevan a rompimientos° definitivos.

- **Respeta la dignidad del deudor.** El remitente nunca debe poner en peligro la dignidad personal del deudor. Hay que tener esto presente sobre todo cuando la deuda es de una empresa, pues el destinatario no es responsable personalmente de la deuda.

El acreedor probablemente tendrá que dirigir una serie de cartas para lograr recaudar el dinero. Por consiguiente, la estructura, el tono y los argumentos que utilice en la primera carta serán diferentes a los que aparezcan en las subsiguientes.

La primera carta de la serie debe tener el tono, la estructura y aun el formato de una carta circular rutinaria. No debe darse la impresión de que toda la atención del acreedor está enfocada en el destinatario, como si él fuera el único deudor.

Para lograr este efecto, se debe utilizar una carta-formulario en la cual se llenarán los espacios correspondientes con los datos pertinentes a cada persona.

Modelo de una carta-formulario para cobranza

Señor

. . . . . .

Estimado señor...:

Al revisar nuestras cuentas del mes de _____ de
_____ hemos constatado que Ud. (Uds.) no ha
(han) remitido la suma de $ _____.

Esperamos que al recibir la presente se apresurará(n) a
enviar la cantidad adeudada.

Quedamos de Ud. (Uds.), atte.

Por CRONOMEX, S.A.

Hermenegildo Ruales Paz
CONTADOR

Las cartas subsiguientes irán tomando un carácter más individual, gracias a la inclusión de detalles que sólo pueden referirse al destinatario— cartas anteriores dirigidas al deudor, la fecha de la compra, la mercadería vendida, la cantidad adeudada. Si el acreedor ha tenido paciencia para esperar, puede usar los siguientes argumentos:

- *Conveniencia* de hacer el pago para seguir gozando del crédito;
- *Peligro* de que el prestigio de la persona o empresa sufra deterioro por no cumplir la obligación contraída;
- *Demostrar interés* por las dificultades que han impedido que el deudor haga el pago;
- *Ofrecer alternativas:* renovación del plazo; aceptación de pagos parciales o de los intereses; refinanciación de la deuda;
- *Insinuar que se utilizarán otros medios* de cobranza más drásticos;
- *Comunicar que, en determinado plazo, se acudirá* a las autoridades judiciales para que obliguen al deudor a pagar la deuda.

Modelo de una carta de cobranza

San José, 15 de enero de 19xx

Señor
Arnulfo Arias Guerra
Gerente de TEMPUS, S.A. de C.V.

. . . . . .

Señor Arias:

Al no haber obtenido ninguna respuesta a mis dos cartas anteriores, me veo precisado a escribirle una vez más para referirme a su deuda de $1.470,00, valor de la venta de seis relojes TOPAZ—JV/TR que, en remesa enviada por expreso aéreo, le fueron entregados a Ud. el 20 de diciembre del año pasado.

A pesar de su ofrecimiento de que pagaría la cuenta contra entrega de documentos, aún no he recibido el cheque girado contra el Banco del Plata en el que, según me informó, Ud. estaba tramitando un préstamo. Desconozco el resultado de esas gestiones que desde luego no tienen nada que ver con su compromiso de pagar a CRONOMEX, S.A. la suma antes indicada, obligación que aún está pendiente.

Espero que este último reclamo amistoso será suficiente para que Ud. se apresure a enviar la cantidad adeudada, a vuelta de correo.

Atentamente,

Por CRONOMEX, S.A.

Hermenegildo Ruales P.
CONTADOR

PALABRAS Y EXPRESIONES CLAVES

al contado comercial: el comprador pagará la mercadería dentro de treinta días después de haberla comprado.

al contado riguroso: el comprador paga la mercadería en el preciso momento en el que la recibe.

compromiso: obligación; acuerdo.

contra entrega de documentos: el comprador pagará el precio cuando reciba los documentos que se refieren a la operación de compraventa.

dejar insubsistente: cancelar; anular; invalidar.

en efectivo: pagado con dinero, sea con billetes o monedas.

envase: recipiente.

fuera de plaza: se usa esta expresión para indicar que el domicilio del comprador está en una ciudad diferente a la del vendedor.

giro o **libranza postal:** documento en el que una oficina postal da la orden a otra de que pague una suma de dinero a un beneficiario.

mora: demora o tardanza en pagar una deuda.

recaudar: obtener que los deudores paguen sus deudas.

FÓRMULAS UTILIZADAS EN CARTAS DE COMPRAVENTA

Para hacer pedidos

Tengo a bien solicitar la expedición de los artículos que a continuación detallo...

Le ruego se sirva enviarme la próxima semana las siguientes mercaderías...

I would like to request shipment of the following goods . . .

Could you send the following merchandise next week . . .

Para cancelar pedidos

Sírvase anular el pedido que hice por telefono, debido a las siguientes razones...

Le pido que deje insubsistente mi pedido del...

Please cancel my telephone order for the following reasons . . .

I would like to ask you to cancel my order dated . . .

Para indicar fecha y forma de embarque

Quisiéramos que embarcara la mercadería en el vuelo...

Le agradecemos que entregue la mercadería F.A.B. en la ciudad de... a nuestro agente para que nos la remita por vía...

We would like you to ship the merchandise on flight . . .

We would appreciate it if you could deliver the goods F.O.B. . . . to our agent so that he may send them to us by . . .

Para comentar sobre precios

Le informamos que no nos hallamos conformes pues los precios son...

Please be informed that we are not in agreement with your price . . .

Los precios que ha cotizado no son aceptables porque...	The prices you have quoted are not acceptable because . . .
Hemos notado con sorpresa que los precios de la factura son más altos que los del catálogo...	We were surprised to find that the prices listed in the invoice were higher than the ones in your catalogue . . .

EJERCICIOS Y PRÁCTICA

Exprésese en español

A. Escriba una frase completa con cada una de las palabras y expresiones que siguen.

> **EJEMPLO:** eslabón
>
> **El intermediario es el eslabón entre el fabricante y el consumidor.**

1. compromiso
2. envase
3. al contado riguroso
4. contra entrega de documentos
5. en efectivo
6. libranza postal
7. fuera de plaza
8. dejar insubsistente
9. recaudar
10. faltante

B. Utilizando las fórmulas dadas complete los siguientes párrafos.

1. **Párrafo pidiendo el envío de un pedido**

   ... que me expidan lo más pronto posible y consignados a la orden del Sr. _____ de la ciudad de _____ los siguientes artículos _____.

2. **Párrafo sobre faltante de mercadería y suspensión de pagos**

   Con referencia a la remesa de perfumes que recibimos ayer, les informamos que hay un _____ de _____ frasquitos de 20 centilitros, por lo que hemos dejado _____ nuestro giro _____ No. _____ de $ _____ enviado la semana pasada por intermedio del distribuidor regional de perfumes, Sr. _____.

3. **Párrafo sobre retraso de pedido**

   ... que nuestro pedido No. _____ aún no ha llegado y que es absolutamente necesario que lo recibamos el _____ de _____ de 19 _____, a más tardar.

Demuestre su competencia profesional

Siguiendo las explicaciones de este capítulo e incluyendo todos los elementos estructurales aquí mencionados, escriba las comunicaciones que se detallan a continuación.

A. Una requisición de precios

Suponga que Ud. es el propietario de una tienda de lujo situada en Tegucigalpa, Honduras, y que desea tener un surtido de ropa fina para damas y caballeros de prestigiosas marcas como Pierre Cardin, Oscar de la Renta, Balenciaga, Adolfo, y otras. Modas Frontier, S.A. de C.V. distribuye en México, D.F. esta clase de ropa, según lo comunica a los mayoristas en el anuncio aparecido en una revista internacional. Utilizando el anuncio, su ingenio e imaginación, escriba la requisición de precios.

B. Una carta de pedido

Suponga que ya ha recibido de Modas Frontier la cotización con los informes que solicitó en su carta de requisición de precios. Siguiendo las instrucciones de esta lección y utilizando las fórmulas y modelos que aparecen en este capítulo, escriba una carta de pedido en la que Ud. menciona la ropa que desearía comprar para vender en su tienda.

¡El negocio está en sus manos!

Suponga que una cliente importante de Tegucigalpa no ha pagado la cuenta por un vestido de seda marca Adolfo que compró hace tres meses en su tienda de lujo. Utilizando la carta-formulario de cobranza anexa, su ingenio e imaginación, haga en ella los cambios necesarios para que su carta de cobranza coincida con la situación descrita en el ejercicio inmediato anterior.

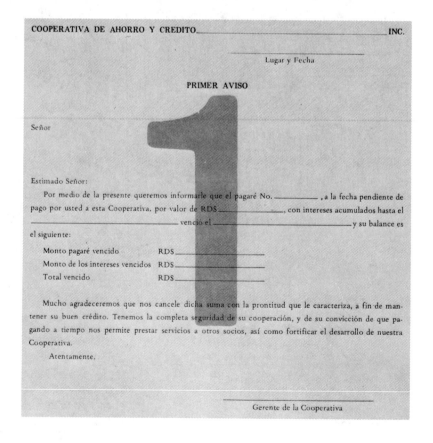

COOPERATIVA DE AHORRO Y CREDITO_____INC.

_____
Lugar y Fecha

PRIMER AVISO

Señor

Estimado Señor:

Por medio de la presente queremos informarle que el pagaré No. _____ , a la fecha pendiente de pago por usted a esta Cooperativa, por valor de RDS_____ , con intereses acumulados hasta el _____ venció el _____ y su balance es el siguiente:

Monto pagaré vencido   RDS_____
Monto de los intereses vencidos   RDS_____
Total vencido   RDS_____

Mucho agradeceremos que nos cancele dicha suma con la prontitud que le caracteriza, a fin de mantener su buen crédito. Tenemos la completa seguridad de su cooperación, y de su convicción de que pagando a tiempo nos permite prestar servicios a otros socios, así como fortificar el desarrollo de nuestra Cooperativa.

Atentamente,

_____
Gerente de la Cooperativa

Tercer repaso

•••

¿LO SABÍA USTED?

Este es el tercer grupo de palabras usadas con más frecuencia en el comercio y en la administración de empresas internacionales.

Español		*Inglés*	
21.	nacional	21.	rate
22.	emisión	22.	total
23.	cuenta	23.	increase
24.	total	24.	capital
25.	forma	25.	made
26.	condición	26.	industry
27.	ejecutivo	27.	manager
28.	económico	28.	industrial
29.	días	29.	management
30.	fecha	30.	marketing

DEMUESTRE SUS CONOCIMIENTOS

A. Conteste oralmente y por escrito las preguntas siguientes:

1. ¿Cuándo escriben los comerciantes cartas rutinarias?
2. ¿Cuáles son las situaciones rutinarias más frecuentes?
3. ¿En qué situaciones se escriben cartas circulares?
4. ¿Por qué es la compraventa una de las operaciones más importantes en el comercio?
5. ¿Cuáles son los objetivos de la carta de promoción de ventas?
6. ¿En qué campañas de publicidad se puede usar la carta de promoción de ventas?
7. ¿Qué importancia contractual tiene la carta de cotización?
8. ¿Qué importancia contractual tiene la carta de pedido?
9. ¿Cuándo puede el comprador cancelar un pedido?
10. ¿Qué objetivos tiene la carta de cobranza?

B. Diga si las afirmaciones siguientes son **Correctas** o **Incorrectas**.

1. En la carta de acuse de recibo, el remitente debe identificar lo que ha recibido.

2. Para cartas rutinarias de solicitud, los comerciantes usan con frecuencia cartas-formulario.
3. En las cartas de remisión no es necesario mencionar lo que se envía adjunto.
4. El vendedor tiene la obligación de entregar el precio como lo establece el contrato.
5. El derecho a transitar por un camino es un bien intangible.
6. Convencer al lector a que realmente formule el pedido es la tarea más difícil en una campaña de promoción.
7. El vendedor no debe esperar la ratificación del pedido telefónico hecho por un comprador desconocido.
8. En la requisición de precios el comprador pide al vendedor informes sobre la mercadería y las condiciones de venta.
9. Si el comprador pide que el vendedor cargue el flete a su cuenta (del comprador), será el vendedor el que pague el transporte.
10. La primera carta de cobranza es como una carta rutinaria.

C. Marque la(s) respuesta(s) que mejor concuerde(n) con el concepto expresado en cada una de las frases siguientes:

1. Acusar recibo de una remesa de fertilizantes es una situación rutinaria...

   —en las actividades bancarias.

   —en las actividades agrícolas.

2. Se puede identificar una comunicación...

   —mencionando la fecha que aparece en el papel.

   —refiriéndose al asunto al que se refiere el texto.

3. En la carta de remisión hay que mencionar lo que se envía...

   —en el texto.

   —en el dato adicional llamado «materiales adjuntos» que aparece al pie de la carta.

4. Los bienes tangibles son...

   —los bienes muebles, los inmuebles y los semovientes.

   —las acciones de compañías y los derechos personales.

5. En los países hispanos...

   —la carta de promoción ya no es aceptada por el público.

   —el público no está saturado aún por la propaganda postal.

6. Si los precios indicados en la cotización no son definitivos, el vendedor...

   —tiene la obligación de confirmarlos cuando reciba el pedido.

   —tiene que confirmarlos en la carta de remisión de mercadería.

7. En la carta de pedido...

    —el comprador expresa que está decidido a comprar el bien.

    —aparecen explícitos e implícitos los términos del contrato de compraventa.

8. Se puede identificar el bien que se quiere comprar indicando...

    —la página, el ítem, el año y la edición del catálogo.

    —sólo el nombre del bien.

9. Si el comprador pide en la requisición de precios que el vendedor le cotice los precios de las mercancías puestas en su bodega (del comprador), puede usar...

    —la expresión «en esa plaza».

    —la fórmula «costo, seguro y flete».

10. En la carta de cancelación de pedido, el comprador debe...

    —identificar el pedido que está cancelando.

    —mencionar la razón por la que cancela el pedido.

EXPRÉSESE EN ESPAÑOL

A. Traduzca al español los párrafos siguientes:

1. We wish to thank you for your letter of December 10th and take pleasure in replying to your various questions as follows:
2. We would appreciate it if you would quote your lowest wholesale prices, F.O.B. Houston as well as C.I.F. La Guaira.
3. In reference to your order of May 2nd., we are pleased to inform you that the goods are now ready for shipment. We are awaiting your shipping instructions.
4. We have received your order of May 2, and in accordance with your shipping instructions, we expect the goods to be sent F.O.B., New York, on the 15th of next month.

¡MANOS A LA OBRA!

A. De las fórmulas que aparecen en la lista, escoja la que mejor corresponda a las siguientes situaciones rutinarias:

    a. obra en (mi, nuestro) poder
    b. guardar en reserva
    c. bajo cubierta separada
    d. adjunto sírvase encontrar
    e. haremos conocer los informes

1. El que solicita informes ofrece mantenerlos en secreto, sin divulgarlos.
2. El que ha recibido un documento comunica al remitente que ya lo tiene en sus manos.
3. Se comunica que se envía un documento en otro sobre.

B. De las fórmulas que aparecen en la lista, escoja la que mejor corresponda a los siguientes términos contractuales referentes a precios:

   a. libre a bordo
   b. cargaremos el precio a su cuenta
   c. contra entrega de documentos
   d. costo, seguro y flete
   e. contra todo riesgo

1. El comprador pagará el precio de la mercadería cuando reciba los documentos de embarque.
2. El vendedor le comunica al comprador que el precio de la mercadería será incluido en los libros de contabilidad en forma de asiento en la columna del «debe» de la cuenta corriente.
3. El precio de la mercadería cotizado por el vendedor incluye sólo el transporte hasta el puerto de donde saldrá la mercadería.

C. De las fórmulas que aparecen en la lista, escoja la que mejor corresponda a las condiciones de compraventa expresadas en los siguientes casos.

   a. la factura incluye costo, seguro y flete
   b. salvo fuerza mayor o caso fortuito
   c. al contado riguroso
   d. dejar insubsistente
   e. sujeto a confirmación
   f. en firme

1. El precio se pagará al mismo tiempo que se entrega la mercadería.
2. La factura incluye el valor de la mercadería, los gastos de transporte y el pago de la prima.
3. El comprador cancela su pedido porque el vendedor ha cargado en la proforma de factura precios más altos que los que comunicó en la cotización.

EJERCICIO DE INTERPRETACIÓN

Después de verificar en el diccionario y de consultar otros libros de correspondencia y documentación comercial, interprete el documento siguiente contestando las preguntas.

COOPERATIVA DE AHORRO Y CREDITO_____ INC.

Cuenta No. ꓳ-4756

No. 005   *Vencimiento* 23 *de* Agosto _____ *de 19* 86

Debo y Pagaré a la Cooperativa de Ahorro y Crédito o a su Gerente, Juan Márquez *Inc.*

ó a su orden la cantidad de un mil trescientos Pesos % ($ 1.300,⁰⁰)

Valor recibido en moneda nacional de circulación legal

a mi entera satisfacción y que me comprometo a pagar en la fecha indicada. Para el fiel cumplimiento de pago quedan afectados todos mis bienes habidos y por haber, con renuncia del fuero de domicilio y de cualquier otra ley que pudiera favorecerme.

ESPACIO RESERVADO PARA QUE DE SU PUÑO Y LETRA EL CLIENTE PONGA "BUENO Y VALIDO" Y EL MONTO DE ESTA OBLIGACION EN LETRAS.

Bueno y válido por: Un mil trescientos Pesos % (1.300,⁰⁰)

Por RDS 1.300,⁰⁰

Nombre Gabriel García Umbría   Cdad. Guzmán 23 de Agosto ____ *de 19* 85

Dirección Ave. Insurgentes No. 402

Cédula No. C1-7953402 *Serie* AZ   *Firma*

1. ¿Cómo se llama este documento?
2. ¿Cuál es la expresión que le da su nombre?
3. ¿Quién es el deudor?
4. ¿Qué cantidad debe?
5. ¿Cuándo recibió esa cantidad?
6. ¿Qué plazo le dio el acreedor para pagar la deuda?
7. ¿Qué expresión se usa para indicar la fecha de pago?
8. ¿Qué institución es la acreedora?
9. ¿A quién debe entregar la cantidad adeudada?
10. ¿Podría recibir otra persona el dinero? ¿Qué expresión indica que puede hacerlo?
11. ¿Qué garantía da el deudor para asegurar el pago?
12. ¿En qué consiste el fuero de domicilio?
13. ¿Qué significa la expresión «de su puño y letra»?
14. ¿En qué ciudad se ha expedido el documento?

PROYECTOS

A. Utilizando el formulario de carta de solicitud que sigue, pida un ejemplar de la revista publicada en un país hispano que a Ud. más le interese. Complete la carta con el nombre y la dirección del gerente de circulación de la revista y con los datos que a Ud. se refieren.

Modelo de carta-formulario de solicitud

Señor

Le(s) rogamos que nos envíe _____
ejemplar(es) de la revista _____ correspondiente _____ al mes de _____ del presente año.

Atentamente,

B. Siguiendo la técnica explicada en el Capítulo 7, y valiéndose de anuncios de periódicos y revistas publicadas en español escriba «su obra
maestra»—una carta de promoción de ventas sobre el producto o el
servicio que a Ud. más le interese: ¿computadoras? ¿maquinaria?
¿bienes raíces? ¿viajes? ¿asesoría profesional? ... Su carta debe tener por
lo menos un párrafo para cada objetivo: atraer la atención, transmitir la
información necesaria, crear el deseo de comprar, vencer la resistencia
a gastar, despertar la acción, facilitar la formulación del pedido, convencer al destinatario de diseminar la información.

CAPÍTULO 9

La búsqueda de empleo

Pasos iniciales de la búsqueda

Al aproximarse el final de los estudios, además de las preocupaciones académicas, los jóvenes tendrán que buscar el primer empleo, paso inicial en su carrera profesional. Alguno quizá tenga la suerte de obtener un trabajo por influencias familiares o de amistad, pero muchos tendrán que utilizar los servicios de una oficina de empleos, centro profesional u **oficina de colocaciones** de la universidad, o tendrán que **hacer gestiones** directas en la Oficina de Personal de las empresas en las que les gustaría ocupar un **puesto** ejecutivo.

La persona que busca trabajo puede utilizar las numerosas fuentes de información sobre las **vacantes** que existen en su campo profesional. En unos casos, la oficina universitaria encargada de esto le dará los consejos y la guía necesarios para que su búsqueda sea organizada y provechosa. En otros casos, le darán ayuda las oficinas gubernamentales creadas para este fin y las agencias especializadas que sirven al público, encontrando el personal que necesitan las empresas o los empleos que buscan los que solicitan sus servicios. Las ofertas de empleo se hacen por medio de cartas dirigidas a las oficinas universitarias y a las agencias, por medio de **convocatorias públicas,** y por medio de anuncios que aparecen en los periódicos, revistas y publicaciones profesionales.

Carta anunciando puestos vacantes

Si una empresa o un hombre de negocios tiene **cargos** disponibles, puede comunicar las vacantes a las oficinas de colocaciones por medio de cartas circulares.

Estructura de la carta. La carta que anuncia un puesto vacante tiene generalmente la forma de una carta rutinaria. Después del párrafo inicial con las fórmulas protocolarias para saludar y enunciar el propósito, se describe el cargo disponible, los requisitos y el procedimiento que se debe seguir para solicitar el empleo. La carta termina con las acostumbradas frases de agradecimiento y de despedida.

Modelo de carta anunciando una vacante

```
Sr. Lcdo.
Alberto Hornos Ferrer
Gerente de la Agencia Labor, S.A. de R.L.


. . . . . .


Muy estimado licenciado:

Como Jefe del Departamento de Personal de ENTEL, S.A.,
me permito dirigirme a Ud. para solicitarle la ayuda de
la Agencia Labor, S.A. de R.L. en la búsqueda de exper-
tos en informática para llenar las vacantes disponibles
en nuestra sucursal de Valparaíso.

Como Ud. sabe, ENTEL, S.A. es la primera empresa
chilena de servicios informáticos que ofrece asesoría
técnica y trabajos de computación en todo el territorio
nacional, por lo cual nos vemos precisados a ampliar
continuamente el personal técnico de nuestras oficinas.
Por consiguiente, le pido que de inmediato inicie una
vigorosa campaña de reclutamiento de candidatos para
ocupar las siguientes vacantes:

Analistas: tres plazas. Se requiere experiencia en téc-
nicas de sistemas, base de datos 1MS y DL/1, y análisis
de aplicaciones.

Programadores: dos plazas. Se requiere experiencia en
COBOL y PL/1.
```

Para todos los candidatos es condición necesaria haber
cumplido con el servicio militar obligatorio (en el
caso de los varones), poseer un título académico *refrendado* en el Ministerio de Educación Nacional y tener
suficientes conocimientos de inglés.

La solicitud de empleo y el <u>curriculum vitae</u> serán
guardados en estricta reserva y les serán devueltos a
quienes no sean elegidos para ocupar los puestos disponibles. El *sueldo* se negociará de acuerdo a las
cualidades de los candidatos y a las posibilidades de
nuestra empresa. Las solicitudes y documentación per-
tinente deben ser enviadas al Departamento de Personal
de ENTEL, S.A., a la atención del *suscrito.*

Dándole anticipadamente las gracias, quedo como siempre
su muy atto. y s.s.

Por ENTEL, S.A.

Joaquín Barnuevo Tipán
JEFE DE PERSONAL

La convocatoria pública

Las *convocatorias públicas* sirven para dar a conocer los cargos que están
vacantes en las oficinas gubernamentales. Las vacantes deben ser anun-
ciadas en los periódicos, de modo que todos los interesados puedan presentar su solicitud. Este anuncio se denomina **concurso de merecimientos,
oposiciones,** o **concurso de títulos.**

Contenido de la convocatoria. Como se puede ver en la figura de la página
173, en estas convocatorias por lo general encontramos estos datos:

- Nombre de la oficina o institución gubernamental que anuncia las
  plazas vacantes.
- El cargo y su descripción.
- Los requisitos.

- La remuneración.
- El procedimiento que se debe seguir para solicitar el empleo.
- Otros detalles y datos que la ley exija o la costumbre haya establecido.

Los anuncios de plazas vacantes. También las empresas particulares y los comerciantes utilizan la prensa para anunciar las plazas vacantes. Si los cargos son de importancia, los avisos aparecen en las secciones de anuncios profesionales; si las vacantes son para empleos asalariados, las anuncian en la sección destinada a los «avisos clasificados» o «avisos económicos».

Contenido del anuncio. Como en el caso de los concursos de merecimientos, en estos anuncios se describe el empleo, las responsabilidades inherentes, los requisitos necesarios, los antecedentes profesionales requeridos, la remuneración y el procedimiento que se debe seguir para solicitar el puesto.

```
┌──────────────────────────────────────────────┐
│          EMPRESA FINANCIERA                   │
│                PRECISA                        │
│            DIRECTOR                           │
│     DE SERVICIO EXTRANJERO                    │
│                                               │
│  SE REQUIERE:  ⇨ Capacidad de organización y gestión.
│                ⇨ Edad: entre 35 y 45 años.
│                ⇨ Perfecto dominio del idioma inglés y conocimien-
│                  tos de otros idiomas.
│                ⇨ Experiencia mínima de 3 años en el servicio de ex-
│                  tranjero.
│                ⇨ Titulado en Ciencias Económicas o Empresaria-
│                  les.
│  SE OFRECE:    ⇨ Incorporación inmediata.
│                ⇨ Remuneración a convenir, de acuerdo con la expe-
│                  riencia y conocimientos aportados por el candidato.
│                ⇨ Proceso de selección con garantía de absoluta re-
│                  serva en los datos aportados.
│
│  Los candidatos enviarán "curriculum vitae" antes del día 20 de no-
│  viembre, acompañado de fotografía, dirección y teléfono al Apartado
│  1.540 de Vigo.
│                              (Oferta INEM nº 2.971 OR.)
└──────────────────────────────────────────────┘
```

La solicitud de empleo

El proverbio español que dice «más hace el que pide que el que da» resume la actitud sicológica del hispano ante la necesidad de solicitar empleo y ante la dificultad de tener que escribir una carta solicitando trabajo.

Y esta dificultad es triple: por una parte, la carta; en segundo lugar, el *curriculum vitae* o **historial;** y finalmente, las referencias, lo cual implica el tener que pedir recomendaciones a personas conocidas o con quienes se ha estado relacionado por motivos educativos, profesionales o de trabajo.

La carta de solicitud de empleo. La dificultad de escribir esta carta radica en el concepto del pundonor° tan propio del hispano. El pundonor le impide hacer referencia a sus propias cualidades y merecimientos, pues cree que si los tiene no necesita divulgarlos y que deben ser los otros quienes tienen que descubrirlos y valorarlos.

Nota de Interés profesional	En la lengua española hay muchos adagios, proverbios y refranes que sintetizan este rasgo idiosincrásico del pueblo hispano. Basten como ejemplo los siguientes:

«Alabanza en boca propia es vituperio».
«Que te ensalcen tus obras, no tus palabras».

Los estudiantes y profesionales extranjeros pueden errar al escribir esta carta porque es fácil que transfieran su actitud cultural al texto español. El resultado es una comunicación que puede ser desconcertante para quien la recibe y perjudicial para quien la ha escrito. Los elementos que deben aparecer en ella harán que sea aceptada, ignorada o rechazada por el destinatario. Las dos situaciones que con más frecuencia se presentan son cuando el solicitante adjunta su historial y cuando la carta misma contiene en el texto los elementos del historial.

Carta de solicitud que adjunta el historial. En este caso la carta es breve y conviene que contenga los siguientes elementos:

- Breve identificación del remitente mediante la mención de los datos personales pertinentes al cargo que se solicita, sin repetir lo que ya aparece en el historial.
- Referencia precisa al cargo que se solicita.
- Mención de la fuente de información: publicación, personas, cartas.
- Referencia a las personas que lo conocen y pueden dar recomendaciones. Si se ha incluido en el historial una lista de referencias, limítese a mencionar en la carta una o dos personas cuyas recomendaciones serían las más valiosas.
- Ofrecimiento de ampliar los informes si el destinatario lo necesitase.
- Agradecimiento por la atención que se espera recibir y expresión de esperanza de que la solicitud será atendida favorablemente.

Modelo de carta de solicitud de empleo

Sr. Dn.
Joaquín Barnuevo Tipán
Jefe de Personal
ENTEL, S.A.

. . . . . .

Muy señor mío:

En el No. 637 de la revista El empresario aparece el aviso en el que anuncian las vacantes de analistas y programadores, para las cuales solicitan candidatos idóneos° que, caso de obtener el cargo, prestarían servicios en su nueva sucursal de Valparaíso.

Como estoy interesado en trabajar de analista en una empresa tan prestigiosa como ENTEL, S.A., me permito adjuntar a la presente mi curriculum vitae en donde constan mi preparación académica, mi experiencia profesional y los nombres de algunas personas que pueden dar informes sobre mis antecedentes.

Quiero señalar solamente que los últimos cinco años he trabajado ininterrumpidamente en la Corporación Chilena del Cobre, habiendo sido ascendido en años sucesivos desde el puesto de Ayudante, hasta el cargo de Jefe de la Sección de Estadística. Esta experiencia de trabajo y mis estudios me han familiarizado con toda clase de equipo y técnicas de análisis de datos y programación.

En el caso de que mi solicitud fuera aceptada favorablemente, tendría mucho gusto de ser entrevistado cuando Uds. lo juzguen conveniente, y de ampliar los informes contenidos en mi hoja de servicios y en esta carta.

Esperando recibir pronto su amable contestación con un resultado favorable, lo saluda muy atentamente,

Lorenzo Ramírez L.
ANALISTA

Anexo: curriculum vitae

Carta de solicitud sin el historial anexo. Si el solicitante no ha preparado por separado su historial, la carta de solicitud de empleo debe contener los informes ya descritos en la sección precedente y los detalles pertinentes sobre los antecedentes personales, académicos y profesionales del aspirante.

Modelo de carta sin historial

Sr. Dn.
Joaquín Barnuevo Tipán
Jefe de Personal
ENTEL, S.A.

. . . . . .

Muy estimado señor:

En respuesta al anuncio publicado por Uds. en la revista El empresario de la edición de ayer, me apresuro a
solicitar el puesto de programadora de la sucursal de
ENTEL, S.A. de la ciudad de Valparaíso.

Tengo 25 años de edad y trabajo actualmente en una pequeña empresa industrial de la Isla de Pascua. En el
cargo que ahora ocupo, apenas he tenido la oportunidad
de utilizar mis conocimientos sobre computadoras adquiridos en el Continental Institute de la ciudad de
Houston, Texas, en donde obtuve el título de Técnica en
Programación, ni la experiencia que adquirí en el
Primer Banco Nacional de Sacramento, California, donde
trabajé por dos años como ayudante del jefe del Departamento de Crédito.

Además de estar familiarizada con base de datos lMS,
DL/l, COBOL y PL/l, poseo el diploma de Secretaria
Ejecutiva de la Royal Society of Arts de Londres, por lo
que soy experta en *taquigrafía* y *mecanografía* en español y en inglés.

Para obtener informes sobre mis antecedentes personales
y profesionales pueden dirigirse a las siguientes per—
sonas:

Srta. Ildefonsa Rojas Retamas
Directora de la Academia O'Higgins
Plaza de las Acacias, 22, 5°
Santiago, Chile

Mr. Peter L. McGregor
Director of Personnel
Import/Export. Ltd.
St. James Towers
Yorkshire, England

Consideraré una gran oportunidad para mi progreso pro—
fesional el poder trabajar con Uds. y les aseguro que
desempeñaré° el cargo de programadora con entusiasmo y
competencia.

En espera de una contestación favorable, quedo de Ud.
su atta. y s.s.

Alicia Ruiloba Valverde
TÉCNICA DE PROGRAMACIÓN

Como se puede ver en las cartas anteriores, el tono debe ser respetuoso,
pero no servil. No debe ensalzar° desmedidamente° los méritos y cualidades
propios, puesto que las personas que den la recomendación lo harán a su
debido tiempo. Es preferible no mencionar el sueldo, para no dar la impresión de que el interés primordial está en lo económico y no en lo profesional. En fin, el mejor consejo es presentarse honradamente, sin falsa
modestia ni excesivo orgullo.

El curriculum vitae, historial u hoja de servicios. La palabra latina *cur-*
riculum significa «carrera». Así pues, el *curriculum vitae* es el resumen de los
eventos importantes referentes a las actividades académicas, profesionales y
de erudición de una persona. El historial u hoja de servicios, en cambio,

pone mayor énfasis en los datos personales y en los cargos que ha desempeñado la persona durante su vida de trabajo.

Datos del «*curriculum vitae*». Con frecuencia se prepara una o varias versiones para hacer resaltar aquellos eventos o datos que tengan mayor relación con el cargo que se está solicitando. Si se tratara de obtener un **cargo docente,** por ejemplo, convendría incluir en el *curriculum vitae,* la lista de publicaciones, las conferencias que se han presentado en congresos, es decir, todo aquello que refleje el espíritu de investigación de un profesor. De ordinario se incluye lo siguiente:

- Datos personales:
    1. Nombre: el nombre de pila y los apellidos—el paterno y materno, en ese orden.
    2. Estado civil: soltero(a), casado(a), viudo(a), divorciado(a). Si se tiene cualquier reparo en expresar el estado civil, puede omitirse este dato con absoluta tranquilidad.
    3. Edad: es mejor que aparezca la fecha de nacimiento para no tener que preparar cada año un nuevo historial, pero si se prefiere omitir este dato, se lo puede hacer sin preocuparse de que sea perjudicial.

Nota de Interés profesional

Las estadísticas indican que en los países hispanos un alto porcentaje de la población es menor de 30 años. Esto hace que muchos jóvenes ocupen cargos de responsabilidad a muy temprana edad.

Sin embargo, aún se considera que las personas mayores son acreedoras al respeto y a ocupar elevados cargos en el gobierno y en las empresas particulares. Por eso muchos jóvenes se esfuerzan por aparentar mayor edad de la que en realidad tienen.

4. Ciudadanía: en el mundo actual hay tanta movilidad que una persona nace en un país, asiste a la escuela en otro, va al colegio en uno diferente, recibe su título universitario en el extranjero y trabaja sucesivamente en varios países. Esta circunstancia hace necesario que en el historial se incluya tanto el lugar de nacimiento como la ciudadanía que tiene la persona.

- Estudios:
    1. En orden cronológico, empezando por el más reciente, deben constar en el historial los títulos académicos recibidos y los diplomas conferidos por cursos de entrenamiento especiales.
    2. En esta sección se puede también incluir las lenguas extranjeras que se habla.

- Cargos:
    1. También en orden cronológico se hace constar los cargos que se ha ocupado.
    2. Si aún no se ha tenido la oportunidad de desempeñar un puesto, se indica los trabajos ocasionales o gratuitos que se haya hecho.
- Publicaciones:
    1. Siguiendo las reglas establecidas para las citas bibliográficas, se incluye en el historial los artículos, reseñas, libros, trabajos originales que se hubiesen publicado.
    2. Se hace constar además el título de los trabajos que se hubiera presentado en congresos y reuniones profesionales.
- Viajes educativos y profesionales: Se debe mencionar aquellos viajes que tienen importancia educativa o de desarrollo profesional.
- Premios y galardones: Se menciona los premios o galardones obtenidos por desempeñar de manera sobresaliente las obligaciones académicas o profesionales.
- Referencias:
    1. Antes de incluir en el historial los nombres de las personas a quienes se puede solicitar informes, se les debe consultar a fin de saber si aceptan el que les pidan recomendaciones e informes.
    2. En esta sección se puede indicar las cartas de recomendación que se incluyen en el **expediente.**
- Direcciones: Es buena costumbre hacer que aparezcan en el historial la dirección domiciliaria, la dirección telefónica y la dirección postal.

Modelo de historial o *curriculum vitae*

```
                    CURRICULUM VITAE

Datos personales

    Nombre: Lcdo. Julio Pacheco García
    Estado civil: soltero
    Lugar de nacimiento: Hermosillo, Sonora, México
    Fecha de nacimiento: 28 de febrero de 1943


Estudios

    1976-1978  American Graduate School of
               International Management
               Glendale, Arizona, EE.UU.
               M.I.M. (Master's in International
               Management)

    1972-1975  The Catholic University of America
               Washington, D.C., EE.UU.
               M.B.A. (Master's in Business
               Administration)

    1962-1968  Universidad Central del Ecuador,
               Quito, Ecuador
               Licenciado en Derecho y Ciencias
               Sociales


Cargos

    1980-      Director del Departamento Internacional
               Financiera Internacional, S.A.
               Caracas, Venezuela

    1978-1980  Subdirector de Ventas
               T.E.A., S.A.
               Madrid, España

    1969-1972  Secretario del Departamento Jurídico
               Banco Industrial y Agrícola
               Guayaquil, Ecuador
```

Publicaciones

1. «Impacto de las reinversiones extranjeras en la tasa de desempleo». El inversionista 8.3 (1979): 18—25.
2. «La transferencia de tecnología entre los países de la OPEP». Mundo económico 6.2 (1982): 85—91.

Conferencias profesionales

Ponencias°

«Productividad laboral y condiciones climatéricas». V Reunión Regional de Industriales. San Juan, Puerto Rico. Enero 15—19, 1979.

Comunicaciones

X Congreso Interamericano de Gerencia Bancaria: Cancún, México; Mayo de 1984.

Premios y reconocimientos

1983 Placa de Reconocimiento de la Cámara de Comercio de Maracaibo. Maracaibo, Venezuela.

Direcciones

Domicilio: Avenida Simón Bolívar, 2345
             Ciudadela El Horizonte
             Caracas, Venezuela

Postal: Apartado Postal No. 6789
             Sucursal de Correos Norte
             Caracas, Venezuela

Teléfono: 98—76—54

Carta de contestación a la solicitud de trabajo

La oficina encargada de tramitar los asuntos del personal de la empresa es la encargada de contestar las cartas de solicitud de trabajo. Por cortesía se debe acusar recibo en seguida, pues los interesados tienen interés en conocer si su comunicación ha llegado. La decisión definitiva puede ser comunicada cuando todas las solicitudes hayan sido debidamente consideradas.

Como se trata de una carta rutinaria, el texto de la carta debe incluir los siguientes elementos:

- Referencia a la solicitud recibida.
- Explicación breve del procedimiento de elección que se va a seguir.
- Alguna frase de agradecimiento por el interés en trabajar en la empresa.
- Las fórmulas de despedida acostumbradas en esta clase de cartas.

El remitente debe recordar que el destinatario está preocupado por saber los resultados de su solicitud. Por consiguiente, la carta que acusa recibo de una solicitud de trabajo debe tener un tono delicado y amable. Además, esta carta no debe despertar falsas esperanzas en el destinatario, ni debe dar pie a que sea interpretada como seguro rechazo a la solicitud de empleo.

Modelo de una carta de contestación

Santiago, 10 de octubre de 19xx

Señorita
Alicia Ruiloba Valverde
Avenida Logroño No. 37B
San Isidro, 15, Laredo

Estimada señorita:

Tengo el gusto de informarle que hemos recibido su amable carta del 13 del mes último en la que solicita el puesto de programadora de nuestra sucursal de Valparaíso, para el que hemos convocado a concurso de merecimientos.

Como aún estamos recibiendo solicitudes, le comunico
que hemos tomado debida nota del contenido de su comunicación y que dentro de una semana a más tardar le
notificaremos la decisión que se haya tomado sobre la
persona que debe ocupar el cargo que anunciamos.

Agradeciéndole el interés que Ud. ha demostrado por
nuestra empresa, suscribo la presente como su atento y
seguro servidor.

                    Por ENTEL, S.A.

                    Joaquín Barnuevo T.
                    JEFE DE PERSONAL

PBT/jve

Carta pidiendo informes sobre un solicitante

Con frecuencia es necesario escribir cartas en las que se pide informes sobre
una persona que ha solicitado trabajo, un préstamo o cualquier otro favor o
consideración. Aquí nos referiremos a la carta sobre un aspirante a un
puesto, quien ha dado el nombre del destinatario como referencia profesional. Esta carta puede ser concebida de muchas maneras. Puesto que se
caracteriza por su tono de amabilidad, debe contener los siguientes elementos:

- La identificación de quién pide los informes, y en representación de
  quién los pide—empresa, institución, grupo.
- La razón por la que solicita los informes.
- El propósito: qué uso se dará a la información recibida.
- La afirmación de que los informes no serán divulgados.
- El ofrecimiento de reciprocidad.
- El agradecimiento anticipado por el favor que se espera recibir.

Modelo de carta pidiendo informes

Santiago, 16 de octubre de 19xx

Dn. Peter McGregor
Director de Personal, Import/Export, Ltd.
St. James Square
Yorkshire, Inglaterra

Muy estimado señor:

Como Jefe de Personal de ENTEL, S.A. me permito dirigirle la presente para informarle que la Srta. Alicia Ruiloba Valverde ha solicitado el cargo de programadora de nuestra sucursal de Valparaíso y ha manifestado que Ud. puede dar informes sobre sus antecedentes personales y profesionales.

Aunque comprendo lo valioso de su tiempo por sus múltiples ocupaciones, le suplico que tenga a bien darnos informes detallados sobre la Srta. Ruiloba Valverde, a fin de que podamos formar un juicio acertado sobre sus cualidades personales y profesionales. Le aseguro que esta información será guardada en estricta reserva.

Le agradecemos anticipadamente su atención y, esperando serle útiles en el futuro, nos despedimos de Ud. como ss. attos. y ss.ss.

Por ENTEL, S.A.

Joaquín Barnuevo Tipán
JEFE DE PERSONAL

La carta de presentación

Como ya se ha dicho, la forma ideal de llevar a cabo las actividades comerciales es hacerlas personalmente. Las comunicaciones son sólo una réplica imperfecta de las personas. Por eso, el propósito y la estructura de la carta de presentación son los de una presentación real.

La carta de presentación, utilizada con tanta frecuencia por los hombres de negocios, hace que el destinatario conozca una persona a quien el remitente ya conoce. Esta carta incluye los siguientes elementos, los cuales pueden estar organizados como a continuación se indica:

- *El párrafo inicial.* En esta parte aparecen las frases de saludo y se enuncia brevemente el propósito que tiene la comunicación.

Párrafo inicial

Estimado amigo:

Tengo la satisfacción de dirigirle la presente para hacerle llegar mis cordiales saludos y para presentarle a un distinguido colaborador de nuestras Empresas Unidas, S.A.

- *Los párrafos de exposición.* En la exposición deben incluirse los siguientes elementos:
  1. La presentación propiamente dicha, en la que aparecerá el nombre y datos personales del presentado. A veces, si éste ocupa un rango inferior al que tienen el remitente y el destinatario, se incluye algún medio de identificación como una fotografía o el historial.
  2. La razón por la cual se hace la presentación.

Párrafo de exposición

. . . . . .

Así pues, es un placer presentarle al señor Carlos Alfonso Miramar Padilla, Director del Departamento de Control de Calidad de nuestra fábrica de muebles La Duradera, Cía. Anónima, quien visitará la ciudad de Ibarra la próxima semana por motivos personales, y quien se sentirá honrado de conocer personas tan distinguidas como Ud.

* ***El párrafo final.*** En este párrafo están las acostumbradas frases de agradecimiento y las fórmulas de despedida.

Párrafo final

```
. . . . . .

Le expreso anticipadamente las gracias por las aten-
ciones que brinde a mi amigo, le reitero mis saludos
y suscribo ésta como su atento y obsecuente ser-
vidor.




          Arq. Venancio Terán C.
              PRESIDENTE
      CONSEJO GENERAL DE DIRECTORES
```

La carta de recomendación

La idiosincrasia hispana impide que uno mismo ensalce ante otros las propias cualidades por las que sería acreedor a ocupar un cargo. Por otra parte, si un candidato posee la preparación y las cualidades idóneas, la recomendación de un conocido o de una persona de prestigio puede hacer que sea escogido, prefiriéndolo a otros, quizá tan buenos, pero que carecen de recomendaciones.

La carta de recomendación sirve para que el remitente haga resaltar° las cualidades de la persona recomendada, a fin de que el destinatario le dé atención especial, le haga algún favor o le ayude de alguna manera a conseguir lo que desea. Esta comunicación incluye los elementos que a continuación se indican, los cuales pueden estar distribuidos de la siguiente manera:

* ***El párrafo inicial.*** En este párrafo aparecen los saludos protocolarios y se indica brevemente el propósito de la carta.

Párrafo inicial

```
Muy estimado amigo:

Me permito dirigirme a Ud. a fin de expresarle mis
respetos y recomendarle de manera especial a un ex-
celente candidato para el cargo que está vacante en
su prestigiosa empresa.
```

- **Los *párrafos de exposición*.** En esta sección de la carta, se incluye lo siguiente:
    1. La identificación de la persona a quien se recomienda.
    2. La enumeración de las cualidades del recomendado: preparación académica, experiencia profesional, tiempo que lo conoce, virtudes personales.
    3. Cargo, ocupación o destino para el que se hace la recomendación. Hay que ser muy explícito al referirse a este punto.

Párrafos de exposición

. . . . . .

El señor Carlos Alfonso Miramar Padilla, que durante diez años ocupó el cargo de Director del Departamento de Control de Calidad de nuestra fábrica de muebles La Duradera, Cía. Anónima, clausurada por dificultades laborales, ha solicitado el puesto de Jefe de Personal de la Cervecería Norte, S.A. que está vacante desde hace un mes.

El señor Miramar tiene una excelente hoja de servicios. Después de graduarse de ingeniero mecánico en la Escuela Politécnica Nacional, prosiguió estudios posgraduados en The American Graduate School donde obtuvo el título de *Master of International Management.* Por dos años prestó servicios en el extranjero hasta que, hace diez años, ingresó en Empresas Unidas, S.A. habiendo sido ascendido al puesto de Director del Departamento de Control de Calidad por su eficiencia profesional y sus cualidades personales.

La necesidad de clausurar La Duradera por dificultades laborales y por el reajuste de personal han obligado al Ingeniero Miramar Padilla a separarse de nuestra empresa, en donde siempre contará con el respeto y el agradecimiento de sus jefes y subalternos.

Por consiguiente, recomiendo de manera encarecida al Sr. Carlos Alfonso Miramar Padilla para el cargo de Jefe de Personal, seguro de que él sabrá desempeñar sus obligaciones con responsabilidad y eficiencia.

- **El párrafo final.** En el párrafo final se agradece la atención que se espera que el destinatario dé a la recomendación, y se despide con la cortesía que corresponde a este tipo de carta.

Párrafo final

Le expreso anticipadamente mi agradecimiento por la atención que espero se digne dar a la presente, y reiterándole una vez más mi sincero aprecio, quedo de Ud. su muy atento y obsecuente servidor.

La carta de presentación y recomendación

Muchas veces en una misma comunicación se presenta y recomienda una persona al destinatario, combinando los elementos de la presentación y de la recomendación. Los elementos de esta carta pueden combinarse de muchas maneras. He aquí un ejemplo:

- Se saluda cordialmente al destinatario y se enuncia el propósito de la comunicación. Estos elementos pueden constituir el párrafo inicial.

Párrafo inicial

Muy estimado amigo:

Tengo el placer de dirigirle la presente para expresarle mis sinceros saludos y para presentarle a mi distinguido colega, don Gustavo Paladines Ruiz, a quien se lo recomiendo porque solicitó el cargo de Ingeniero Jefe de la Fábrica La Internacional, S.A. que Ud. tan acertadamente dirige.

- Se hace un breve recuento de las cualidades de la persona presentada. Son los párrafos de exposición.

Párrafos de exposición

. . . . . .

Conozco al señor Paladines Ruiz desde que estudiamos en la Universidad Tecnológica de Occidente, donde recibió el título de ingeniero industrial. Después nos ha tocado repetidas veces participar en proyectos profesionales que hemos llevado a cabo juntos.

Como estudiante y como profesional Gustavo Paladines se ha hecho acreedor al respeto de sus profesores y colegas. En los años en que ha trabajado como ingeniero ha sabido ganarse el aprecio de sus superiores y de sus subalternos, tanto por su sentido de responsabilidad como por sus conocimientos y eficiencia profesionales.

- Se recomienda a la persona.

Más párrafos de exposición

. . . . . .

Por su preparación académica, experiencia profesional e integridad moral no dudo en recomendar al Ing. Gustavo Paladines Ruiz, porque estoy seguro de que su actuación como Ingeniero Jefe de La Internacional, S.A. satisfará las más altas expectativas de sus directores y de su personal técnico.

- Se agradece la atención que se espera recibir y se despide con cordialidad, ofreciéndose a servir al destinatario en situaciones similares. Estos elementos constituyen el párrafo final.

Párrafo final

Le expreso anticipadamente las gracias por la amable atención que se digne dar a mi petición, y esperando poder serle útil en el futuro, quedo como siempre su afectuoso amigo y seguro servidor.

Carlos Benavides Loor
PRESIDENTE
ASOCIACIÓN NACIONAL DE INGENIEROS

Nota de
Interés
profesional

Si el señor Carlos Benavides decide que sea el mismo ingeniero Gustavo Paladines quien lleve la carta de recomendación, se debe tener presente las siguientes reglas:

1a. El señor Benavides entrega la carta con el sobre abierto al Ing. Paladines.
2a. Sin sacar la carta del sobre y en presencia del señor Benavides, el Ing. Paladines debe pegar el sobre que contiene la carta de recomendación.
3a. Esta regla se aplica en todas las ocasiones en que se pide a una persona conocida que lleve una comunicación destinada a otras personas.

Esta costumbre demuestra que el remitente no ha escrito nada que vaya en detrimento del recomendado (en el caso de una carta de recomendación) o de la persona que lleva la comunicación.

Por su parte, el recomendado o la persona a quien se ha confiado la carta, al sellar el sobre en presencia del remitente demuestra la confianza que tiene de que nada perjudicial existe en la carta.

El no cumplir cualquiera de estos rituales sería interpretado como una demostración de desconfianza o de mala educación.

Carta comunicando una entrevista

Cuando se prepara la carta en la que se comunica que el candidato a ocupar un puesto va a ser entrevistado, hay que ser muy cuidadoso para que el texto no sea objeto de interpretaciones falsas. La carta debe contener la siguiente información:

- Referencia al documento en el que el destinatario pidió el trabajo.

- Identificación precisa del trabajo para el cual el solicitante va a ser entrevistado.

- Indicación de qué persona va a hacer la entrevista. Si varias personas van a participar en ella, hay que hacérselo saber al destinatario.

- Lugar, tiempo y duración de la entrevista.

- Aseveración de que otros candidatos serán entrevistados también.

- Aclaración de que no se tomará ninguna decisión al término de la entrevista.

Modelo de carta anunciando entrevista

Pasto, 8 de julio de 19xx

Señor Ingeniero
Gustavo Paladines Ruiz

. . . . . .

Estimado ingeniero:

Obra en nuestro poder su atenta carta de la semana pasada y el curriculum vitae que tuvo a bien enviarnos junto con las cartas de recomendación suscritas por los gerentes de las empresas en las que prestó servicios anteriormente.

Como parte del proceso de evaluación de los candidatos que han solicitado el cargo de Ingeniero Jefe de La Internacional, S.A., se realizarán las entrevistas de los diez aspirantes finalistas que han sido seleccionados por el Comité de Personal, entre los cuales está Ud.

Por consiguiente, mucho he de agradecerle que concurra a las oficinas del Departamento de Personal de nuestra *casa matriz*, la cual está ubicada en el Edificio Bolívar de esta ciudad (Avenida Sucre 1325), el día 15 del pte. mes, a las 10.00 a.m., para ser entrevistado por los miembros del comité, cuya recomendación será puesta a consideración de los directores durante la reunión ordinaria que tendrá lugar a finales del mes.

Esperando tener el gusto de conocerlo personalmente, suscribo la presente como s.a. y s.s.

Por La Internacional, S.A.

Ricardo Merino Lagos
JEFE DE PERSONAL

RML/jve.

Carta agradeciendo la entrevista

Puesto que Ud. piensa ocupar un puesto importante en la empresa, es apropiado que, a raíz de la entrevista, agradezca por escrito a la persona que lo entrevistó. Como la carta de agradecimiento por la entrevista debe ser muy breve, el texto debe limitarse a expresar lo siguiente:

- El propósito de la carta.
- El agradecimiento por haber sido entrevistado.
- La indicación de que se espera recibir algún resultado, pero sin dar la impresión de estar ansioso de saber cuál es la decisión final.
- La despedida con la acostumbrada cortesía.

Modelo de carta de agradecimiento

```
                                        23 de julio de 19xx

    Señor Licenciado
    Ricardo Merino Lagos
    Jefe de Personal


    . . . . . .


    Muy estimado licenciado:

    Me permito dirigirle la presente para expresarle mi
    agradecimiento por la entrevista que tuvo la amabilidad
    de concederme la semana pasada.

    Quiero que sepa cuánto aprecio los valiosos conceptos
    que compartió conmigo en aquella ocasión, pues me
    dieron la oportunidad de conocer mejor los objetivos
    empresariales de La Internacional, S.A., así como las
    responsabilidades inherentes al cargo que solicité.

    Esperando recibir noticias, le reitero mi agradeci-
    miento y quedo de Ud.

                Muy atento y seguro servidor


                   Ing. Gustavo Paladines R.
```

PALABRAS Y EXPRESIONES CLAVES

cargo: dignidad; empleo.

cargo docente: empleo para enseñar como profesor de una institución educativa.

casa matriz: oficina principal de una empresa.

concurso de merecimientos: anuncio solicitando candidatos con determinadas cualidades para un empleo.

concurso de títulos: anuncio llamando a candidatos que tengan los mejores títulos académicos para escoger al que ocupará un cargo.

convocatoria pública: anuncio publicado en periódicos, solicitando candidatos para un empleo.

expediente: conjunto de documentos.

hacer gestiones: realizar actividades; solicitar.

historial: reseña detallada de los estudios realizados y empleos ocupados por una persona.

hoja de servicios: resumen de los empleos que ha tenido una persona.

mecanografía: escritura valiéndose de la máquina de escribir.

oficina de colocaciones: empresa dedicada a buscar empleos para los que soliciten trabajo, y a buscar personas que ocupen los cargos ofrecidos por los comerciantes o las empresas.

oposición: anuncio llamando a candidatos para seleccionar por medio de exámenes a los más preparados para ocupar un cargo.

plaza: puesto; empleo; cargo.

puesto: empleo; trabajo.

refrendar: aprobar; certificar.

sucursal: oficina que funciona separada de la oficina principal de una empresa y que no tiene la importancia de ésta.

sueldo: remuneración asignada a una persona por su trabajo como empleado o profesional.

suscrito: se refiere a la persona que firma la carta.

taquigrafía: escritura rápida por medio de un alfabeto simplificado; estenografía.

vacante: empleo o puesto para el que se busca una persona.

EJERCICIOS Y PRÁCTICA

Exprésese en español

A. Escriba frases en español con las siguientes palabras y expresiones.

1. oferta de empleo
2. cargo vacante
3. entrevista
4. recomendación
5. antecedentes profesionales
6. asesoría
7. hoja de servicios
8. concurso de merecimientos
9. subalterno
10. expediente

Demuestre su competencia profesional

A. Interprete el anuncio de empleos que aparece a continuación, contestando oralmente y por escrito a las preguntas siguientes.

MODCOMP (MODULAR COMPUTER SYSTEMS)

BUSCA PROFESIONALES PARA SUS NUEVAS OFICINAS EN MADRID

MODCOMP (Modular Computer Systems) es un constructor de sistemas informáticos (Hardware y Software) en vanguardia tecnológica dentro de los mercados industrial y de comunicaciones. Ello nos ha llevado a una rápida expansión internacional. Nuestro objetivo es proporcionar a nuestros clientes en España una relación de trabajo donde prime la calidad, la consecución de objetivos y la profesionalidad.

Queremos contratar, para ello, profesionales que deseen ampliar el horizonte de sus carreras. Si usted está dispuesto a asumir nuevas responsabilidades, trabajar en equipo, y contribuir a crear una organización de comercialización y servicios de calidad excelente, escríbanos.

1 INGENIERO COMERCIAL

Estamos buscando un profesional con experiencia en venta en el mercado de minis, preferiblemente en redes de comunicación de datos, o control de procesos industriales. El candidato adecuado deberá ser capaz de actuar como un auténtico Director de Cuentas, responsabilizándose de la representación de la compañía en sus segmentos de mercado. Se requiere, por tanto, agresividad y madurez.

Dada la importante contribución que aportará al desarrollo de la organización, se le ofrecerá un amplio margen de responsabilidad, con un fuerte respaldo de equipo y la posibilidad de acceder a posiciones de responsabilidad de dirección en una empresa en rápida expansión.
Se ofrece un excelente sueldo, un atractivo sistema de comisiones y coche de compañía.

2 INGENIEROS DE SISTEMAS

MODCOMP ofrece la posibilidad de trabajar con equipos de vanguardia tecnológica, agrupados en familias de gran compatibilidad, llegando hasta equipos de 4 Mbytes de tamaño.

Para realizar tareas de apoyo, a la venta, y actuar como consultor en proyectos de gran envergadura, necesitamos un Ingeniero, con un mínimo de tres años de experiencia en trabajos con Sistemas Operativos de multitarea en entornos de Tiempo Real. Es muy ventajoso tener experiencia en redes de telecomunicación.

Se garantiza un período de formación adecuado, amplio soporte internacional, y un entorno de trabajo racional y abierto al diálogo.

La persona adecuada deberá ser capaz de crecer con el puesto, y asumir responsabilidades de liderazgo de equipo en breve período de tiempo.

Se ofrece un excelente nivel de sueldo y coche de compañía.

Inglés, a nivel de conversación, es imprescindible para los tres puestos.

Escribir a

Torre de Madrid, 10, 5. Madrid-13, indicando referencia: Comercial, INEM (M.N.M. 1385) -
Sistemas, INEM (M.N.M. 1383) - Mantenimiento, INEM (M.N.M. 1384)

1. ¿Qué construye MODCOMP?
2. ¿En qué ciudad trabajará el ingeniero comercial que busca MODCOMP?
3. ¿En qué mercado se ha producido una rápida expansión industrial y de comunicaciones?
4. ¿En qué campo profesional debe tener experiencia el ingeniero comercial que solicite el puesto?
5. ¿De qué debe ser capaz el candidato adecuado?
6. ¿Qué clase de sueldo recibirá la persona que sea contratada?
7. Además del sueldo, ¿qué otra promesa atractiva hace MODCOMP para el que reciba el empleo?
8. ¿Qué idioma extranjero es imprescindible que sepa el candidato al puesto de ingeniero comercial?

¡El negocio está en sus manos!

A. Después de haber entrevistado a los candidatos para el cargo de Ingeniero Jefe, redacte su informe sobre el ingeniero Gustavo Paladines Ruiz quien, en su opinión, es el mejor candidato; siga el plan que a continuación se describe:

1. Empiece por decir cuándo y por qué se produjo la vacante de Ingeniero Jefe de La Internacional, S.A.: ¿jubilación del jefe anterior? ¿renuncia? ¿despido? ¿nuevo puesto?
2. Explique el procedimiento seguido para anunciar la vacante: ¿avisos en la prensa? ¿búsqueda de candidatos por medio de agencias de colocaciones? ¿cartas a las asociaciones de ingenieros?
3. Mencione cuántas personas solicitaron el puesto y a cuántos aspirantes escogieron como finalistas para ser entrevistados.
4. Refiérase a las entrevistas que sirvieron para decidir a quiénes se eliminaría y a quién se recomienda para el cargo vacante: el ingeniero Gustavo Paladines Ruiz.
5. Mencione los antecedentes del Ing. Paladines (utilice la información de la solicitud de empleo y de la carta de recomendación) y explique la impresión que le causó el candidato cuando Ud. lo entrevistó.
6. Cierre el informe expresando que el ingeniero Gustavo Paladines Ruiz es la persona que mejores cualidades tiene para ocupar el puesto; pida que el Gerente General lo nombre, salvo claro está, su mejor criterio. ¡¡Este informe no debe tener más de página y media!!

B. Utilizando todos los modelos, fórmulas y material contenido en este capítulo, escriba una carta de presentación/recomendación a favor de un amigo que tiene todas las cualidades exigidas en el anuncio de MODCOMP para ocupar el cargo. Incluya en su carta los siguientes elementos:

1. Saludos y enunciado breve del propósito de la carta.
2. Recuento de las cualidades de la persona a quien recomienda.
3. Recomendación para el cargo específico.
4. Agradecimiento anticipado por la atención que se espera recibir.
5. Ofrecimiento de reciprocidad en casos similares que se presenten en el futuro.
6. Despedida.

C. Prepare el *curriculum vitae* de su amigo para adjuntarlo a la solicitud que enviará a MODCOMP. Incluya todos los elementos indicados en la sección de este capítulo correspondiente al historial, y todos los otros datos que juzgue Ud. necesarios para que su amigo sea el «candidato ideal» de MODCOMP.

D. Como si fuera el jefe de personal de MODCOMP, escriba una carta a su amigo anunciando la decisión del Gerente General de ofrecerle el cargo de Ingeniero Jefe. Utilice los datos que aparecen en el anuncio de MODCOMP.

E. Suponiendo que es a Ud. a quien le han dado el cargo de Ingeniero Jefe, escriba una carta al Jefe de Personal aceptando el puesto.

CAPÍTULO 10

Así funciona una oficina

Responsabilidades de los ejecutivos

Los que ocupan cargos ejecutivos en empresas importantes son responsables de la buena marcha de las oficinas que están bajo su responsabilidad. Además de atender a los asuntos administrativos y de tomar las decisiones que les corresponden como funcionarios, deben supervisar al personal, tener cuidado del **mobiliario** y del equipo, velar° porque se dé a las comunicaciones recibidas el **curso** debido y porque se preparen las comunicaciones necesarias en forma correcta, apropiada y puntual.

En este capítulo se estudiarán las comunicaciones más frecuentes referentes al elemento más importante de cualquier negocio—los recursos humanos—y las cartas, documentos y sistemas para solicitar, **suministrar** y conservar la información.

Comunicaciones referentes a los recursos humanos

Las cartas relacionadas con los colegas y subalternos tienen especial importancia para un ejecutivo. La costumbre hispana exige que estas comunicaciones tengan un carácter oficial, aunque en las relaciones personales exista una amistad cordial entre el jefe y sus subalternos y los empleados entre sí.

En esta sección se describirá la carta de aviso° de empleo, la carta negando un cargo, la carta de aceptación de un puesto, la carta solicitando permiso, la carta de **dimisión,** la carta de terminación de trabajo y la carta de **despido** de un empleado.

Carta de aviso de empleo

El remitente escribe con gusto esta carta porque generalmente el destinatario la recibe con satisfacción. Por consiguiente, el tono de la comunicación es optimista y positivo, y su texto es breve ya que debe limitarse a dar la buena noticia y los informes necesarios para que el destinatario se haga cargo del puesto ofrecido.

En esta comunicación se debe incluir una ligera relación de los antecedentes que produjeron el resultado anunciado en la carta; el anuncio mismo, indicando que el destinatario ha sido favorecido con la **plaza** que solicitó; breves informes sobre el puesto y sobre las condiciones de trabajo existentes; y algunas instrucciones sobre lo que debe hacer el destinatario para **tomar posesión** del cargo y para empezar a desempeñar sus funciones.

Modelo de carta de aviso de empleo

Señorita
Alicia Ruiloba Valverde
......

Muy estimada señorita Ruiloba:

Con el mayor gusto paso a informarle que el proceso de elección de los expertos en informática, que llenarán las vacantes *disponibles* en nuestra sucursal de Valparaíso, ha culminado hoy con la decisión de emplear a tres candidatos para las plazas de analistas y a dos de los solicitantes para las de programadores.

Como los candidatos tenían excelentes antecedentes académicos y profesionales, no fue fácil tomar la decisión sobre quiénes serían los elegidos. Examinados con esmero los expedientes, el comité de personal recomendó entre otras su solicitud, ya que su preparación y experiencia la hacían acreedora a ser incluida entre los finalistas. Por otra parte, los informes enviados por el Director de Personal de Import/Export, Ltd. y por la Directora de la Academia O'Higgins son *aval* indiscutible de sus excelentes dotes humanas.

Por consiguiente, me complace sobremanera° comunicarle que ENTEL, S.A. le ofrece el cargo de Jefe de la Sección de Programación de nuestra sucursal de Valparaíso, con el sueldo ya convenido entre nosotros y con las prestaciones patronales establecidas por las leyes laborales *vigentes* y por los *contratos colectivos* existentes en nuestra empresa. Sus tareas específicas le serán indicadas por el Director del Departamento de Finanzas de ENTEL, S.A., ante quien debe presentarse el último día de este mes, a fin de que se integre a sus labores desde el día primero del mes próximo.

Seguro de que su asociación con ENTEL, S.A. será de beneficio mutuo, le agradezco anticipadamente su atención y suscribo la pte. como su muy atto. y s.s.

Por ENTEL, S.A.

Joaquín Barnuevo Tipán
JEFE DE PERSONAL

PBT/ltv

Carta negando un cargo

Aunque sea desagradable, más de una vez habrá que escribir una carta en la que se rechaza una solicitud de trabajo. Redactar esta comunicación requiere especial cuidado, puesto que el remitente tiene que comunicar una decisión desfavorable sin herir ni ofender al destinatario.

La carta en la que se avisa al destinatario que no ha sido escogido para el puesto debe ser breve. Conviene poner énfasis en que el cargo no es apropiado para el solicitante y no en que las cualidades del candidato, su preparación o sus antecedentes son insuficientes para recibir el **nombramiento.**

Es recomendable incluir en la carta algunas frases de aliento° y, si es posible, el ofrecimiento de que se conservará a mano el expediente del solicitante en caso de que se presentara una vacante.

Modelo de carta negando un cargo

Estimado señor Ramírez:

Después de arduas deliberaciones, el comité de personal de ENTEL, S.A. me ha comunicado los nombres de los aspirantes a quienes recomienda como candidatos para llenar las vacantes de programadores y de analistas en nuestra sucursal de Valparaíso.

A este respecto, lamento comunicarle que, aunque el comité reconoce sus magníficos antecedentes, no lo ha recomendado por juzgar que las plazas disponibles no corresponden a sus altas cualidades intelectuales y profesionales, ya que nuestra sucursal de Valparaíso aún está en una etapa inicial de organización.

Le agradezco su interés en nuestra empresa y le aseguro que conservaré a mano su expediente para que sea considerado en caso de que se presente una plaza. Le expreso mis deseos porque encuentre pronto un cargo apropiado a sus merecimientos, y me despido como su muy atento y seguro servidor.

Joaquín Barnuevo Tipán
JEFE DE PERSONAL

Modelo de carta de aceptación de trabajo

Sr. Dn.
Joaquín Barnuevo Tipán
Jefe de Personal
ENTEL, S.A.

. . . . . .

Muy estimado señor Barnuevo:

Tengo el agrado de comunicarle que ayer recibí su
atenta carta del 31 de marzo ppdo., en la que me informa
que ENTEL, S.A. me ofrece el cargo de Jefe de la Sección
de Programación de la sucursal de Valparaíso.

A este respecto, le comunico que con mucho gusto acepto
el nombramiento y le repito que me esforzaré por desempeñar la jefatura de programación de la sucursal de
ENTEL, S.A. de Valparaíso con responsabilidad, eficiencia y entusiasmo. Como ya le expresé en la entrevista
que tuvimos, creo que seré capaz de organizar la sección y de realizar nuestras labores técnicas a la entera satisfacción del señor Director del Departamento
de Finanzas.

Tenga por seguro que el 30 de abril me presentaré en las
oficinas de la empresa para posesionarme del cargo y
que desde el primer día sabré demostrarles mi agradecimiento con el desempeño profesional de las labores
que se han dignado encomendarme.

Reiterándole las gracias, quedo de usted su muy atta. y
s.s.

                    Alicia Ruiloba Valverde

Carta de aceptación de trabajo

Como generalmente el remitente siente satisfacción al escribir esta comunicación, debe cuidar de que la euforia no lo haga caer en un exceso de locuacidad. Es preferible dar a esta comunicación el tono de una carta rutinaria de acuse de recibo.

Carta solicitando permiso

Las situaciones imprevistas hacen necesario que los empleados soliciten permiso para atender a sus asuntos personales o para participar en actividades relacionadas con su profesión. Aunque muchas veces estos permisos se solicitan verbalmente, con frecuencia es necesario hacerlo por escrito.

La comunicación utilizada es una carta en la que se debe mencionar la razón por la que se pide el permiso; cuánto durará la ausencia; las ventajas que el empleado y la empresa obtendrán.

Modelo de carta solicitando permiso

14 de marzo de 19xx

Señor
Ataúlfo Reyes Ponce
Director del Departamento de Finanzas
ENTEL, S.A.
En su despacho

Señor Director:

Como miembro de la Asociación Nacional de Informática (ANI), he recibido una invitación para asistir a la III Reunión Internacional de Informática que se realizará en Lima del 10 al 15 del próximo junio, en la cual presentaré una ponencia sobre las «Implicaciones del control gubernamental en la transferencia internacional computarizada de depósitos bancarios».

Por lo tanto, le ruego que me conceda permiso, con derecho a sueldo, para ausentarme desde el 9 hasta el 17 de junio, a fin de estar presente en dicha reunión y poder dar lectura a mi trabajo. La Federación Chilena de Informática me ha concedido una *bolsa de viaje* que cubre los gastos de transporte. Los *viáticos* y *subsistencias* correrán a mi cargo.

Como usted bien puede comprender, mi asistencia a esta importante reunión me dará la oportunidad de conocer los últimos adelantos tecnológicos en el campo de computadoras; servirá para hacer conocer los trabajos de ENTEL, S.A. en la utilización de equipos y técnicas en operaciones bursátiles y financieras, y constituirá una oportunidad valiosísima para mi progreso profesional.

Esperando recibir su aprobación, le expreso anticipadamente las gracias y quedo como siempre,

Muy atentamente

Lcda. Alicia Ruiloba Valverde
JEFE DE PROGRAMACIÓN

c.c.: Director de Personal
      Coordinador de Programas

Carta de dimisión o renuncia

Por múltiples motivos—oferta de un cargo mejor, delicado estado de salud, ausencia definitiva del lugar, descontento—un empleado tiene que dejar su cargo. Generalmente se comunica esta decisión al superior inmediato con la debida anticipación, para que éste pueda iniciar la búsqueda de la persona que ocupará temporal o definitivamente el puesto vacante.

A fin de evitar resentimientos y aun represalias,° esta carta debe ser cortés, dejando así un ambiente de amistad con los superiores, a quienes quizá más tarde haya que recurrir en demanda de referencias y recomendaciones.

La carta de dimisión o renuncia debe mencionar el tiempo que se ha trabajado en la empresa, la razón por la que se renuncia al cargo, y unas palabras de aprecio para la empresa, los colegas, subalternos y superiores.

Modelo de carta de dimisión

Señor Don
Nicanor Roberto Aguirre
Director del Departamento de Finanzas
ENTEL, S.A. — Sucursal de Valparaíso

En su despacho

Muy estimado señor director:

Hace tres años ENTEL, S.A. abrió su sucursal en Valparaíso y me nombró Jefe de Programación en el Departamento de Finanzas que tan acertadamente Ud. dirige. El año pasado se me ascendió a Coordinadora de Informática, cargo en el que he tenido el gusto de realizar las reformas impulsadas por Ud., logrando así alcanzar el control financiero de los fondos de la empresa, tan necesario para la buena marcha de los negocios.

Estas experiencias me han dado la oportunidad de poner en práctica mis conocimientos teóricos sobre ordenadores electrónicos y han abierto nuevos horizontes a mis posibilidades profesionales en la forma de una oferta de trabajo en la casa matriz de la conocida institución, Compañía Industrial del Cobre, S.A., en donde ocuparé el cargo de Directora del Departamento de Estadística y Computación.

Por esta razón y con mucho pesar, le hago llegar mi renuncia al cargo de Coordinadora de Informática, y le expreso mis deseos porque los éxitos obtenidos en el Departamento de Finanzas continúen y se acrecienten. Reciba mis sinceros agradecimientos por el respaldo que siempre me brindó, y considéreme siempre como su sincera colega y amiga.

Lcda. Alicia Ruiloba V.

c.c.: Director del Departamento de Personal

Carta notificando la cesantía

Por diversas razones, las empresas tienen que notificar a sus empleados que sus relaciones laborales han terminado. No se trata de un despido, sino que los servicios que venían prestando ya no son requeridos por la compañía o institución.

Como se comprende, escribir esta carta es desagradable, sobre todo si la persona a quien se **deja cesante** ha sido un empleado correcto y eficiente. En todo caso, la comunicación debe ser amable; debe expresar la razón de la decisión, a fin de que no se la interprete como un despido por mala conducta o por ineptitud; debe indicar al destinatario que se le ofrecerá en el futuro un puesto en la empresa y que puede contar con alguna ayuda como recomendaciones o información sobre vacantes para que el empleado consiga otro trabajo.

Modelo de carta notificando terminación

Señor
Arturo Estrada Bolaños
Ayudante de la Sección de Préstamos
En su despacho

Estimado senor Estrada:

La crisis económica por la que atravesamos ha afectado severamente las actividades de nuestro banco, haciendo que las operaciones de crédito deban ser restringidas al máximo.

Esta nueva política bancaria nos ha obligado a hacer reajustes de personal que permitan realizar cortes presupuestarios para el ejercicio fiscal venidero, evitando así que nuestra institución sufra saldos deficitarios perjudiciales para la buena marcha del banco. Por esta razón, lamento comunicarle que el Departamento de Presupuesto me ha informado que la *partida presupuestaria* No. SP–457 correspondiente a la «Ayudantía de la Sección de Préstamos», que Ud. ha desempeñado con tanta eficiencia desde hace dos años, será eliminada al final del presente año fiscal y que por consiguiente no se le renovará su contrato para el año que viene.

Esta decisión administrativa, basada sólo en razones presupuestarias, en nada afecta la merecida reputación a la que Ud. se ha hecho acreedor por su eficiente y responsable trabajo. De producirse vacantes en la Sección

de Préstamos, gustosos le ofreceremos la oportunidad de
reintegrarse al personal del banco, pues su actuación
como ayudante ha sido siempre irreprochable. Tenga la
seguridad de que el Departamento de Personal atenderá
cualquier solicitud de informes que Ud. necesite y que
gustosos le informaremos sobre las posibilidades de
trabajo que se presenten.

Reiterándole mi pesar por su separación del banco y mi
esperanza porque consiga pronto una colocación, quedo
como siempre su servidor y amigo.

Por el Banco Comercial y Agrícola

Ramiro Ricaurte Rodríguez
DIRECTOR, DPTO. DE PERSONAL

c.c.: Director de la Sección de Préstamos
      Director del Dpto. de Presupuesto

R3/ltv

La carta de despido o cancelación

Todo funcionario que ocupa un cargo importante tiene que escribir comunicaciones desagradables como la carta de despido o cancelación. A
diferencia de la carta de terminación de trabajo, la carta de despido se
caracteriza por tener un tono firme y distanciante, objetivo y lacónico para
evitar aseveraciones emocionales que podrían crear dificultades futuras.

La decisión de **despedir** a un empleado sólo debe ser tomada después
de haber investigado cuidadosamente el caso y de haber comprobado que
los hechos realmente han ocurrido y son causa suficiente de despido. En la
carta deben aparecer los siguientes elementos:

- La descripción objetiva de los hechos.
- El lugar y el tiempo en que ocurrieron los hechos.
- La afirmación de que la incorrección cometida amerita el despido.
- La mención de los derechos y beneficios del empleado.

**Nota de
Interés
profesional**

No se debe caer en la tentación de servirse de la carta para
expresar indignación o resentimiento hacia la persona a
quien se despide. No hay que mencionar explícitamente el
nombre de las otras personas involucradas a fin de que
quede claro que la decisión tomada se debe a la incorrección
y no a influencias de otros empleados.

Señor
Ernesto Bravo Guerra
Presente

Señor Bravo:

La cuidadosa investigación que hemos realizado no deja
ninguna duda de que el incidente ocurrido el día
viernes último, a las diez de la mañana, en el laboratorio de pruebas de materiales aislantes, fue el resultado de su constante despreocupación por su seguridad
personal, la de los empleados y la del costoso equipo de
la empresa.

El haber encendido un cigarrillo en el momento en el que
se realizaban experimentos con sustancias químicas
sumamente inflamables, en flagrante violación de las
estrictas normas de seguridad, las injustificables in-
jurias proferidas contra el supervisor y su reincidencia son faltas graves de disciplina que nos obligan a
notificarle que queda Ud. despedido de la empresa a
partir de la presente fecha.

Sírvase pasar por nuestras oficinas de personal a fin
de que reciba sus *haberes* correspondientes a este período de labores, más el mes de sueldo que le corresponde en concepto de despido, así como el certificado
de servicios prestados a nuestra empresa.

Atentamente,

Por Quimotérmica, S.A.

Ing. Cristóbal Rivas P.
GERENTE GENERAL

c.c.: Cajero
Ingeniero Supervisor
Jefe de Personal

CAP/jve

Comunicaciones y sistemas informativos

La carta de solicitud de informes y el cuestionario son valiosos instrumentos para obtener los informes que servirán al empresario para tomar decisiones acertadas en sus negocios.

En el Capítulo 6 se describió la carta rutinaria de solicitud, muchas veces utilizada para pedir informes sobre personas, empresas, productos, situaciones y eventos. Aquí volvemos a referirnos a ella como a una comunicación especial, necesaria para obtener informes generales o informes específicos.

Carta solicitando informes generales

Esta carta da al destinatario (informante) más libertad para proveer la información. El solicitante se preocupa más de la descripción de sí mismo y de la situación en la que se encuentra, que en especificar los datos que espera recibir.

En diferente orden y no siempre presentes, la carta en la que se solicita informes generales contiene los siguientes elementos:

- La identificación de la persona o empresa que solicita la información. No es suficiente dar el nombre; el destinatario necesita recibir algunos datos sobre el remitente a fin de individualizarlo y darle los informes pertinentes.
- La descripción clara de los informes que se desea recibir.
- La razón por la que se pide los informes y una explicación de cómo van a ser utilizados.
- La indicación de por qué se escogió a ese destinatario para solicitarle los informes.
- Si es apropiado, se debe asegurar que los informes serán tratados con la debida reserva.
- Si es del caso, se ofrece el remitente a servir al destinatario en situaciones similares.
- Se expresa anticipadamente las gracias por la atención que se espera recibir.

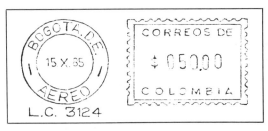

Modelo de carta de solicitud de informes

Señores
Representaciones Mecanográficas, S.A. de R.L.
Avenida San Martín, 963
Córdoba

<u>Atención Sr. Bonilla</u>

Estimados señores:

Como directora del Departamento de Promoción, les
comunico que estamos a punto de completar las instalaciones de nuestra nueva sucursal situada en la
Plaza de España de esta ciudad, para la cual necesitamos dos máquinas de escribir eléctricas de teclado
multilingüe—castellano, francés, portugués.

Por consiguiente, les ruego que a vuelta de correo nos
envíen informes y catálogos de los modelos de máquinas
IBM, Olivetti y Smith Corona, con indicación de los
precios, facilidades de pago y descuentos que ofrecen.
Esperamos que esta vez las condiciones serán similares
a las que nos concedieron el año pasado, pues somos
clientes ya conocidos.

En la seguridad de que recibiré muy pronto los informes
solicitados, les expreso anticipadamente las gracias y
quedo de Uds. como s.a. y s.s.

Por Publicidad Luz, S.A. de C.V.

Margarita Zelaya Medina
DIRECTORA,
DEPARTAMENTO DE PROMOCIÓN

Carta y cuestionario de informes específicos

También esta carta puede referirse a personas, empresas, productos, situaciones y eventos. La diferencia está en que, como el remitente tiene interés en recibir informes específicos, hace lo posible para que el informante no evada los puntos de interés ni exprese opiniones que no satisfagan a sus necesidades. El solicitante prepara la carta y un cuestionario separado, de modo que cuando el informante responda a las preguntas, le dé los datos que necesita.

La carta a la que se adjunta el cuestionario está concebida en términos generales; por lo tanto, es como una carta rutinaria de remisión o como la que solicita informes generales. Debe ser breve para que el destinatario comprenda que lo importante es el **formulario de preguntas** que va anexo, y puede contener las instrucciones que debe seguir el destinatario para contestar correctamente el cuestionario.

El cuestionario debe ir en una hoja aparte, a fin de no romper la continuidad del texto de la carta, y para que el destinatario se sienta más seguro de que sus informes serán guardados en reserva.

La preparación del cuestionario requiere cuidado y ciertos conocimientos de las técnicas de **sondeo** y preparación de **encuestas.** He aquí algunas sugerencias que pueden ayudar en la elaboración del cuestionario:

- Dé instrucciones claras, precisas y simples para que no haya confusiones, malentendidos y desaliento por parte del que contesta el cuestionario.

- Prepare preguntas que produzcan informes objetivos, no opiniones. Por ejemplo, la pregunta: «¿Hizo su empresa buenos negocios el año pasado?» no es aceptable porque producirá como respuesta sólo una opinión.

- Subdivida el cuestionario en secciones para que la información que reciba sea más precisa y completa. Cada sección incluirá cuantas preguntas hagan falta para obtener los informes necesarios.

Supongamos, por ejemplo, que el cuestionario se refiere al cliente de un banco que ha solicitado un préstamo. Al banco le interesa saber los ingresos con que cuenta el que pide el préstamo, pero también cuáles son las fuentes de esos ingresos: el sueldo de otros miembros de la familia, rentas provenientes del arrendamiento o alquiler de bienes, intereses, etc. Para lograr que la información responda a estas necesidades, en el cuestionario podrían aparecer las siguientes preguntas:

SECCIÓN III

Ingresos familiares

(Marque con una cruz la respuesta apropiada)

A. ¿Qué miembros de la familia contribuyen al presupuesto familiar?

( ) El esposo   Cantidad: $ ....

( ) La esposa   Cantidad: $ ....

( ) Otros miembros

     ( ) _____ Cantidad: $ ....

     ( ) _____ Cantidad: $ ....

B. ¿Qué otras fuentes de ingreso tiene la familia?

     ( ) _____ Cantidad: $ ....

     ( ) _____ Cantidad: $ ....

     ( ) _____ Cantidad: $ ....

SECCIÓN IV

Gastos familiares

• Establezca en el cuestionario categorías estadísticamente válidas que, al ser contestadas, produzcan los informes necesarios, respetando al mismo tiempo el deseo del informante de no divulgar información confidencial sobre la familia o de la empresa: sueldo, ganancias, gastos, producción, contribuciones fiscales, etc.

SECCIÓN V
Ganancias netas de la empresa (Año de ......)

( ) Menos de $10.000,00
( ) De $10.001,00 a $25.000,00
( ) De $25.001,00 a $45.000,00
( ) De $45.001,00 a $70.000,00
( ) De $70.001,00 a $100.000,00
( ) Más de $100.001,00

- Incluya en el cuestionario algunas preguntas de control que sirvan para comprobar que la información recibida es verosímil°. Por ejemplo, si se quiere comprobar que la edad que ha indicado el informante es verídica, se debe hacer preguntas sobre cómo se enteró de un acontecimiento ocurrido hace cierto tiempo.

- No incluya en el cuestionario preguntas indiscretas que molesten al destinatario por razones sociales, religiosas, raciales o culturales. Tampoco conviene hacer preguntas innecesarias, superfluas o redundantes.

Nota de
Interés
profesional

Tal vez sea necesario referirse en el cuestionario a ciertos asuntos que el informante conoce, pero a los que por decoro social o familiar no le es posible aludir directamente.

Por ejemplo, si una compañía de seguros necesita saber cuántos hijos—legítimos y naturales—tiene el solicitante de una póliza de seguro de vida, puede averiguarlo de dos maneras:

Forma Incorrecta	Forma correcta
¿Cuántos hijos tiene?	¿Cuántas cargas familiares tiene?
A. Legítimos: __2__	
B. Ilegítimos: _____	__4__

La forma incorrecta no ha producido la información necesaria ya que el destinatario, por decoro, no indicó que tiene un hijo ilegítimo.

En la forma correcta, en cambio, los términos apropiados produjeron la información, sin que el informante tenga que dar explícitamente el dato que le parecía conveniente callar: dos hijos legítimos, un hijo ilegítimo y la esposa.

- Reduzca al mínimo lo que el informante debe escribir. Esto se logra por medio del uso de marcas o señales.

- Deje un espacio en la hoja del cuestionario para que el informante pueda hacer sus comentarios personales.

- Adjunte un sobre previamente **nemado** para que el destinatario pueda devolver más fácilmente el cuestionario ya contestado, sin que haya el peligro de que se extravíe. Es recomendable que ese sobre tenga el porte pagado para que el destinatario no tenga que hacer ese gasto adicional.

El cuestionario que aparece a continuación podría ser utilizado por un banco para conocer la reacción de los clientes sobre la instalación de cajeros automáticos en las principales sucursales de la ciudad. La explicación de las razones que tiene el banco para ofrecer este servicio las 24 horas del día y las instrucciones para contestar a las preguntas aparecerían en la carta que acompaña al cuestionario.

BANCO COMERCIAL Y AGRÍCOLA, S.A.

Departamento de Relaciones Públicas

Con el deseo de servirle mejor, estamos dispuestos a instalar cajeros automáticos que le permitan realizar sus transacciones bancarias las 24 horas del día. Su opinión será tomada muy en cuenta en la decisión sobre la instalación de este servicio.

1. ¿Qué tipo de cuenta bancaria tiene?
   ( ) Cuenta corriente
   ( ) Cuenta de ahorros
   ( ) Certificado(s) de depósito a plazo fijo
   ( ) Cédula(s) hipotecaria(s)

2. ¿Qué clase de cuenta corriente tiene?
   ( ) Personal
   ( ) Mancomunada

3. ¿Qué clase de cuenta de ahorros tiene?
   ( ) Personal
   ( ) Mancomunada

4. ¿Con qué frecuencia deposita dinero en su cuenta corriente?
   ( ) Varias veces (2 ó más) por semana
   ( ) Una vez por semana
   ( ) Cada dos semanas
   ( ) Una vez al mes
   ( ) Cada dos meses
   ( ) De una a cuatro veces por año

5. ¿Cuántas veces gira cheques para contar con dinero en efectivo?
   ( ) Varias veces (2 ó más) por semana
   ( ) Una vez por semana
   ( ) Cada dos semanas
   ( ) Una vez por mes

6. ¿Con qué frecuencia hace depósitos en su cuenta de ahorros?
   ( ) Varias veces (2 ó más) por semana
   ( ) Una vez por semana
   ( ) Cada dos semanas
   ( ) Una vez por mes
   ( ) Cada 2 ó 3 meses
   ( ) Una o dos veces al año

7. ¿Con qué frecuencia retira dinero de su cuenta de ahorros?
( ) Cada semana
( ) Cada dos semanas
( ) Una vez al mes
( ) Cada dos o tres meses
( ) De una a tres veces por año

8. ¿Cómo hace generalmente sus transacciones bancarias?
( ) En persona
( ) Por correo
( ) Valiéndose de otra persona

9. Cuando lo hace personalmente, ¿a qué hora generalmente hace sus transacciones bancarias?
( ) De 9:00 a.m. a 11:00 a.m.
( ) De 11:00 a.m. a 1:00 p.m.
( ) De 1:00 p.m. a 3:00 p.m.

10. Si hace sus transacciones bancarias por correo o por medio de otra persona, ¿a qué se debe este procedimiento?
( ) Conflicto con mi horario de trabajo
( ) Me es más cómodo
( ) Creo que es más seguro

11. Si el horario del banco le permitiera ir personalmente, ¿haría sus operaciones bancarias en persona?
( ) Sí
( ) No

12. ¿Le gustaría poder realizar personalmente sus operaciones las 24 horas del día, cualquier día de la semana?
( ) Sí
( ) No
( ) Me es indiferente

13. ¿Le gustaría que nuestro banco instalara cajeros automáticos que funcionasen las 24 horas del día, todos los días de la semana?
( ) Sí
( ) No
( ) Me es indiferente

14. Si nuestro banco tuviese cajeros automáticos, ¿los usaría?
    ( ) Sí
    ( ) No
    ( ) No lo sé todavía

15. ¿Qué operaciones realizaría Ud. utilizando los cajeros automáticos de nuestras sucursales?
    ( ) Depósitos en cuentas corrientes
    ( ) Retiro de fondos de cuentas corrientes
    ( ) Depósitos en cuentas de ahorros
    ( ) Retiro de fondos de cuentas de ahorros
    ( ) Abonos a préstamos bancarios
    ( ) Transferencias entre cuentas bancarias
    ( ) Ninguna transacción bancaria

16. ¿Tiene algunos comentarios que hacer?

N.B.

Por favor, no firme este cuestionario. Le rogamos lo deposite en la urna destinada para el efecto, en cualquiera de las sucursales de nuestro banco.

Las cartas de contestación

Si uno de los interlocutores guarda silencio, la conversación termina interrumpiéndose. De igual manera, si uno de los corresponsales no contesta las cartas, la correspondencia desaparece. Por eso, la carta de contestación es tan importante en la vida de los negocios ya que gracias a ella las relaciones comerciales se establecen, continúan y prosperan.

En general se debe contestar todas las cartas comerciales, a no ser que su contenido sea sólo de carácter informativo como la carta de promoción de ventas, la de aviso de cambios de dirección, las convocatorias a reuniones. La mejor respuesta para estas comunicaciones es la acción por parte del destinatario: comprar el producto, usar las nuevas direcciones para comunicarse con el remitente, asistir a la reunión.

Es costumbre contestar las cartas y otras comunicaciones dentro de los ocho días subsiguientes a la fecha en la que se recibió la comunicación. Si lo que se pide en la carta no puede estar listo en ese plazo, se acusa recibo de ella y se indica que lo solicitado (mercaderías, informes, diligencias) será remitido después.

Si en la carta de contestación se da una respuesta negativa, hay que hacerlo con tacto, ofreciéndose a servir en el futuro. Esto deja los canales de comunicación abiertos para que el destinatario reanude fácilmente la correspondencia.

La carta de contestación puede ser muy simple, como una carta rutinaria o complicada. Todo depende de la complejidad del asunto al que se refiera la comunicación. Una técnica fácil para redactar la carta de contestación es la siguiente:

- **El párrafo inicial.** En este párrafo se hace referencia a la comunicación a la que se da contestación y se indica explícitamente el objeto de la carta. Para identificar la comunicación se debe mencionar los siguientes datos:

   1. La fecha en que fue escrita;

   2. El asunto del que trata, o su contenido;

   3. La referencia, si la tiene;

   4. Las formas anteriores, utilizando dos o tres.

Algunas fórmulas

```
Acuso recibo de su atenta carta ...... a la que me
apresuro a dar contestación.

                    ***

Dando respuesta a su telegrama ...... me permito
indicarle ......

                    ***

Obra en mi poder su comunicación ...... a la que
respondo en los términos siguientes:
```

- **Los párrafos de exposición.** Según la complejidad del asunto, puede haber uno o más párrafos de exposición. En todo caso, en esta parte de la carta se expresan los puntos relacionados con el asunto de la comunicación a la que se da respuesta, aunque se tenga entre manos otras cosas importantes.

- **El párrafo final.** En este párrafo generalmente se hace una recapitulación breve del contenido de la comunicación, insistiendo en el tema central de ella:

   1. Satisfacción, si la carta a la que se da contestación produjo ese sentimiento.

   2. Pesar, si la respuesta no coincide con lo que el destinatario esperaba recibir como respuesta.

   3. Deseo y voluntad de servir; de continuar las relaciones; de ser útil en el futuro.

Las cartas de contestación siempre deben ser corteses porque de ellas depende que las relaciones comerciales continúen o se terminen. Aun en el caso de una respuesta negativa o desagradable, hay que hacerlo en un tono cortés.

Es buena costumbre poner al margen de la carta a la que se está dando contestación, una sumilla° en la que se incluye la fecha en la que se contesta, un breve sumario de lo que se dice en la carta de contestación y la referencia.

Por costumbre, necesidad y obligación legal, el comerciante debe conservar en el archivo el original de las cartas que recibe y la copia de las cartas que escribe y manda.

Nota de
· · · · · · · · · · · ·
Interés
· · · · · · · · · · · ·
profesional
· · · · · · · · · · · ·

El Código de Comercio explícitamente establece que es obligatorio guardar en el archivo la correspondencia. Por ejemplo, el Código de Comercio del Ecuador dice:

«Art. 58.—Todo comerciante debe llevar un libro Copiador de Cartas, en que se copiará, íntegra y literalmente, todas las cartas y telegramas que escribiere sobre sus operaciones unas en pos de otras, sin dejar blancos y guardando el orden de sus fechas; o llevar un copiador de prensa en que se copien todas sus cartas, telegramas, etc., foliado y con su índice correspondiente.

· · · · · ·

Art. 62. —Los comerciantes están obligados a conservar en legajos, y en buen orden, todos los telegramas y cartas que reciban con relación a sus negociaciones y giro, anotando, en su dorso, la fecha en que las contestaron, o si no dieron contestación.»[1]

Modelo de carta de contestación

Sr. Dn.
Cornelio Ricaurte Valladares
Perfumería «El Gladiolo»

. . . . . .

Muy señor nuestro:

No sabe cuánto disgusto nos ha causado el justo reclamo expuesto en su atta. del 13 del mes anterior, a la que nos apresuramos a dar contestación.

Tan pronto recibimos su carta se investigó el caso y se comprobó que la equivocación se debía a un error involuntario cometido en el Departamento de Ventas al envasar, empaquetar y enviar solamente seis docenas de frascos de esencia de romero, mientras la oficina de contabilidad expedía la Factura No. 3210 por $1.144,00 correspondiente a su pedido de una gruesa° de frascos de esencia.

Le manifestamos que lamentamos el error cometido, por las molestias que éste ha ocasionado, y le expresamos que estamos dispuestos a enmendar la equivocación expidiéndole hoy mismo por expreso aéreo, a n/cta., las seis docenas de frascos de esencia de romero faltantes en la primera remesa.

Pidiéndole nos disculpe tan lamentable error, quedo como siempre a su servicio, y suscribo la presente muy atentamente.

Por PERFUMÁTICA, S.A. de C.V.

Hermenegildo Flores L.
GERENTE DE VENTAS

HFL/ltv

PALABRAS Y EXPRESIONES CLAVES

aval: garantía. Esta palabra es usada sobre todo refiriéndose a la garantía personal que aparece en una letra de cambio.

bolsa de viaje: dinero recibido para pagar los gastos de viaje.

contrato colectivo: contrato firmado por varios trabajadores y un patrón.

curso: proceso; atención.

dejar cesante: comunicar la terminación de un empleo.

despedir: comunicar oralmente o por escrito a una persona la decisión de que debe dejar su trabajo contra su voluntad.

despido: comunicar la terminación de un empleo.

dimisión: dejar un empleo voluntariamente.

disponible: que existe; que hay; que se puede utilizar o adquirir.

encuesta: proceso y resultados de investigación hechos según técnicas determinadas para obtener informes.

formulario de preguntas: hoja(s) de papel que contiene(n) preguntas debidamente organizadas, que deben ser contestadas de acuerdo a determinadas instrucciones.

haberes: sueldo; salario.

mobiliario: los muebles—mesas, sillas, sofás, escritorios, etc.—de una casa u oficina.

nemar: poner en el sobre los datos necesarios para que llegue la carta al destinatario.

nombramiento: aviso y documento que indica que una persona ha sido escogida para un empleo.

partida presupuestaria: cantidad específica que aparece en el presupuesto, destinada a un gasto determinado.

plaza: cargo; puesto; empleo.

sondeo: técnica de investigación que se vale de una muestra estadísticamente válida.

suministrar: dar.

tomar posesión (de un cargo): empezar oficialmente a realizar las tareas inherentes a un cargo.

viáticos y subsistencias: gastos de alojamiento y alimentación mientras un empleado viaja.

vigente: existente. Se refiere a una ley, reglamento, ordenanza, decreto que hay que cumplir porque no han sido cambiados o derogados.

FÓRMULAS UTILIZADAS EN ESTAS CARTAS

Para cartas de aviso de empleo

```
Tengo/Tenemos el gusto de in-
formarle que por recomendación
del... Ud. ha sido elegido
para el cargo de...
```

```
We are pleased to inform you
that on recommendation from
. . . you have been selected
for the position of . . .
```

```
Habiendo quedado vacante por
renuncia del titular el cargo
de..., tengo/tenemos la satis-
facción de comunicarle que Ud.
ha sido ascendido(a) para
ocupar ese cargo.
```

```
As the position of . . . has
been vacated due to the resig-
nation of . . . , we are
pleased to inform you that you
have been promoted to that po-
sition.
```

Para cartas negando el nombramiento

A pesar de sus magníficas credenciales, me permito comunicarle que Ud. no ha sido favorecido(a) con el nombramiento de...	In spite of your very impressive credentials, I must tell you that we will not be able to offer you the position of . . .
Lamento/Lamentamos comunicarle que, aunque reconozco/reconocemos sus méritos no me/nos es posible ofrecerle por ahora el cargo que ha solicitado.	I/We regret to inform you that, although I/we recognize your merits, we will not be able to offer you the position for which you have applied.

Para cartas de aceptación de empleo

Tengo el gusto de informarle que acepto el empleo que me ofrece(n) como...	I am pleased to inform you that I will accept the job offer for the position . . .
Me apresuro a expresarle(s) las gracias por haberme distinguido con el nombramiento de...	I am very grateful and honored for your job offer regarding the position of . . .

Para cartas de despido

Por medio de la presente le notifico que queda Ud. despedido del cargo de...	This letter is to notify you that your employment here as . . . has been terminated.
Tome nota que a partir de... cesará Ud. en sus funciones de...	Please be informed that as of . . . you will cease to function in the position of . . .

EJERCICIOS Y PRÁCTICA

Exprésese en español

A. Escriba uno o más párrafos originales haciendo referencia a la situación que se describe a continuación.

1. Se le comunica a la aspirante, Srta. Julia Vega Montero, que ha sido ascendida al cargo de Jefe de Estadística del Banco, en reconocimiento a su excelente trabajo como Analista de Datos, cargo que ha ocupado por dos años.

2. Se le comunica al Ing. Andrés Segovia Rendín que el día 31 del próximo mes terminará su trabajo como Ingeniero Supervisor de las carreteras interestatales. La razón: cortes presupuestarios por crisis financiera de la Compañía Constructora de Occidente, S.A.

3. Se le avisa a la Sra. Etelvina Pardo de Nogales que la oficina de personal no le concede las vacaciones que solicitó. Razón: según el Código de Trabajo vigente, hay que trabajar por lo menos un año en una misma empresa para tener derecho a una semana de vacaciones pagadas; la Sra. Pardo de Nogales sólo ha trabajado siete meses en la empresa.

B. Traduzca al español los siguientes párrafos:

1. Thank you for your letter of August 5 in which you inform me that I will be interviewed in your office on August 22, at 10:30 a.m., for the position of Assistant Manager.
2. We are very sorry to have inconvenienced you by sending you the wrong model of the XYZ personal computer.
3. We were happy to receive your inquiry of June 23 concerning textbooks.
4. With regard to your advertisement in the latest edition of *Weekly Report*, I am interested in applying for the position which is available in your Accounting Department.
5. With reference to Miss Judith Stone, who has applied for a job in your bookkeeping department, she worked for us for two years as an accounting clerk in our business office.

¡El negocio está en sus manos!

A. En los anuncios que siguen se mencionan varios cargos disponibles. Escoja el puesto que más le interese y, siguiendo la técnica y los modelos de esta lección, escriba una carta en la que solicite ese trabajo.

COMPAÑIA DE SEGUROS

desea contratar

DIRECTOR DE SUCURSAL

(Ref : R-SD-C)

para sus oficinas en Castellón

- Se responsabilizará de promover y supervisar los objetivos de producción y organización de la Compañía en la provincia, contando con una amplia red de agencias. Es imprescindible experiencia comercial en el sector asegurador.

- Las condiciones económicas se negociarán directamente con cada candidato en conformidad con la experiencia y valía aportadas. Orientativamente, se garantiza un mínimo de ingresos de 1.750.000 Ptas. entre fijo más incentivos.

Las personas interesadas deberán enviar historial profesional y teléfono de contacto, indicando en el sobre la Referencia arriba reseñada, a la empresa que colabora en la selección.

MNM-980

Altamirano, 37
MADRID-8
TELS. 241 91 67
241 90 67

ACA
CONSEJEROS DE GESTION

EMPRESA DE FABRICACION DE MAQUINARIA

necesita

TECNICO DE PRESUPUESTOS Y COMPRAS

Requisitos:

- Maestro Industrial, con experiencia en trabajos de taller y supervisión en la ejecución de proyectos
- Edad: de 25 a 35 años
- Se valorarán los conocimientos de inglés.

Se ofrece:

- Puesto de responsabilidad, cuyas funciones principales serán la realización de presupuestos, compra de materiales y facturación.
- Remuneración del orden de 800.000 pesetas, más interesantes incentivos.
- Lugar: Zona de Torrejón de Ardoz

Interesados escribir adjuntando currículum vitae, indicando teléfono de contacto a:

INEM-M-1802386

FRASER ESPAÑOLA, S.A.
División de Psicología
Calle Orense, 25
MADRID-20

IMPORTANTE EMPRESA MINERA

necesita

INGENIERO DE MINAS

- Se valorará experiencia laboral de 1 a 2 años, preferiblemente en mantenimiento. También se estudiarán solicitudes de titulados recientes.

- Tendrá bajo su responsabilidad la organización del mantenimiento preventivo y correctivo de una explotación a cielo abierto.

- Remuneración del orden de **1.700.000 pesetas brutas anuales.**

- Residencia: Sur de España.

Interesados escribir «currículum vitae» detallado, indicando teléfono de contacto a:

(MNM-917)

FRASER ESPAÑOLA, S.A.
División de Psicología
Calle Orense, 25
MADRID-20

B. Utilizando el aviso de la Empresa Naviera, escriba una carta en la que la Srta. Eva María Carretié le comunica al Lcdo. Eladio Castillo Torres que la Junta Directiva ha decidido ofrecerle el cargo que se menciona en el anuncio de la prensa que está a continuación.

EMPRESA NAVIERA

con domicilio en Madrid

NECESITA

DIRECTOR
GERENTE

Con experiencia en el cargo.
Condiciones a convenir.

Interesados dirigirse
por escrito a:

Eva María Carretié
C/Raimundo Fernández
Villaverde, 34/153
MADRID-20

Incluyendo "curriculum vitae"
**GARANTIZADA MÁXIMA
DISCRECIÓN**

C. Suponga que Ud. es uno de los ayudantes de contabilidad de CONCONSA (Consorcio de Contadores, Sociedad Anónima) y que acaba de recibir una oferta de trabajo del Banco Industrial y Agrícola para ocupar el cargo de Auditor de la Casa Matriz situada en Asunción, la capital del Paraguay. Escriba una carta al Director de CONCONSA comunicándole que dimite a su cargo de ayudante.

D. Como Auditor del Banco Industrial y Agrícola cree que las viejas, pequeñas y oscuras oficinas que ahora ocupan los ayudantes de auditoría deben ser remodeladas. Prepare un cuestionario para que los auditores y los ayudantes expresen su opinión sobre la conveniencia de convertir los pequeños cubículos personales en una amplia «oficina abierta» al estilo de los bancos de Estados Unidos.

Notas

1. Arts. 58, 62, *Código de Comercio* (Quito: Editora CIRJUE-Quito, 1977): 28.

CAPÍTULO 11

Las comunicaciones breves

Las comunicaciones breves

La carta comercial es la comunicación más utilizada en los negocios por su versatilidad, su formato elaborado y su estilo cuidado° y formulista. Sin embargo, estas mismas cualidades hacen que los comerciantes utilicen otra clase de comunicaciones, las cuales se caracterizan por su estilo más directo y simple, por su formato menos complicado, por su texto menos extenso y elaborado. Son las comunicaciones breves.

Las comunicaciones breves que con más frecuencia se usan son el *memorándum*, el *recado*, la *esquela* y la *tarjeta*.

El memorándum

El memorándum es utilizado para poner en contacto a personas u oficinas de la misma empresa, dejando así prueba escrita de que se ha realizado ese contacto. Por los rasgos característicos externos y por su estilo, el memorándum se diferencia de la carta y de otras comunicaciones comerciales.

Nota de Interés profesional

En general, los comerciantes hispanos no utilizan el memorándum para comunicarse con personas que no pertenezcan a la misma empresa.

Sí lo usan para comunicarse con empleados que trabajan en una sucursal de la misma empresa, en una compañía subsidiaria o en una compañía concesionaria.

El memorándum está escrito generalmente en hojas de papel más pequeñas que las utilizadas para las cartas—21,5 cm. × 14 cm. Si el asunto° del que va a tratar la comunicación requiere un texto extenso, se prefiere utilizar la carta, aunque la comunicación vaya dirigida a un empleado de la misma empresa. El papel puede ser utilizado horizontalmente o verticalmente.

En la parte superior del papel aparece muy visible la palabra MEMORÁNDUM. Si hay membrete, éste es muy simplificado y en él se eliminan varios elementos como las direcciones porque no son necesarios para una comunicación interna. Sin embargo, en el membrete simplificado puede aparecer el nombre del departamento de donde sale el memorándum.

El estilo y el tono del memorándum son diferentes a los de la carta comercial. Estas diferencias son las siguientes:

- Se omite generalmente la frase de salutación.
- Se suprimen casi siempre las fórmulas de cortesía, las cláusulas iniciales, las expresiones conectivas° y las fórmulas finales utilizadas en las cartas.

- Se omite la frase de despedida. No obstante, si el memorándum va dirigido a un empleado superior, el remitente puede utilizar una frase simple de despedida como **atentamente.**

Hay dos modelos de memorándum: el *modelo tradicional* y el *modelo americano*. Este último es el que se usa más ahora.

- En el *memorándum tradicional,* el material está distribuido como si se tratara de una pequeña carta comercial simplificada. No aparece el nombre del destinatario ni la dirección domiciliaria porque es una comunicación interna. En vez de esas direcciones se usan expresiones como **En su despacho** o **Presente.** Generalmente se suprime la frase de salutación; casi siempre se elimina la frase de despedida, y el pie de firma sólo indica el cargo del remitente. En fin, el texto tiene un estilo directo y llano.

Modelo de un memorándum tradicional

MEMORÁNDUM

                    Asunción, 7 de abril de 19xx

Señor

Jefe de Fiscalizadores

En su *despacho*

Asigne inmediatamente a dos auditores experimentados la tarea de *fiscalizar* todas las operaciones de la Sucursal Norte del Banco Comercial y Agrícola de esta capital realizadas durante el primer trimestre de este año, a fin de establecer responsabilidades sobre una posible *malversación* de los fondos destinados a cubrir el *encaje bancario* establecido por la ley.

El informe de fiscalización debe estar en mi despacho, junto con todos los documentos que respalden la auditoría llevada a cabo por ellos, a mediados del mes que viene, a más tardar.

                    El Auditor General

PU/jve

- En el *memorándum americano,* debajo de la palabra *MEMORÁNDUM* aparecen la fecha, la designación del remitente precedida por la palabra *De*, la designación del destinatario precedida por la palabra *Para*, y un resumen del contenido precedido por la palabra *Asunto*. Al final del texto debe aparecer la firma o las iniciales del remitente.

Modelo de un memorándum americano

```
                        MEMORÁNDUM

Fecha: Asunción, 8 de abril de 19xx

De: Jefe de Fiscalizadores

Para: Auditor General

Asunto: Fiscalización de la Sucursal Norte


Al tenor de las instrucciones, he asignado al señor
Pancracio Armendáriz y a la señorita Isabel Sastre
Olvera, auditores titulares de esta dependencia, para
que realicen una fiscalización completa de la Sucursal
Norte del Banco Comercial y Agrícola de esta capital, y
presenten su informe y los documentos respectivos a
mediados del mes entrante, a más tardar.

Espero recibir del Departamento Jurídico de nuestra
casa matriz instrucciones más precisas sobre las dis-
posiciones legales que afectan al encaje bancario
obligatorio.

RAC/ltv
```

El memorándum es la comunicación preferida dentro de las empresas. Esta preferencia se debe a las siguientes razones:

- Es fácil de redactar porque no requiere elaboración estilística.
- Es económico—economía de tiempo, de papel, de palabras.
- Se puede preparar formularios para ser llenados de acuerdo a las necesidades específicas del momento.

Una de las desventajas del memorándum es que se lo considera una comunicación poco ceremoniosa. Por esa razón, cuando la materia de que se trata requiere un texto extenso, se prefiere usar la carta, aunque la comunicación no salga de la empresa.

El recado

El recado es una comunicación breve, utilizada para transmitir mensajes cortos a personas que trabajan en la misma empresa, redactado en tono muy familiar y que, en un estilo muy simple, se limita a mencionar los puntos centrales del mensaje sin adornos° estilísticos ni expresiones de cortesía.

Es muy utilizado por el personal de secretaría para transcribir y hacer llegar mensajes telefónicos o personales a los empleados de la compañía, mediante formularios impresos que facilitan la utilización de esta comunicación. Se puede usar también cualquier hoja de papel para escribir rápidamente el mensaje, siempre que sea completo, legible, inteligible y correcto.

RECADO

INTERDEPARTAMENTAL

Para: ....

Oficina: ....

(   )   Para su información

(   )   Favor devolver con sus comentarios

(   )   Favor confirmar si es correcto

(   )   Favor encargarse del asunto

(   )   Favor estudiar el asunto con el suscrito

(   )   Favor hacer circular

(   )   Favor archivar

(   )   Le devuelvo. Muchas gracias

(   )   Favor elaborar proyecto de respuesta

(   )   Con referencia a nuestra conversación

(   )   No es posible aprobar

(   )   Entregar únicamente al interesado

(   )   Favor sacar (   )   Fotostática (s)

(   )   Favor autorizar

OBSERVACIONES ....

....

....

....

Dia	Mes	Año	Atentamente

La esquela

El término *esquela* sirve para denominar varias clases de comunicaciones. Se habla, por ejemplo, de la esquela de defunción que aparece en los periódicos o que se imprime también en hojas de papel apropiadas para comunicar la muerte de una persona.

```
                          †

     D. EMILIO LUENGAS GARCIA
              FALLECIO EN MADRID
         EL DIA 25 DE JULIO DE 1985
          Habiendo recibido los Santos Sacramentos

                    D. E. P.

   Su hermano, don Miguel; hermanos políticos, sobrinas, primos, y Pilar Chicote
                      RUEGAN una oración por su alma.
   La misa que se celebre el próximo día 31, a las diecinueve horas, en la parroquia del
   Corazón de María (Ferraz, 74) será aplicada por su eterno descanso.
   Por expresa disposición del finado no fue notificado el entierro.
                                                              (5)
```

Así mismo se menciona la «esquela social» en sus múltiples variedades—de bautizo, de cumpleaños, de matrimonio, de onomástico—para cumplir las obligaciones que impone la vida social.

```
   Benjamín Reyes Gámez          Benito Gruner Hoffman
   Oliva Villarreal de Reyes     Emma Sangeado de Gruner

            Participan el enlace de sus hijos

        María Eugenia y Guillermo

       Que se celebrará D. M. el 3 del presente
     a las 19 hrs. en la parroquia de San Jorge Mártir,
     dignándose impartir la Bendición Nupcial José
     de Jesús de León R. P.

                        Guadalajara Jal. Septiembre de 1983
```

Alfonso de la Puente W.   *Rogelio Ferrer Sánchez*
Olga Bay de de la Puente   *Leonor Balderrama de Ferrer*
                       Leonor Noriega de Balderrama

Participan el matrimonio de sus hijos

Aída

y

Carlos Rogelio

*Y se complacen en invitarles a la Ceremonia Religiosa
que se celebrará el día primero de marzo a las diecinueve treinta horas,
en la Parroquia del Espíritu Santo,
dignándose impartir la Bendición Nupcial el Pbro. Eduardo Durazo.*

Hermosillo, Sonora, Marzo de 1986.

Aquí nos referimos, sin embargo, a la esquela que se utiliza en las actividades comerciales como medio individualizado de comunicación. Es utilizada como comunicación externa por funcionarios y empleados de alto rango y puede referirse a asuntos de diversa índole, como negocios y compromisos sociales y personales.

Esta comunicación tiene características externas y de estilo muy típicas que la hacen inconfundible.

Características externas

- El papel que se utiliza es de calidad superior y más elegante que el usado para las cartas o memorandos. Puede ser un papel doblado en la mitad; otras veces es una hoja simple (de 21 cm. × 14,5 cm.), pero de mejor calidad que la del papel de carta.

- El material está escrito sólo en la primera página del pliego (si se usa pliegos de papel), o en el **anverso** de la hoja (si es una hoja de papel simple). Las otras páginas quedan en blanco.

Nota de Interés profesional	El hecho de usar la esquela, la elegancia del papel y el que sólo se escriba en la primera cara constituye un mensaje extratextual. Con ello el remitente implícitamente dice que es persona importante que puede darse el lujo de utilizar esta comunicación elegante. Por lo tanto, también el destinatario es importante.

Características de estilo

- En la esquela se utilizan muchas fórmulas de cortesía, típicas de esta comunicación.

Algunas frases de cortesía

```
Expresar el testimonio de su consideración...

Tener la satisfacción de...

Saludar efusivamente a...

Reiterar el honor de...
```

- El texto está redactado en tercera persona, a diferencia de la carta y del memorándum que están redactados en primera persona.

Carta y memorándum	Esquelas
Tengo el gusto de...	... tiene la satisfacción de...
Le saludo y quedo...	... saluda efusivamente a...
Le expreso...	... le expresa...

El texto básico que se prepara de antemano, dividido en dos párrafos, está previamente impreso y tiene algunas líneas en blanco para llenarlas con las frases apropiadas a la situación.

- El primer párrafo generalmente empieza con la identificación del remitente; contiene el saludo al destinatario y algunos detalles sobre él; termina con las frases referentes al asunto principal del que trata la esquela.
- La firma del remitente aparece a continuación, entre los dos párrafos de la esquela.
- El segundo párrafo incluye el agradecimiento (si es del caso) y la despedida.
- El lugar y la fecha aparecen generalmente debajo del segundo párrafo, cerrando la comunicación.
- La parte que se refiere al asunto específico del que trata la esquela, puede estar escrita a máquina o a mano.

Modelo de esquela

JOSE TORCUATO FUENTES RAMÍREZ, Gerente General del
Banco Nacional de Agricultura y Comercio, tiene el
honor de saludar a _____

_____

_____

_____

_____

_____

agradece anticipadamente la atención que se digne dar a
la presente y aprovecha esta oportunidad para expresar
a _____
el testimonio de su más alta consideración.

        Tegucigalpa, a _____ de _____ de _____

La esquela es ahora muy utilizada por los funcionarios y empleados de categoría, en situaciones que directa o indirectamente están relacionadas a sus actividades—recomendaciones, presentaciones, invitaciones individualizadas, eventos profesionales o sociales, agradecimientos.

LA SECRETARIA ADMINISTRATIVA
DE LA FACULTAD DE COMUNICACION SOCIAL

Lic. Nelva González de Díaz

Se complace en expresar a Usted su agradecimiento
por las atenciones de que fue objeto durante
su estancia en la Ciudad de Quito, Ecuador
y en los Estados Unidos de América.

PANAMA, 8 DE OCTUBRE DE 1985

La tarjeta

Como sabemos, la tarjeta es una pequeña **cartulina,** generalmente de color blanco, aproximadamente de 9 cm. × 5 cm., en cuyo anverso están impresos algunos datos personales de quien la usa. Las tarjetas que más usan los profesionales, los ejecutivos, los functionarios, los empleados y los negociantes son la *tarjeta personal* y la *tarjeta de negocios.*

La *tarjeta personal,* llamada también tarjeta de visita, es utilizada por lo general en las situaciones relacionadas con la vida social de una persona.

Se llama tarjeta de visita porque sirve para hacerse anunciar en una visita o para dejar constancia de su presencia en la oficina o en la casa de la persona a quien se iba a visitar.

Todos los datos de la tarjeta personal están impresos. El dato principal de la tarjeta es el nombre de la persona. Si es un profesional, también incluye este dato en su tarjeta. El nombre aparece en la mitad del anverso de la tarjeta y debajo de él encontramos la profesión.

Fausto Madrigal H.

Av. Las Americas 362   Tel. 15-68-02

María Andueza
DRA. EN LETRAS

AV. UNIVERSIDAD 2016 EDIF. 15-202   TEL. 548-75-65
DEL. COYOACAN 04360   MEXICO, D. F.

Otilia López Tanego
C A T E D R A T I C O

ROSARIO PINO N.º 8 - 11.º A
TELÉFONO 279 89 69   M A D R I D - 2 0

Nota de
Interés
profesional

Hay que recordar que las personas pueden tener una profesión o un oficio.

Profesión es la actividad ejercida por una persona, gracias al estudio y entrenamiento adquiridos en una institución de enseñanza superior, en el campo de las letras, las ciencias y las artes, por lo que ha obtenido un título profesional. Así pues, los abogados, médicos, dentistas, ingenieros, economistas, contadores, profesores, maestros, arquitectos, biólogos, sicólogos, etc. son profesionales.

Oficio es la actividad ejercida por una persona que ha recibido entrenamiento práctico y estudios básicos en una determinada ocupación, por lo cual tiene el derecho de practicarla. La carpintería, ebanistería,° sastrería,° albañilería,° hojalatería,° herrería,° cerrajería,° etc. son oficios.

Hay dos clases de tarjetas: la *tarjeta personal* (de visita y de **duelo**) y la *tarjeta de negocios.*

- La *tarjeta de visita* es la que se describió antes. Como se dijo, es blanca y tiene el nombre y la profesión de la persona impresos en la cara anterior.

- La *tarjeta de duelo*, llamada también tarjeta de pésame o tarjeta de luto,° es como la tarjeta de visita, pero tiene un marco negro que sirve para indicar que la persona que la usa está de duelo por la muerte de un pariente cercano.

Nota de
Interés
profesional

Las convenciones sociales han establecido costumbres sobre la anchura del marco negro, siendo éste mayor o menor según sea más o menos cercano el parentesco con el difunto.

Quien está de luto puede usar la tarjeta de duelo igual que usaría su tarjeta personal. El tiempo durante el cual se la usa está en relación con el grado de parentesco que se tenga con la persona que ha muerto.

La Familia
Brondo Cepeda

Agradece sus sentidas expresiones de condolencia con
motivo de la muerte de mi querido
esposo y nuestro padre

Eduardo Brondo P.

Saltillo, Coah.

- La *tarjeta de negocios*. En los países hispanos se va extendiendo la costumbre de que los hombres y las mujeres de negocios usen tarjetas en sus actividades comerciales: para facilitar las presentaciones; para que el interlocutor conserve por escrito el nombre y las direcciones de la persona y de la empresa; para identificar el cargo que ocupa; para hacer conocer la empresa en la que presta servicios, etc. Las características de esta tarjeta son las siguientes:

   1. La tarjeta de negocios puede ser un poco más grande que la tarjeta personal—9,5 cm. × 6 cm. aproximadamente.

   2. Los datos más frecuentes de una tarjeta son el nombre de la persona, el nombre de la empresa en la que trabaja, el cargo que ocupa en la empresa, el número de teléfono de la oficina. Casi nunca se incluyen las direcciones particulares de la persona.

En general, se usa la tarjeta en los siguientes casos:

- Como medio de anunciarse en una visita.
- Para que quede constancia de que se ha tratado de ver a una persona en su casa o en su oficina.
- Para facilitar la presentación y para que se recuerde más fácilmente los nombres, la profesión, el empleo, la empresa, la dirección de las personas con quienes uno se relaciona.
- Para escribir mensajes cortos sin utilizar los formulismos que requieren las cartas y otras comunicaciones.

- Para transmitir en clave mensajes a personas que entienden el código, sin necesidad de ponerlos por escrito.

El mensaje que aparece en la tarjeta es generalmente manuscrito, a pluma. Al utilizar la tarjeta como medio de comunicación, recuérdese lo siguiente:

- El mensaje debe estar redactado en tercera persona.
- Debe empezar inmediatamente debajo del nombre que aparece en el anverso.
- Si se necesita más espacio, el texto continúa en el reverso, y si aún hay algo que añadir, se termina el mensaje otra vez en el anverso de la tarjeta, en el espacio que queda sobre el nombre del remitente.
- Siempre debe aparecer en la tarjeta la fecha en la que se escribe el mensaje.
- Hay que poner por lo menos las iniciales al final del mensaje para así evitar el uso fraudulento de las tarjetas.

Aunque pocas personas lo hagan, ya que no hay muchas iniciadas en este uso, la tarjeta puede servir para transmitir mensajes sin escribir nada, valiéndose únicamente del doblez° hecho de acuerdo a determinada clave convencional. He aquí algunos ejemplos:

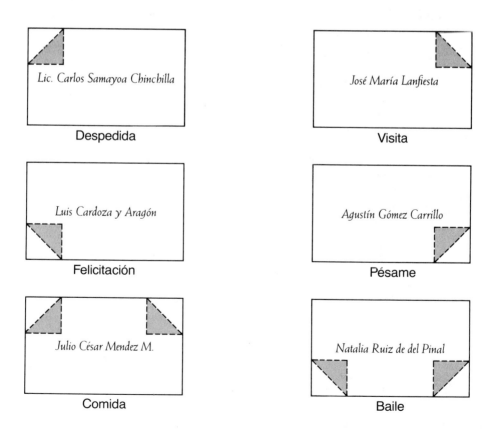

Lic. Carlos Samayoa Chinchilla

Despedida

José María Lanfiesta

Visita

Luis Cardoza y Aragón

Felicitación

Agustín Gómez Carrillo

Pésame

Julio César Mendez M.

Comida

Natalia Ruiz de del Pinal

Baile

PALABRAS Y EXPRESIONES CLAVES

anverso: cara principal de un objeto laminado. Esa lámina puede ser un papel, una moneda, una medalla, etc.

cartulina: papel elegante y grueso.

despacho: oficina de un empleado o funcionario de una empresa particular o del gobierno. También puede referirse a la oficina particular de un profesional, como el despacho de un abogado, arquitecto, economista, pero no la de un médico o un dentista la cual se denomina consultorio.

duelo: demostración de los sentimientos de pesar por la muerte de una persona.

encaje bancario: porcentaje que deben depositar los bancos privados en el banco central como garantía de los fondos depositados por el público.

fiscalizar: examinar los libros de contabilidad para comprobar que las cuentas son correctas; realizar una auditoría.

malversación: gastar los fondos de una empresa en asuntos diferentes a los que se especifica en el presupuesto.

titular: oficial.

EJERCICIOS Y PRÁCTICA

Enriquezca su vocabulario

A. Siguiendo el ejemplo, exprese las palabras que designan al profesional y la profesión que ejerce.

> **EJEMPLO:** ¿Cómo se designa a la persona que ha estudiado leyes, y cuál es su profesión?
> La persona es ⟶ **el abogado**
> Su profesión es ⟶ **la abogacía**

1. ¿Cómo se designa a la persona que ha estudiado el diseño y la construcción de casas y edificios, y cuál es su profesión?
2. ¿Cómo se designa a la persona que ha estudiado la teoría, los principios y la manera de construir caminos, puertos, canales, etc., y cuál es su profesión?
3. ¿Cómo se designa a la persona que ha estudiado los síntomas de las enfermedades de los seres humanos y la manera de curarlas, y cuál es su profesión?
4. ¿Cómo se denomina a la persona que ha estudiado y recibido un título universitario para curar las enfermedades de los animales, y cuál es su profesión?

B. Siguiendo el ejemplo, exprese las palabras que designan al artesano y el oficio que practica.

> **EJEMPLO:** ¿Cómo se llama la persona que trabaja con madera, y cuál es su oficio?
> La persona es ⟶ **el carpintero**
> Su oficio es ⟶ **la carpintería**

1. ¿Cómo se llama la persona que trabaja con ladrillos, cemento, mortero, etc., y cuál es su oficio?
2. ¿Cómo se llama la persona que fabrica muebles finos, y cuál es su oficio?
3. ¿Cómo se llama la persona que hace arneses, monturas y otros accesorios para los caballos, y cuál es su oficio?
4. ¿Cómo se llama la persona que hace y coloca herrajes a los caballos y fabrica otras herramientas de hierro, y cuál es su oficio?

C. Siguiendo el ejemplo, diga a qué experto acudiría para que le solucione su problema.

> EJEMPLO: Como no sé nada de motores, cada vez que mi automóvil me falla acudo al *mecánico*.

1. Ayer olvidé las llaves de mi casa. Para poder entrar en ella tuve que llamar al _____ para que me abriera la puerta.
2. Este recipiente de cobre tiene un agujero. Tengo que llevarlo a que me lo componga el _____.
3. El fregadero se ha obstruido. Le pediré al _____ que venga a repararlo.
4. Mi reloj, unas veces se adelanta, otras veces se atrasa y ahora está parado; tendrá que revisarlo inmediatamente el _____.

Demuestre su competencia profesional

A. Utilizando las indicaciones de este capítulo y refiriéndose a los memorandos de las páginas 227 y 228, escriba un memorándum al Jefe de Fiscalizadores de su empresa indicándole que, de no asignar un fiscalizador más (además del Sr. Pancracio Armendáriz y de la Srta. Isabel Sastre Olvera), será imposible terminar la auditoría completa de la Sucursal Norte del Banco Comercial y Agrícola hasta mediados del próximo mes. Como líder del equipo de fiscalización, indique además que los libros de contabilidad y los documentos que ya han revisado muestran serias irregularidades cometidas por algunos empleados de esa sucursal, lo cual le obliga a actuar con mayor cuidado.

B. Utilizando el formulario que sigue, redacte el recado que le habría escrito su secretaria si ella hubiera recibido una llamada telefónica del Jefe de Fiscalizadores por medio de la cual le daba él una respuesta afirmativa al memorándum anterior que usted escribió.

```
┌─────────────────────────────────────────────────────┐
│                 RECADO PERSONAL                       │
│  ┌─────────────────────────────────────────────────┐ │
│  │ PARA                                            │ │
│  │                                                 │ │
│  ├─────────────────────────────────────────────────┤ │
│  │ DE PARTE DE                                     │ │
│  │                                                 │ │
│  ├─────────────────────────────┬───────────────────┤ │
│  │ DE LA EMPRESA               │ TELEFONO          │ │
│  ├─────────────────────────────┴───────────────────┤ │
│  │ LE HABLO POR TELEFONO  ○   VINO A VERLE  ○      │ │
│  └─────────────────────────────────────────────────┘ │
│     ┌──── AL NO ENCONTRARLE DIJO QUE ──────────────┐ │
│     │ ○  LE HABLE UD. AL LLEGAR                    │ │
│     │ ○  LE HABLE UD. A LAS ____ HS. DEL DIA ____  │ │
│     │ ○  EL HABLARA DESPUES                        │ │
│     │ ○  PASARA UD. A VERLO A LAS ___ HS. DEL DIA__│ │
│     │ ○  VENDRA A VERLO A LAS ___ HS. DEL DIA ____ │ │
│     └──────────────── ASUNTO ─────────────────────┘ │
│  ┌─────────────────────────────────────────────────┐ │
│  │                                                 │ │
│  │                                                 │ │
│  │                                                 │ │
│  │                                                 │ │
│  └─────────────────────────────────────────────────┘ │
│  ┌─────────────┬─────────────┬────────────────────┐ │
│  │ TOMADO POR  │ FECHA       │ HORA               │ │
│  └─────────────┴─────────────┴────────────────────┘ │
│  TECNOFORM  201  ஃ               'MARCA REG          │
└─────────────────────────────────────────────────────┘
```

C. Suponiendo que su amigo, el Lic. Guillermo Neri Hernández, no lo pudo encontrar en su oficina cuando él fue a visitarlo, escriba en la tarjeta el mensaje que le habría puesto para avisarle de su visita, el nombre del hotel en el que él está hospedado y el teléfono al que Ud. podría llamarlo para concertar el salir juntos a cenar.

```
┌───────────────────────────────────────────────────┐
│                                                   │
│                                                   │
│        LIC. GUILLERMO NERI HERNANDEZ              │
│                                                   │
│          ASISTENTE DE COMERCIALIZACION            │
│                                                   │
│                                                   │
│   BANCO NACIONAL DE MEXICO              4-61-55   │
│   DIRECCION REGIONAL NOROESTE                     │
│   MATAMOROS Y VERACRUZ EDIF. QUIÑONES             │
│   1er. PISO, HERMOSILLO, SON.                     │
│                                                   │
└───────────────────────────────────────────────────┘
```

D. Utilizando los modelos que aparecen en este capítulo, escriba una esquela invitando a su profesor favorito a la ceremonia de su graduación. Indique el lugar, la hora y el día en los que tendrá lugar el evento.

BANCO SANTANDER

El banco que tiene en cuenta el progreso del país.

Dirección General
Carrera 10 No. 28-49 Bogotá, D.E.
Conmutador: 284 31 00
Télex: 45417 - Cables: Bansantander

¡El negocio está en sus manos!

Usted, como Director del Departamento Jurídico de la Casa Matriz del Banco Comercial y Agrícola, ha recibido el memorándum del 7 de junio de 19xx en el que el Gerente General le comunica los resultados de la fiscalización de la Sucursal Norte, llevada a cabo por un equipo de auditores.

Por el cargo que Ud. ocupa, tiene que interpretar cuidadosamente esta comunicación siguiendo los pasos ya indicados para esta actividad: a) lectura completa de la comunicación para lograr una visión de conjunto; b) revisión del vocabulario para determinar el significado preciso del texto; c) verificación de la comprensión contestando a las preguntas específicas.

A. Ahora lea cuidadosamente el texto del memorándum.

Banco Comercial y Agrícola

MEMORÁNDUM

Fecha: 7 de junio de 19xx

De: Gerente General

Para: Director del Departamento Jurídico

Asunto: Ordénase iniciar juicio coactivo

Como verá por el acta de fiscalización del 20 de mayo ppdo., los auditores que realizaron la fiscalización de la Sucursal Norte del Banco Comercial y Agrícola han comprobado que existe un desfalco de CIENTO CUARENTA Y CINCO MIL PESOS ($145.000,00) en la cuenta de caja, suma que corresponde a un cheque de CIEN MIL PESOS ($100.000,00) y a otro de CUARENTA Y CINCO MIL PESOS ($45.000,00), girados por el Cajero a la orden de «el portador» y que han sido cobrados por el mismo Cajero de dicha sucursal, Sr. Evelio Mosquera Florescano, y la Ayudante de Caja, Srta. Evangelina Montenegro Zárate, cuyas firmas aparecen endosando los cheques.

Como existe fundada presunción de que se ha cometido un desfalco en perjuicio del Banco Comercial y Agrícola, proceda de inmediato a iniciar el juicio coactivo contra los mencionados funcionarios, a fin de recaudar dichas cantidades haciendo para ello efectiva la caución de DOSCIENTOS MIL PESOS ($200.000,00) que cada uno rindió a favor del banco.

Manténgame informado de lo que ocurra.

ZA/ltv

B. Revise el vocabulario.

1. **Departamento jurídico:** sección o departamento de una empresa privada o de una oficina del gobierno que se encarga de los asuntos legales.
2. **Juicio coactivo:** acción legal drástica que sirve para que el acreedor

cobre una deuda con rapidez. Generalmente sólo las oficinas gubernamentales y los bancos pueden iniciar esta clase de litigio.

3. **Acta de fiscalización:** informe oficial preparado por un auditor para
   informar de los resultados de la auditoría.
4. **Fiscalización:** auditoría
5. **Desfalco:** tomar ilegalmente para beneficio personal el dinero perteneciente a una empresa o al gobierno.
6. **Cuenta de caja:** resumen de los ingresos (*income*) y egresos (*disburse-
   ments*) realizados por el cajero de una empresa.
7. **Suma:** cantidad
8. **Girar:** llenar y firmar un formulario de cheques.
9. **Portador:** persona que tiene un cheque u otro documento de crédito
   en su poder y puede cobrarlo.
10. **Cajero:** funcionario responsable del dinero y otros documentos de
    crédito y valores de una empresa.
11. **Endosar:** firmar un documento de crédito para que pueda ser co-
    brado.
12. **Plantear:** iniciar
13. **Recaudar:** cobrar
14. **Caución:** garantía que da una persona como seguridad por el dinero u
    otros valores que custodia y administra.
15. **Rendir:** establecer

C. Ahora responda a las siguientes preguntas.

1. ¿Quién es el remitente de este memorándum?
2. ¿A qué departamento del banco va dirigido este memorándum?
3. ¿Por qué es el Director del Departamento Jurídico el destinatario de
   esta comunicación?
4. ¿Qué documento escribieron los auditores el 20 de mayo?
5. ¿Qué es una sucursal?
6. ¿Qué irregularidad comprobaron los auditores al fiscalizar la Sucursal
   Norte del Banco Comercial y Agrícola?
7. ¿Quién giró los cheques?
8. ¿A la orden de quién fueron girados los cheques?
9. ¿Quiénes cobraron los cheques?
10. ¿Qué hicieron las personas que cobraron los cheques para poder ha-
    cerlo?
11. ¿Cómo se endosa un cheque?
12. ¿Por qué pide el Gerente General al Director del Departamento
    Jurídico que inicie el juicio coactivo?
13. ¿Para qué se iniciará el juicio coactivo contra el Cajero y la Ayudante de
    Caja de la Sucursal Norte?
14. ¿Qué garantía ofrecieron al banco el Cajero y la Ayudante de Caja?
15. ¿Es la caución ofrecida por estos dos empleados suficiente para cubrir
    el desfalco?

Cuarto repaso

••

¿LO SABÍA USTED?

Este es el cuarto grupo de palabras usadas con más frecuencia en el comercio y en la administración de empresas internacionales.

Español		*Inglés*	
31.	deber	31.	export
32.	acuerdo	32.	make
33.	costo	33.	domestic
34.	acción	34.	high
35.	venta	35.	period
36.	cédula	36.	terms
37.	inversión	37.	production
38.	proyecto	38.	goods
39.	embargo	39.	exports
40.	referirse	40.	national

DEMUESTRE SUS CONOCIMIENTOS

A. Conteste oralmente y por escrito las preguntas siguientes:

1. ¿Qué oficinas ayudan a conseguir empleos?
2. ¿Qué elementos debe contener la carta que anuncia un cargo vacante?
3. ¿Qué información debe contener el historial?
4. ¿Cuál es el propósito principal de la carta de recomendación?
5. ¿Qué responsabilidad tienen los ejecutivos sobre la correspondencia de la empresa?
6. ¿Qué información se incluye en la carta en que se le avisa al candidato que ha sido escogido para ocupar el puesto que solicitó?
7. Si se le niega al candidato el empleo solicitado, ¿en qué puntos hay que poner énfasis en la carta de negación de empleo?
8. ¿Cuál debe ser el tono de la carta de dimisión?
9. ¿Cuáles son los elementos importantes de la carta de despido?
10. Cuando se usa un cuestionario de preguntas para obtener informes específicos, ¿qué incluye la carta que lo acompaña?

11. ¿Cuál es la comunicación breve que más se utiliza en los negocios?
12. ¿Cuáles son las diferencias estilísticas entre la carta y el memorándum?
13. ¿Qué contiene la primera sección de la esquela de negocios?
14. ¿Qué datos encontramos en la tarjeta de negocios?

B. Diga si las afirmaciones siguientes son **Correctas o Incorrectas.**

1. Las convocatorias públicas son una buena fuente de candidatos para ocupar cargos vacantes.
2. La sicología de los hispanos hace que con frecuencia algunos buenos candidatos no presenten la solicitud de trabajo.
3. La hoja de servicios no debe incluir una relación de las experiencias profesionales anteriores.
4. La oficina de personal debe acusar recibo de las solicitudes de trabajo lo más pronto posible.
5. La carta de aceptación de trabajo debe limitarse a inquirir sobre las posibilidades de ascensos futuros.
6. La carta de despido debe incluir una descripción objetiva de los hechos que son la causa de la cancelación.
7. El cuestionario de informes sobre personas o empresas no debe incluir preguntas indiscretas.
8. La carta de contestación debe referirse a una sola comunicación o a varias comunicaciones que traten del mismo asunto.
9. La tarjeta de duelo es la que usan los ejecutivos en sus actividades empresariales.

C. Marque la(s) respuesta(s) que mejor concuerde(n) con el concepto expresado en cada una de las frases siguientes:

1. La carta que anuncia un puesto vacante...
   —tiene la forma de una carta rutinaria.
   —no describe el cargo existente.

2. Los anuncios de plazas vacantes...
   —aparecen generalmente en los periódicos.
   —son publicados por las oficinas de gobierno y por las empresas y negocios particulares.

3. El *curriculum vitae* es...
   —un resumen de los cursos que ofrece una universidad.
   —un compendio de las actividades académicas y profesionales de una persona.

4. La carta de acuse de recibo de una solicitud de trabajo...
   —debe ser muy optimista para que el candidato esté seguro de que obtendrá empleo.
   —no debe despertar falsas esperanzas en el solicitante.

5. Cuando los compromisos personales o profesionales lo requieren es mejor...
   —faltar al trabajo y comunicar las razones cuando se reintegre a las labores.
   —solicitar permiso antes de ausentarse y hacerlo por escrito.

6. Cuando se solicita informes...
   —es mejor que el solicitante permanezca anónimo.
   —hay que empezar por identificarse y por identificar el negocio o empresa a la que se pertenece.

7. En el memorándum se omiten...
   —generalmente las frases de cortesía, la de salutación y la de despedida.
   —las direcciones que generalmente aparecen en el membrete de las cartas comerciales.

8. La elegancia de la esquela de negocios...
   —es un mensaje extratextual que el destinatario aprecia.
   —predispone positivamente el ánimo del destinatario.

9. El mensaje de la tarjeta...
   —siempre es textual.
   —puede ser hecho por medio de dobleces codificados.

EXPRÉSESE EN ESPAÑOL

A. Traduzca al español los párrafos siguientes:

1. We have received your application for the position of Assistant Manager of our subsidiary in Valencia, Venezuela, and hope that it will be convenient for you to call our offices in New York in order to arrange an interview for early next week.
2. Thank you for your letter of September 8th. I will be pleased to interview you next Tuesday at ten o'clock.
3. His shortcomings may, however, be attributed more to his youth and inexperience than to his character, and in time he may possibly become an outstanding employee.
4. As we haven't carried out any business transactions with them before, we would appreciate it if you could give us your opinion on the credit worthiness of this potential customer.

¡MANOS A LA OBRA!

A. Aquí tiene varios anuncios de trabajo. Léalos con atención y prepárese a realizar las siguientes tareas:

1. De los puestos anunciados, escoja el que le gustaría ocupar.
2. Siguiendo las instrucciones dadas en el anuncio, si las hay, y su propia iniciativa,
   a. prepare su historial o *curriculum vitae*;
   b. escriba una carta solicitando el puesto.

B. De los puestos anunciados, escoja otro. Con la información que aparece en el anuncio, y como si Ud. fuese el Jefe de Personal, escriba un memorándum a su Gerente indicándole que hay un candidato a quien Ud. cree que se le debe ofrecer el empleo porque tiene todas las cualidades señaladas en el anuncio.

EJERCICIO DE INTERPRETACIÓN

Aquí tiene un anuncio de M/SOFEMASA solicitando candidatos para puestos vacantes. Después de leer el texto, conteste las siguientes preguntas.

1. ¿En qué actividad es líder esta empresa?
2. ¿Qué puestos tiene vacantes?
3. ¿Qué es la informática?
4. Antes de ser ascendidos, ¿recibirán entrenamiento los candidatos? Cite textualmente la frase que lo indica.
5. ¿A qué rango serán ascendidos los candidatos después de recibir el entrenamiento?
6. ¿Qué estudios deben tener los que soliciten los puestos?
7. ¿Qué experiencia?
8. ¿Cuántos lenguajes de programación deben saber los candidatos?
9. ¿Qué idioma extranjero deben conocer?
10. ¿Qué factores se tomarán en cuenta para decidir el sueldo?
11. ¿Con qué frecuencia se revisarán los sueldos?
12. ¿A qué dirección hay que solicitar informes detallados?

PROYECTOS

A. Después de ponerse en contacto con varias agencias de colocaciones y de averiguar qué puestos hay disponibles para personas que tienen su preparación académica e intereses profesionales, prepare un informe escrito y presente un sumario oral a la clase describiendo los resultados de su investigación.

B. Revise los anuncios de trabajo que aparecen en *The New York Times, The Wall Street Journal,* o el periódico de su ciudad; escoja la descripción más completa sobre un cargo anunciado, y prepare una versión en español.

C. Investigue qué oficinas del gobierno o particulares existen en la ciudad para ayudar a conseguir trabajo a los interesados, o a conseguir trabajadores para las empresas. Escriba un informe y presente oralmente en clase los resultados más importantes de su investigación.

D. Investigue en la biblioteca o en la oficina de colocaciones de su universidad cuáles son las publicaciones especializadas particulares y gubernamentales que usan esas oficinas para ayudar a colocar a los estudiantes que se gradúan. Escriba un informe y presente los resultados oralmente en clase.

CAPÍTULO 12

Las comunicaciones oficiales

Los empleados y funcionarios gubernamentales

Llamamos comunicaciones oficiales a aquéllas en las que el remitente, el destinatario o ambos son empleados o funcionarios del gobierno. La diferencia entre un empleado y un funcionario está en que el funcionario es una persona que realiza una función específica de un organismo gubernamental. Por ejemplo, los jueces o los ministros de las cortes de justicia administran justicia; los miembros de la legislatura legislan—dictan leyes; el presidente de la república ejecuta las leyes.

El empleado, por otra parte, lleva a cabo determinadas actividades administrativas, lo cual facilita que las funciones de los organismos gubernamentales se realicen ordenadamente. Por ejemplo, los secretarios de los juzgados o de las cortes de justicia son empleados que ayudan a que los jueces puedan administrar justicia; las personas que trabajan en las oficinas de los legisladores hacen posible que los senadores y diputados desempeñen sus funciones legislativas.

Clasificación de las comunicaciones oficiales

La correspondencia oficial se clasifica en tres grandes grupos: la *correspondencia interdepartamental*, la *correspondencia diplomática* y la *correspondencia nacional* o *doméstica*.

La *correspondencia interdepartamental* está constituida por las comunicaciones escritas por empleados y funcionarios, cuyos destinatarios son los empleados y funcionarios de otras dependencias. A esta clase pertenecen los oficios y otras comunicaciones especiales.

Los *oficios* son las comunicaciones preparadas en las oficinas del gobierno, y relacionadas con las funciones y actividades administrativas propias de esas dependencias. Su apariencia y estilo son los de una carta comercial. Casi siempre los oficios tienen una referencia que debe ser mencionada cada vez que uno se refiere a ellos. Otro detalle característico es el uso frecuente de una frase o lema patriótico como antefirma.

Lemas patrióticos usados como antefirma

En México:

«Sufragio efectivo, no reelección»

En Colombia:

«Dios y Patria»

En el Ecuador:

«El Ecuador ha sido, es y será país amazónico»

Los funcionarios gubernamentales dirigen también comunicaciones especiales a otras oficinas. Estas comunicaciones tienen textos muy elaborados; están llenas de expresiones típicas, son escritas muchas veces en unas hojas de papel especial llamado papel ministro, y son designadas con nombres especiales como los que se mencionan a continuación.

> **Comisión:** comunicación en la que un funcionario de rango superior manda que un funcionario de rango inferior realice una diligencia° administrativa.

> **Petitorio:** comunicación en la que un funcionario pide a otro funcionario de igual jerarquía que realice una diligencia administrativa.

> **Deprecatorio:** comunicación en la que un funcionario inferior ruega a un funcionario superior que realice una diligencia.

> **Delegatorio:** comunicación en la que un empleado o funcionario permite a otro que realice una diligencia.

La *correspondencia diplomática* está constituida por las comunicaciones escritas por los funcionarios encargados de las relaciones internacionales, y van dirigidas a sus **homólogos** de otro país.

Las comunicaciones diplomáticas, cuyo nombre genérico es el de *notas diplomáticas*, tienen una apariencia típica, utilizan un estilo y un vocabulario *sui-géneris* y tienen nombres especiales, como *Cartas patentes, Exequatur, Placet.*

La correspondencia oficial doméstica

También los comerciantes y las empresas reciben comunicaciones de las oficinas del gobierno o tienen que dirigirse por escrito a ellas.

Las comunicaciones que se originan en las oficinas públicas y que van dirigidas a los particulares también se denominan oficios. Como ya se explicó, los oficios tienen la apariencia de cartas comerciales.

De consiguiente, el comerciante que recibe esta clase de comunicación debe considerarla de una manera profesional y contestarla con la debida prontitud.

Modelo de oficio

**Instituto Nacional de Fomento
de la Exportación**
Secretaría de Estado de Comercio

Paseo de la Castellana, 14 - 28046 Madrid - Tel. 431 12 40
Apartado 14.710 - Télex: 47392 IECE

RAMON TEJEIRO VIDAL

Reutbergerstr, 2

8000 MÜNCHEN 70

(R.F.A.)

Madrid, 07.02.86

S/Ref.: 29.01.86
N/Ref.: L6296/PF/co
ASUNTO: Rep. Maquina-Herramienta y equipos y componentes automoción

Muy Sr. nuestro:

En contestación a su petición, tenemos
el gusto de enviarle la información solicitada.

Rogamos haga referencia al I.N.F.E. en
su primer contacto con las empresas proporcionadas.

Esperando haberle complacido, le saluda atentamente,

Pilar Fernández
Información Nacional

infe SALIDA
000296 07.02.86
DPTO.INFORMACION NACIONAL
DPTO.INFORMACION Y ANALISIS

Al contestar un oficio por medio de una carta, hay que incluir en la sección correspondiente al destinatario, el nombre, la dirección y el cargo que ocupa como funcionario o empleado.

......

```
Señor Economista
Patricio Velarde Vinueza
Director General de Comercio Exterior
Ministerio de Hacienda
Avenida del Ejército No. 131415
Bogotá, Colombia
```

......

Además de las cartas dirigidas a los funcionarios y empleados del gobierno por múltiples motivos, los comerciantes y las empresas de negocios por medio de sus **personeros** escriben comunicaciones especiales para informar o pedir. Las dos comunicaciones especiales que más se usan son el *memorial* y el *ocurso*.

El memorial

El *memorial*, llamado también aviso, es una comunicación por medio de la cual una persona (individuo o empresa) se dirige a un empleado o funcionario gubernamental para declarar ciertos actos y hechos que la ley exige que sean declarados; o para dar a conocer ciertos actos y hechos que el comerciante cree que el funcionario o empleado debe conocer.

No existe una manera uniforme de redactar el memorial, pues factores como el asunto al que se refiere, el funcionario o empleado al que va dirigido, la costumbre de cada lugar, hacen que cambie su apariencia. En todo caso, el estilo es siempre elaborado con muchas expresiones y fórmulas típicas, el tono es serio y profesional y la estructura es constante. El texto del memorial puede ser distribuido de la manera siguiente:

- **El destinatario.** Se empieza por indicar a quién va dirigida la comunicación, mencionando sólo el cargo del funcionario, no su nombre. El omitir el nombre del funcionario demuestra que se escribe la comunicación por razones oficiales, no personales, y sirve para evitar que, si hubiera un cambio administrativo, el uso del nombre del empleado anterior se tome como muestra de amistad estrecha con el remitente.

  Generalmente en el memorial se omite la dirección postal y la dirección domiciliaria porque se supone que esta comunicación debe ser entregada personalmente en la oficina del gobierno. En lugar de esas direcciones se utiliza expresiones como «Presente» o «En su despacho».

- **El asunto.** A continuación aparece la palabra «Asunto:» seguida de un brevísimo resumen del contenido del memorial. Esto facilita a los empleados de la oficina dar trámite° a la comunicación sin necesidad de leer todo el texto.

- **La frase de salutación.** Ésta es generalmente eliminada del memorial. Si el remitente quiere ser extremadamente cortés, puede usar como frase de salutación la palabra «Señor» seguida del título o cargo que tiene el destinatario.

```
      . . . . . .

   Señor Director de Inmigración y Extranjería:
```

- **La primera sección.** Ésta generalmente sirve para que el remitente se identifique, dando los datos personales y los que sean pertinentes al asunto del que trata la comunicación.

```
      . . . . . .

   Señor Director de Inmigración y Extranjería:
   Reinaldo Petronio Alcántara Piedrahita, mayor de
   edad, de nacionalidad colombiana, portador del
   pasaporte No. PO-987654, visa de residencia No. VR-
   3210, Contador Público de profesión,...
```

- **La frase conectiva.** A continuación, sea formando parte de la primera sección o a **renglón** separado, encontramos cierta expresión típica como «a Ud., con todo respeto, expongo:», «a su autoridad, respetuosamente digo:», «a Ud., ... hago saber:», que sirve de lazo de unión entre la primera sección y el resto del memorial.

- **La sección expositiva** o **exposición,** es la parte donde se presenta el asunto. Puede tener uno o varios párrafos, según la extensión que sea necesaria para el caso.

```
   ... a Ud., respetuosamente digo:
   que, como consta en el Registro de Extranjeros, mi
   domicilio actual es en la Avenida Libertadores No.
   1357 de esta capital.

   Que por haber aceptado el cargo de Contador de
   ITESA, me veo precisado a cambiar de residencia, a
   fin de poder trasladarme más fácilmente al lugar de
   mi nuevo trabajo.

   Que por consiguiente, mi nuevo domicilio es en la
   Carrera Séptima No. 468, 1°, derecha...
```

- *La frase de despedida.* Ésta es cierta fórmula especial propia de cada caso como «Protesto lo necesario», «Es de ley».
- *La firma del remitente.* Ésta da término a la comunicación.

Nota de
••••••••••••
Interés
••••••••••••
profesional
••••••••••••

Como se dijo, en el memorial se omite el lugar y la fecha porque se supone que el remitente entrega personalmente esta comunicación.

Al ser entregada, el empleado encargado (generalmente el secretario de la oficina) escribe al pie de la comunicación la llamada «*fe de presentación*», que certifica que la comunicación ha sido recibida.

Modelo de memorial

Señor Director de la Oficina de Estadística
Secretaría de Industria y Comercio
Presente

Asunto: Comunícase cambio de razón social

Yo, Heriberto Argüello Zaldívar, de nacionalidad
chilena, mayor de edad, portador de la cartilla de
identidad No. 45678910, con domicilio en la Avenida
Caupolicán, 327 de esta capital, gerente de ALMACENES
LA NORMA, S.A. de R.L., ante usted con todo respeto

EXPONGO:

Que, de acuerdo con lo ordenado por el artículo 17 de la
Ley General de Estadística, procedí el día 5 de junio de
19xx a cambiar la razón social de mi negocio de equipos
de oficina, OFICISA––con un capital de DOS MILLONES DE
PESOS ($2.000.000,00), y con su domicilio legal situado
en la calle Popocatepetl, No. 1257 de esta ciudad––por
el de ALMACENES LA NORMA, S.A. de R.L. que regirá en el
futuro.

Es de ley.

                    Heriberto Argüello Zaldívar
                    GERENTE GENERAL

El ocurso

El *ocurso,* llamado también *solicitud, petición* o *instancia,* es la comunicación escrita por una persona (natural o jurídica) para solicitar algo a un empleado o funcionario del gobierno.

También el estilo del ocurso se caracteriza por una sintaxis más elaborada que la de la carta comercial. Contiene expresiones típicas que no aparecen en otras comunicaciones comerciales, y conserva siempre un tono serio y respetuoso. El material del ocurso está distribuido de la siguiente manera:

- *El lugar y la fecha.* Como en el memorial, estos elementos muchas veces pueden ser omitidos porque al pie de la comunicación vendrá la fe de presentación. Si aparecen, están en la primera línea del papel, hacia la derecha.

- *El destinatario* del ocurso está designado de preferencia por medio del cargo que ocupa por las razones ya indicadas al hablar del memorial.

- *Las expresiones* «Presente», «En su despacho», «En sus manos» u otras similares aparecen luego, en vez de la dirección porque, como se dijo, en teoría esta comunicación es entregada personalmente en la oficina del destinatario.

- *La palabra «Asunto:»* seguida de un corto resumen del contenido del ocurso sirve para facilitar el trámite de la petición.

- *La primera sección,* generalmente de un párrafo, contiene la identificación del remitente y de la empresa, si la petición es hecha en representación de ella. Esta sección se cierra con una fórmula establecida por la costumbre, que sirve para conectarla con la sección segunda.

Fórmulas conectivas utilizadas en el ocurso

```
A Ud. con respeto digo:

A su autoridad, respetuosamente expongo:

A Ud. con respeto hago saber:
```

- *La sección expositiva,* de uno o más párrafos, sirve para indicar los hechos y para mencionar los derechos que cree tener el remitente para hacer la solicitud. Se cierra la exposición con otra fórmula típica la cual, al mismo tiempo, sirve para establecer conexión con la tercera sección.

Fórmulas utilizadas para cerrar la exposición

```
Por lo expuesto, respetuosamente solicito:

Por lo antedicho, con respeto pido:

En vista de lo expresado, a su autoridad suplico:
```

- **La tercera sección** contiene la petición propiamente dicha, expresada con la mayor claridad y concisión posibles. Si no lo hizo en la exposición, el peticionario debe mencionar aquí explícitamente la **disposición** legal en la que basa su petición.

  Termina la tercera sección con una fórmula típica para esta clase de comunicación, la cual puede variar de acuerdo al lugar, al asunto y a la autoridad a la que se dirige el ocurso.

Fórmulas utilizadas para cerrar la petición

```
Sírvase atenderme

Es de justicia

Es de ley

Protesto lo necesario

Protesto a Usted mis respetos
```

- **La firma** del peticionario cierra el ocurso.

**Nota de
Interés
profesional**

- Como en el caso del memorial, también en el ocurso, el empleado correspondiente pone la fe de presentación certificando que ha recibido la comunicación en determinadas fecha y hora.

- El memorial y el ocurso pueden redactarse en primera persona o en tercera persona; por ejemplo:

  ```
  Yo, Pedro de Urdemales, mayor de edad ......,
  a Ud. con el debido respeto expongo:

  Pedro de Urdemales, mayor de edad ......, a
  Ud. con el debido respeto expone:
  ```

- En algunos casos, sobre todo tratándose de peticiones, la ley exige que además de la firma del solicitante aparezca la firma del abogado que lo **patrocina.**

Ahora existen formularios preparados de antemano para casos rutinarios. Sin embargo, casi siempre hay que redactar toda la comunicación porque las circunstancias de cada caso son diferentes.

Es aconsejable solicitar la ayuda de expertos para que ellos preparen estas comunicaciones en la forma establecida por la ley y las costumbres.

Modelo de ocurso

SEÑOR DIRECTOR DE INMIGRACIÓN

En su despacho

        Asunto: solicítase permiso para salir y entrar al/del país

Yo, _____ (nombre del peticionario, de origen extranjero), originario de _____, de nacionalidad _____, soltero, mayor de edad, domiciliado en la casa No. _____ de la calle _____ de la ciudad de _____, a Usted, respetuosamente

EXPONGO:

Que *radico* en la ciudad de _____, antes mencionada, desde el _____ de _____ de 19 _____, mediante el permiso de residencia expedido por _____ (oficina del Estado que le ha dado el permiso—Dirección de Inmigración, Ministerio de Relaciones Exteriores, Oficina de Extranjería, etc.) el _____ de _____ de 19 _____.

Que el *susodicho* permiso me autoriza a llevar a cabo mis actividades como _____ (cargo que ocupa—Director de Ventas, Gerente de Importación y Exportación, Editor de la revista [nombre de la revista] _____ –), lo cual requiere tener que viajar a _____ (mencione los países extranjeros a los que tiene que viajar) por lo menos una vez cada mes.

Por lo antes expuesto, con la debida consideración, a Usted, respetuosamente

SOLICITO:

Se digne expedir a mi favor el correspondiente permiso para salir del país y regresar a él cuantas veces necesite hacerlo, siempre que mis ausencias sean debidas a mis obligaciones profesionales y previo el aviso *de rigor* a las autoridades de inmigración hecho por medio del oficio correspondiente, cada vez que salga y regrese al país.

Sírvase atenderme,

_____

El papel sellado

En casi todos los países hispanos existen **disposiciones** legales que ordenan el uso del papel sellado para ciertas comunicaciones dirigidas al gobierno, de manera especial para las solicitudes u ocursos. Las reglas legales varían de país a país, pero en general coinciden en los siguientes puntos:

El papel sellado o papel timbrado es una hoja de 32 cm. × 21½ cm., en la que están impresos el sello o escudo nacional, un **timbre** valorado y cierto número de líneas numeradas en su extremo izquierdo. Cada hoja de papel sellado tiene un precio básico, pero hay que adherir timbres por mayor valor si la cuantía del asunto tratado es mayor a una cantidad establecida, o si el escrito se refiere a ciertas situaciones especiales señaladas por la ley.

El requerir que se use papel sellado es una manera de cobrar impuestos directos a los **usuarios** de los servicios y oficinas del gobierno.

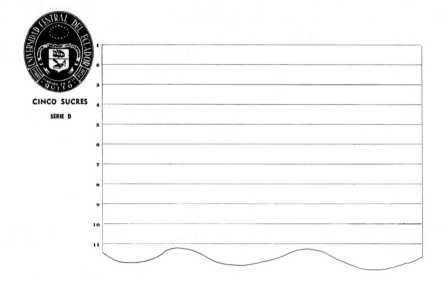

CINCO SUCRES
SERIE D

PALABRAS Y EXPRESIONES CLAVES

de rigor: requerido; obligatorio.

disposición: regla; estatuto.

homólogo: empleado o funcionario que tiene el mismo cargo en otra institución, empresa o departamento.

patrocinar: representar; respaldar.

personero: empleado que ocupa un alto cargo en una empresa y que realiza alguna actividad en representación de la empresa.

radicar: vivir; habitar.

renglón: línea.

susodicho: antes mencionado; anterior.

timbre: sello o estampilla por medio del cual se pagan ciertos derechos fiscales.

usuario: persona o empresa que utiliza algún servicio.

verse precisado a: ser necesario, ser requerido.

EJERCICIOS Y PRÁCTICA

Interpretación de una comunicación oficial

El señor Bernabé Santiago Gaviría Marroquín ha demandado a su patrón, la CLÍNICA LA ESPERANZA, por despido injustificado del cargo de Director de Equipos del Departamento de Radiología. Por el cargo que Ud. tiene—Administrador General—el Dr. Manuel Vela Badillo, Gerente de la Clínica La Esperanza, le encarga que estudie el caso y se presente personalmente ante el Juez Provincial de Trabajo para contestar a la demanda del Sr. Gaviría. Para cumplir las órdenes del Gerente, Ud. tiene primero que interpretar cuidadosamente este ocurso siguiendo los pasos ya indicados: a) lectura completa de la comunicación; b) revisión del vocabulario; c) verificación de la comprensión contestando luego a las preguntas formuladas.

A. *El texto de la demanda*

SEÑOR JUEZ PROVINCIAL DE TRABAJO
EN SU DESPACHO

>   Asunto: demanda de trabajo por despido
>   intempestivo e injustificado.

Yo, Bernabé Santiago Gaviría Marroquín, de treinta años de edad, casado, vecino de esta ciudad, con domicilio legal en el despacho profesional de mi abogado, Dr. Daniel Rodas Bustamante, sito° en la calle Bolívar No. 121 de esta capital, ingeniero electrónico de profesión, ante su autoridad comparezco y respetuosamente

>   DIGO:

Que con fecha 30 de abril de 19xx fui contratado por el Dr. Manuel Vela Badillo, Gerente de la Clínica La Esperanza, para desempeñar el cargo de Director de Equipos del Departamento de Radiología de dicha institución médica, con un sueldo mensual de $1.500,00. Que el 15 de diciembre del mismo año se me comunicó verbalmente el cese° en el cargo que ininterrumpidamente había estado desempeñando, sin abonarme todas las cantidades que por ley me correspondían.

Por lo expuesto, y fundando mi derecho en el literal c), numeral 7°, del art. 1234 del Código Civil, así como en lo establecido en el art. 68, aparte h) del Código de Trabajo vigente, a usted, con la debida consideración

SOLICITO:

Que acepte, como a derecho corresponde, esta demanda
contra el Dr. Manuel Vela Badillo, en su calidad de
Gerente de la Clínica La Esperanza.

Que, previo traslado de mi demanda a la parte demandada y cumplidos los demás trámites legales a que hu-
biere lugar, condene al señor Gerente de la Clínica
La Esperanza, Dr. Manuel Vela Badillo, al pago de las
indemnizaciones a que tengo derecho según el art. 75
del Código Laboral ya citado, al envío inmediato de las
cantidades que como aporte patronal le corresponde
hacer en mi cuenta del Seguro Social, y al reintegro de
las sumas con las que contribuí al Fondo Especial de
Desocupación de los Empleados de la Clínica La Esperanza.

Que en lo sucesivo, se me notifique en el domicilio
legal que antes he indicado, aceptando que mi representante legal—Dr. Daniel Rodas Bustamante—firme en
adelante a mi nombre cualquier escrito que sea menester
presentar en mi defensa.

Protesto lo necesario.

                              Quito, a 20 de diciembre de 19xx

Dr. Daniel Rodas B.   Bernabé S. Gaviría M.

B. *Revisión de vocabulario*

Valiéndose del diccionario o con la ayuda de su maestro, revise el
significado de las siguientes palabras y expresiones que son importantes para comprender el ocurso:

1. Despacho	7. Abonar	13. Trámite
2. Demanda	8. Fundar	14. Condenar
3. Sito	9. Aparte	15. Aporte
4. Comparecer	10. Vigente	16. Patronal
5. Desempeñar	11. Gerente	17. Reintegro
6. Cese	12. Cumplir	18. Ser menester

C. *Verificación de la comprensión*

Oralmente primero y por escrito después, conteste las siguientes preguntas relacionadas con el texto del ocurso.

1. ¿Cómo se llama el demandante?
2. ¿Qué se entiende por demandante en un litigio?
3. ¿Por qué demanda el Sr. Ing. Bernabé Santiago Gaviría Marroquín al Dr. Vela?
4. ¿Qué cargo ocupa el Dr. Vela?
5. ¿Cuándo fue contratado el Ing. Gaviría por la Clínica La Esperanza?
6. ¿Para qué cargo fue contratado el demandante?
7. ¿Qué sueldo recibía el Sr. Bernabé Gaviría?
8. ¿Cuándo se le comunicó al demandante el cese en el cargo?
9. ¿Cómo se le comunicó el despido?
10. ¿En qué disposiciones legales funda el demandante su derecho para demandar a la Clínica La Esperanza?
11. ¿Ante qué autoridad presenta la demanda?
12. ¿En qué calidad lo demanda el Ing. Gaviría al Dr. Vela?
13. ¿Qué es lo primero que tiene que hacer el juez?
14. ¿Qué tendría que pagar la empresa demandada si el Juez considerase que la demanda es justa?
15. ¿Qué es un aporte?
16. ¿Qué se entiende por «prestación laboral»?
17. ¿Con qué objeto se crea un fondo de desocupación?
18. ¿Quién firmará en lo sucesivo los escritos legales del Sr. Gaviría?
19. ¿En qué clase de papel estaría escrita esta demanda?

¡El negocio está en sus manos!

Cuando se gradúe, será Ud. quien deba abrirse paso en el fascinante pero competitivo campo de trabajo de un ejecutivo internacional. En contraste con la vida académica en donde todo se resuelve a un nivel teórico, su vida profesional le presentará cada día problemas que deben ser afrontados y resueltos. Las situaciones que a continuación aparecen le ofrecerán la oportunidad para ejercitar y demostrar su talento y sus conocimientos.

A. *El acta de nacimiento*

Para poder viajar al extranjero necesita obtener su pasaporte. Por consiguiente tiene que presentar una copia del acta de nacimiento que debe ser solicitada al funcionario correspondiente. Aquí tiene un formulario que le ayudará en esta diligencia. Llénelo utilizando sus datos personales.

Señor Jefe del Registro Civil

En su despacho

                    Asunto: solicítase copia del acta de
                             nacimiento.

_____, mayor de edad, sol-
tero, vecino de esta ciudad, domiciliado en
_____, a su autoridad, con
el debido respeto,

EXPONE:

Que por razones profesionales se ve precisado a ausentarse del país por un tiempo aún no determinado. Que por
no haberlo hecho antes, no ha obtenido el pasaporte
necesario que lo acredite como ciudadano _____, apto
para salir del país y para ser aceptado en los países
extranjeros.

Que de acuerdo con el Reglamento de Expedición de
Pasaportes, hace falta presentar una copia certificada
del acta de nacimiento que pruebe la identidad del solicitante.

Por lo antes expuesto, el infrascrito a usted atentamente,

SOLICITA:

Le sea expedida una copia de la referida acta que a fo-
jas _____ del correspondiente Libro de Inscripciones
aparece, indicando en ella los siguientes datos:

Nombre:

Lugar de nacimiento:

Fecha de nacimiento:

Es de ley.

      _____, a _____ de _____ de _____

                    _____

SEÑOR DIRECTOR DE INMIGRACIÓN

PRESENTE

Asunto: solicítase pasaporte ordinario.

Yo, _____, mayor de edad, soltero, _____ de profesión y domiciliado en la casa No. _____ de la calle _____ de esta ciudad, con la mayor consideración y debido respeto,

EXPONGO:

Que como consta de la copia certificada del acta de nacimiento otorgada por el señor Jefe del Registro Civil, soy ciudadano _____ por nacimiento.

Que al tenor del oficio suscrito por el Jefe de la Oficina Provincial de Ingresos Fiscales, no adeudo al estado contribuciones por concepto de impuestos a la renta y a la propiedad.

Que por asuntos profesionales tengo que viajar a _____, por lo que preciso el correspondiente pasaporte ordinario que avale mi identidad, nacionalidad y autorización para salir del país y viajar al extranjero.

Por todo ello, con toda atención,

SOLICITO:

Que previos los trámites reglamentarios y el pago de los derechos correspondientes, se digne impartir las órdenes necesarias para que me sea expedido el pasaporte ordinario que solicito y luego refrendarlo con su firma y sello para que surta los efectos de ley.

Es de justicia.

_____, a _____ de _____ de _____

_____

B. *Ocurso para solicitar el pasaporte*

Ya tiene en su poder la copia del acta de nacimiento. Utilizando el formulario en la página 267, solicite el pasaporte.

C. *Ocurso solicitando revalidación de título universitario*

Supongamos que al presentarse en el banco en el que Ud. será Jefe del Departamento de Préstamos, el Gerente le comunica que debe revalidar su título universitario de los Estados Unidos. Como el Gerente ya tiene el formulario que Ud. necesita, complételo con sus datos personales.

EXCMO. SR. MINISTRO DE EDUCACIÓN NACIONAL

Sección de Relaciones Internacionales
Asunto: Revalidación de estudios.

D. _____, natural de _____, de nacionalidad _____, con domicilio en _____, a V.E. con el debido respeto expone:

Que ha cursado estudios _____ de

(totales o parciales)

_____ en _____, centro de enseñanza superior situado en el Estado de _____, habiendo obtenido el Título de _____.

Que desea se le convaliden por los equivalentes españoles de _____ acogiéndose para ello a _____.

Por lo que a V.E. suplica tenga a bien concederle la convalidación de estudios de referencia.

Gracia que espera alcanzar de V.E., cuya vida guarde Dios muchos años.

Madrid, _____ de _____ de 19 _____

_____

D. *Solicitud de permiso para salir y entrar al/del país*

Una de las tareas que tiene que desempeñar es supervisar los préstamos que hace el banco en Italia, Francia y Portugal. Por esto, tiene que solicitar a las autoridades de inmigración un permiso especial para salir y entrar. Llene la instancia para el Director de Inmigración y Extranjería.

SEÑOR DIRECTOR DE INMIGRACIÓN
EN SU DESPACHO

Asunto: solicítase permiso para salir y entrar
al/del país.

Yo, _____ (nombre del
peticionario, de origen extranjero), originario de
_____, soltero, mayor de edad, domiciliado en
la casa No. _____ de la calle _____ de la
ciudad de _____, a Usted, respetuosamente

EXPONGO:

Que radico en la ciudad de _____ desde el
_____ de _____ de 19 _____, mediante el permiso de residencia expedido por _____ (oficina
del Estado que le ha dado el permiso--Dirección de Inmigración, Ministerio de Relaciones Exteriores, Oficina
de Extranjería, etc.--) el _____ de _____ de
19 _____.

Que el susodicho permiso me autoriza a llevar a cabo mis
actividades como _____ (cargo que ocupa) lo
cual requiere tener que viajar a _____ (mencione los países extranjeros a los que tiene que viajar) por lo menos una vez cada mes.

Por lo antes expuesto, con la debida consideración, a
Usted, respetuosamente

SOLICITO:

Se digne expedir a mi favor el correspondiente permiso
para salir del país y regresar a él cuantas veces necesite hacerlo, siempre que mis ausencias sean debidas a
mis obligaciones profesionales y previo el aviso de
rigor a las autoridades migratorias hecho por medio del
oficio correspondiente, cada vez que salga y regrese al
país.

Sírvase atenderme,

_____

CAPÍTULO 13

Las telecomunicaciones

La tecnología moderna

Las actividades comerciales requieren que las comunicaciones lleguen con la mayor rapidez posible. Pequeñas demoras pueden ocasionar pérdidas irreparables y graves consecuencias económicas. La eficacia del comercio y el éxito económico son muchas veces consecuencia de la prontitud° con la que se transmiten mensajes entre los interlocutores.

La tecnología moderna ha puesto al servicio del hombre de negocios el telégrafo, la radio, el télex, la televisión, los satélites de comunicaciones, los cables submarinos y hasta el rayo laser; todo lo cual ha revolucionado los sistemas de comunicaciones, permitiendo que los mensajes lleguen casi instantáneamente al destinatario.

A los mensajes que se transmiten por medio de estas invenciones modernas los llamamos telecomunicaciones. La utilización frecuente de las telecomunicaciones y su reciente invención han creado un léxico propio de ellas, una poderosa industria para la fabricación, instalación y mantenimiento de aparatos eléctricos y electrónicos, así como empresas nacionales e internacionales de servicios de telecomunicaciones controladas por el gobierno o por empresas particulares. Los mensajes mismos responden a un código lingüístico *sui-géneris*, resultado de la necesidad de reducir el texto a fin de que el costo para los usuarios no sea prohibitivo.

En este capítulo se examinará el vocabulario de las telecomunicaciones y los servicios disponibles para el público dentro y fuera del país; se explicará las estrategias utilizadas para reducir la longitud de los textos; se dará modelos de aplicación de esas técnicas y se incluirán ejercicios que servirán de práctica de entrenamiento.

El vocabulario de las telecomunicaciones

Los términos utilizados para designar las telecomunicaciones corresponden generalmente al medio electrónico que se use para transmitirlas. Así pues, se habla de *telegramas, cablegramas, radiogramas, télex, telefonemas, giros telegráficos*.

El término *telegrafía* significa escritura a larga distancia. Este vocablo se aplica también a la parte de la física que estudia los principios y las aplicaciones de los sistemas de transmisión de mensajes utilizando el telégrafo inventado por Samuel F. B. Morse y los que han ido apareciendo como modelos perfeccionados desde su invención original.

El telegrama. La palabra telegrama designa aquellos mensajes transmitidos por medio de aparatos telegráficos. Generalmente este término se refiere a mensajes que circulan dentro del país.

El cablegrama. Esta palabra se refiere generalmente a una comunicación internacional. Su origen está en los mensajes transmitidos por medio de cables submarinos tendidos a través del océano. Por extensión, ahora se usa este término para designar los mensajes transmitidos por medio de otros sistemas electrónicos, pero conservando la connotación de comunicaciones internacionales.

El radiograma. Cuando usamos la palabra radiograma nos referimos a un mensaje transmitido por medio de las **ondas hertzianas** utilizando sistemas fónicos (micrófonos) o, de preferencia, el código morse. Este término puede aplicarse a una comunicación nacional o internacional.

El telefonema. Los telefonemas son mensajes dictados por el operador de teléfonos al operador de otra estación telefónica para que los transcriba y los remita al destinatario. Con la popularización de los aparatos telefónicos esta comunicación se va usando menos.

Nota de Interés profesional	Los países hispanoamericanos ocupan el segundo lugar, después de los países industrializados, en el número de aparatos telefónicos en uso. Sin embargo, debido a las crecientes necesidades, la disponibilidad de líneas telefónicas no abastece a la demanda. Así pues, hay que estar preparado a sufrir una espera de seis meses o más hasta que la empresa de teléfonos instale el aparato solicitado.
	Algunos **abonados,** al vender o alquilar sus casas, departamentos, oficinas, almacenes o tiendas **ceden** el uso de la línea telefónica a cambio de un pago convencional.

Servicios de telecomunicaciones

No todas las empresas de telecomunicaciones de los países hispanos ofrecen los mismos servicios. Aun en el mismo país desaparecen ciertos servicios para dar paso a otros, según lo justifique la demanda del público y las facilidades técnicas. Los servicios que generalmente se ofrecen son los siguientes:

Mensajes ordinarios. Este servicio es el más barato porque los mensajes se transmiten **por turno,** según se presenten en la oficina de telégrafos.

Mensajes urgentes. Estos mensajes tienen preferencia sobre los ordinarios, por esto la tarifa es más alta. Al ser recibidos en la estación de destino, los telegramas urgentes son entregados a los destinatarios, por medio de mensajeros encargados de hacerlo, de preferencia a los telegramas ordinarios.

Mensajes urgentes/recomendados. Los mensajes enviados utilizando este servicio tienen preferencia sobre los urgentes; es decir, son transmitidos antes que los ordinarios y los urgentes. Además, estos mensajes son repartidos por mensajeros especiales tan pronto como llegan a la oficina receptora. Por esta razón la tarifa es más alta que la de los dos servicios antes mencionados.

Mensajes cotejados o colacionados. Este servicio asegura la exactitud de la comunicación porque la oficina receptora retransmite el texto a la oficina de origen, a fin de que se compruebe que todas las palabras han sido transmitidas y recibidas con exactitud. El mensaje cotejado puede ser ordinario, urgente o recomendado pero, por las repetidas transmisiones del texto para comprobar su exactitud, la tarifa es muy elevada.

Nota de
Interés
profesional
En los países donde los servicios de telecomunicaciones están nacionalizados, la empresa de telecomunicaciones no se responsabiliza, por lo general, de la exactitud de los mensajes transmitidos.

Sólo si se ha utilizado los servicios de mensajes cotejados o posteriormente se solicita la repetición del mensaje, las oficinas garantizan la exactitud del texto transmitido con la del texto presentado en la oficina de origen.

Mensajes diferidos. Estos mensajes deben esperar para ser transmitidos a las horas de menos congestión, ayudando así a las empresas de telecomunicaciones a utilizar al máximo sus instalaciones, y a los usuarios a gozar de tarifas más razonables.

La llamada carta nocturna es una comunicación típica de esta categoría, la cual, además de ser diferida, tiene un texto limitado a un determinado número de palabras.

Mensajes con contestación pagada. Este servicio permite al remitente que pague por anticipado el mensaje que contestará el destinatario, limitándolo a un número de palabras y a una clase de servicio.

Si el destinatario se excede en el número de palabras establecido o prefiere utilizar un servicio de tarifa más alta que la escogida por el remitente, tiene que **abonar** la cantidad que falte.

Mensajes en idiomas extranjeros y en clave. Es posible enviar mensajes en idioma extranjero si están escritos en caracteres romanos. También se puede enviar mensajes **en clave** que no sea exótica o impropia. Las tarifas para estos servicios son más altas que las de los servicios transmitidos en el idioma nacional.

Nota de
Interés
profesional
Generalmente las oficinas de telecomunicaciones requieren que quien deposita un mensaje firme al pie del texto, demostrando así que es responsable del contenido, aunque aparezca el nombre de otra persona como remitente.

Las telecomunicaciones no son consideradas comunicaciones auténticas porque las oficinas no se responsabilizan de su exactitud, porque el destinatario no recibe el mensaje original firmado por el remitente, y porque la copia que el destinatario tiene es sólo una versión transcrita por la oficina receptora.

En vista de que las telecomunicaciones no son consideradas textos auténticos, los jueces y tribunales no las aceptan como pruebas **fehacientes** en caso de litigio.°

Giros telegráficos. En casi todos los países, las oficinas de telecomunicaciones ofrecen el servicio de giros telegráficos. Gracias a este servicio el usuario deposita una cantidad de dinero en la oficina **expedidora** para que un **beneficiario** la reciba en la oficina pagadora cuando se haya recibido allí la orden de pago en forma de un mensaje telegráfico.

El usuario de este servicio paga, además de los derechos del giro, el importe del mensaje transmitido a la oficina pagadora y del mensaje de aviso para el beneficiario.

FORMA D G T N - 42

DIRECCION GENERAL DE TELEGRAFOS NACIONALES
SERVICIO DE GIROS
SOLICITUD

SELLO
FECHADOR

SECRETARIA DE COMUNICACIONES
Y TRANSPORTES

INDICACIONES DE SERVICIO PARA USO EXCLUSIVO DE LA OFICINA

NUMERO DE GIRO . . . .   PALABRAS . . . .

CLASIFICACION . . . .   TARIFA . . . .

SEGUNDO PRECIO . . . .   REG. OFNA. EXPEDIDORA . . . .

HORA DE DEPOSITO . . . .

CLAVE CON LETRA . . . .

REG. OFNA. PAGADORA . . . .

ORDINARIO . . . .   URGENTE . . . .

INDIQUE CON UNA "X" LA CLASE DE SERVICIO DESEADO

DE . . . . EL . . . . DE . . . . DE 19 . . . . .

DATOS DEL BENEFICIARIO

SR. . . . .
NOMBRE Y APELLIDOS COMPLETOS

DOMICILIO . . . .
CALLE, NUMERO, COLONIA, BARRIO

DESTINO . . . .
NOMBRE DE LA POBLACION, ZONA POSTAL, ESTADO

VALOR DEL GIRO:

CON NUMERO

CON LETRA

TEXTO ADICIONAL . . . .
MAXIMO CINCO PALABRAS

DATOS DEL REMITENTE

. . . .
NOMBRE Y APELLIDOS COMPLETOS

DOMICILIO . . . .
CALLE, NUMERO, COLONIA, BARRIO, ZONA POSTAL

TELEFONO . . . .   FIRMA . . . .

DATOS DEL REMITENTE	PARA USO DE LA OFICINA
NOMBRE	NUM. DEL GIRO . . . .
DOMICILIO	DESTINO . . . .
. . . .	. . . .
FIRMA	VALOR . . . .

Estrategias para reducir el texto

Debido al alto costo de las telecomunicaciones se ha establecido un estilo especial de redacción que permite reducir el texto de ellas sin sacrificar su inteligibilidad. Para lograr este fin, se utilizan recursos extra-textuales y recursos sintácticos.

Los reglamentos° de las oficinas de telecomunicaciones varían de país y rigen por un tiempo determinado. También las tarifas cambian. Sin embargo, las siguientes reglas son constantes y pueden servir en casi todos los países y en todo tiempo.

Uso de la dirección telegráfica y cablegráfica. De manera especial las empresas, pero también los comerciantes particulares, pueden adoptar una dirección telegráfica y cablegráfica, reduciendo así el número de palabras que tiene la razón social de la empresa o el nombre de la persona a una sola palabra, y por ende el costo de las telecomunicaciones que envíen o reciban. Los pasos que se siguen son los siguientes:

- *Reducción del número de palabras.* Para reducir el número se toman las iniciales o las sílabas iniciales de la razón social de la empresa, o la sílaba inicial del nombre del comerciante para anteponerla al apellido de la persona, y se forma así la dirección telegráfica.

Modelos de direcciones telegráficas

Industrial Cigarrillera Nacional, Sociedad Anónima

↓

INCINASA

Roberto Badillo e Hijos

↓

ROBADILLO E HIJOS

Distribuidora de Sal, S.A.

↓

DISAL

- *Registro de la dirección telegráfica* y de la dirección domiciliaria en las oficinas de la empresa de telecomunicaciones, para que sepan a quién corresponde ese acrónimo y a qué lugar deben enviar los mensajes que se reciban con esa dirección telegráfica.
- *Pago de los derechos de registro* para poder usar la dirección telegráfica y cablegráfica.

TELEFONO 222 86 90

SALINAS DE BONMATÍ, S. A.

DOMICILIO SOCIAL: BARCELONA

DIRECCION TELEGRAFICA: ALEJOS

PROPIETARIA DE LAS SALINAS DE
BONMATÍ - SANTA POLA (ALICANTE)

BARCELONA - 2
RAMBLA ESTUDIOS, 109, 1.º

La costumbre y la flexibilidad del idioma español permiten que se utilicen los siguientes recursos para reducir el texto de las telecomunicaciones.

- Se omiten las palabras y expresiones de cortesía y de exhortación tan frecuentes en las cartas comerciales y en las comunicaciones oficiales.

    <u>Haga el favor de</u> reexpedir la remesa de mer-
    cadería...

    ↓

    <u>Favor reexpedir</u> la remesa de mercadería...

- Se utiliza el imperativo directo en vez de las expresiones imperativas **perifrásticas.**

    <u>Favor reexpedir</u> la remesa de mercadería...

    ↓

    <u>Reexpida</u> la remesa de mercadería...

- Se eliminan los artículos, si eso no oscurece el sentido del texto o lo hace ambiguo.

    Reexpida <u>la</u> remesa de mercadería...

    ↓

    Reexpida remesa de mercadería...

- Se puede omitir ciertas preposiciones, pero con precaución.

    Reexpida remesa <u>de</u> mercadería...

    ↓

    Reexpida remesa mercadería...

- Se utilizan pronombres **enclíticos,** aunque el verbo esté **en modo personal.**

```
Les reexpedí remesa mercadería...
            ↓
Reexpedíles remesa mercadería...
```

- Se puede omitir ciertos verbos auxiliares (ser, estar, haber) o semiauxiliares (continuar, venir, ir) siempre que la claridad del texto no se vea afectada.

```
Producción trigo híbrido ha logrado continuar au-
mentando...
                        ↓
Producción trigo híbrido logrado continuar aumen-
tando...
                        ↓
Producción trigo híbrido continuado aumentando...
                        ↓
Producción trigo híbrido aumentando
```

- Se utilizan palabras **apocopadas** unidas a las palabras que modificaban.

```
Comuníquele gerente banco...
                    ↓
Comuníquele gerenbanco...
```

- Se utiliza la dirección telegráfica en el texto de la comunicación.

```
Comuníquele gerente Industrial Cigarrillera,
Sociedad Anónima...
                    ↓
Comuníquele gerente INCINASA...
```

PALABRAS Y EXPRESIONES CLAVES

abonado: persona que ha adquirido el derecho a usar un servicio (agua, electricidad, teléfono, gas) a condición de pagar periódicamente por él.

abonar: pagar.

apocopado: palabras en las que se han omitido letras o sílabas.

beneficiario: persona que recibe una cantidad de dinero porque otra ha dado la orden de que una tercera persona se la entregue.

ceder: transferir; dar.

en clave: en código.

en modo personal: forma verbal conjugada. Expresa en misma qué persona ha realizado la acción.

enclítico: se refiere a los pronombres

que van después del verbo y formando una sola palabra con él.

expedidor: persona que manda; persona que remite.

fehaciente: aceptable; que sirve para probar.

ondas hertzianas: ondas de radio descubiertas por el físico alemán Enrique Hertz. En ellas se basan los aparatos de la telegrafía y la telefonía sin hilos.

perifrástico: indirecto; se refiere especialmente a la manera de conjugar verbos usando la cláusula verbal «haber de» para dar un significado especial a la frase.

por turno: en un orden establecido; uno después de otro.

EJERCICIOS Y PRÁCTICA

Reducción de textos telegráficos

A. Utilizando la razón social de las siguientes empresas, forme la dirección telegráfica de cada una de ellas.

1. DISTRIBUIDORA DE SAL, SOCIEDAD ANÓNIMA
2. TRANSPORTES AÉREOS OCCIDENTALES, COMPAÑÍA ANÓNIMA
3. COMPAÑÍA DE PINTURAS, SOCIEDAD ANÓNIMA
4. RAFAEL DELGADO, Y CÍA.

B. Aplicando las técnicas indicadas en este capítulo, reduzca los textos siguientes a mensajes telegráficos que no tengan más de doce palabras.

1. Tenga la bondad de enviarme de inmediato la lista de los compradores que están en mora en los pagos adeudados por concepto de las compras que fueron realizadas por ellos en nuestra tienda durante el mes anterior.
2. Háganos el favor de reexpedir de inmediato los repuestos para la reparación de las cajas registradoras de la cadena de supermercados EL HOGAR, los cuales fueron enviados por equivocación a los talleres de TALLERES MECÁNICOS, SOCIEDAD ANÓNIMA.

Redacción de mensajes telegráficos

A. Utilizando el texto siguiente, escriba un telegrama que no tenga más de veinticinco palabras. Complete en el formulario adjunto todos los espacios en blanco que deben ser llenados por el remitente.

Remitente:
Sr. Rodrigo Ibáñez Ribadeneira
Gerente General
Fábrica del Sonido y la Imagen, S.A.
Zaragoza, España

Destinatario:
Srta. María Elena Fernández
Directora del Departamento de Relaciones Públicas
Hotel Regina
Rambla de las Flores, 325
Barcelona, España

Texto:
Se solicita que se reserve una habitación y un salón de entrevistas para los días viernes, sábado y domingo de la próxima semana para el Sr. Eladio Riofrío Quezada, Jefe de Ventas, quien asistirá en representación de la Fábrica del Sonido y la Imagen, Sociedad Anónima a la Feria de Muestras de Barcelona y entrevistará a los clientes que estén interesados en los productos de la Fábrica del Sonido y la Imagen, S.A.

EL EXPEDIDOR DEBE RELLENAR ESTE IMPRESO, EXCEPTO LOS RECUADROS EN TINTA ROJA
SE RUEGA ESCRIBA CON LETRAS MAYUSCULAS O CARACTERES DE IMPRENTA   T. G. - 1

INS. O NUMERO DE MARCACION	SERIAL	N.º DE ORIGEN		INDICACIONES TRANSMISION
	LINEA PILOTO		T E L E G R A M A	
OFICINA DE ORIGEN	PALABRAS	DIA	HORA	IMPORTE EN PESETAS

INDICACIONES: DESTINATARIO: _____
     SEÑAS: _____
     TELEFONO: _____   TELEX: _____
     DESTINO: _____

TEXTO: _____

SEÑAS DEL EXPEDIDOR	NOMBRE: _____ TFNO.: _____
	DOMICILIO: _____ POBLACION: _____

UNE A-5 (148 × 210)

B. Como continuación a las gestiones iniciadas mediante el telegrama anterior y utilizando el siguiente formulario, envíe un giro urgente a la Srta. María Elena Fernández por la cantidad de TREINTA MIL PESETAS (ptas. 30.000,00), precio del cuarto que ocupará el Sr. Eladio Riofrío en el Hotel Regina de Barcelona. Complete todos los espacios del formulario con datos imaginarios, si es necesario, pero que correspondan lógicamente a la situación descrita anteriormente.

Ins.	Srl.	N.º origen/indicativo		Línea piloto:		**GIRO URGENTE**	G. 1. T.

Oficina de origen:		P.	fecha:	hora:

OFICINA DE DESTINO:

INDICACIONES DE SERVICIO (táchense las no elegidas)	EN METALICO	CHEQUE POSTAL	INGRESO EN CCP.	ACUSE DE RECIBO	

IMPORTE: (en letra)　　　　　　　　　　　　　　　　　　　　　En cifras:

DESTINATARIO:

Domicilio:

REMITENTE:

Texto: P.

Domicilio del REMITENTE

(sello de fechas)	Indicaciones de transmisión	Sellos de franqueo por tasa fija.

Los recuadros enmarcados en trazo grueso los cumplimentará el funcionario

C. Escriba la carta nocturna que, desde la Ciudad de México, enviaría usted al Sr. Riofrío Quezada, comunicándole al Gerente General de FASONISA que viajará directamente desde México a Barcelona por Aerolíneas Iberia, para asistir a la Feria de Muestras de Barcelona, y diciéndole que espera encontrar ya en el Hotel Regina las muestras de los productos y la lista de los clientes a quienes tiene que entrevistar. La carta nocturna no debe tener más de veinte palabras.

FAVOR DE ESCRIBIR CON LETRA DE MOLDE
PLEASE PRINT

T E L E G R A M A

☐ URGENTE
☐ CARTA NOCTURNA / NIGHT LETTER
☐ NORMAL

FECHA _____
DATE

F-44　Imp. Com. 2000-3-73

NOMBRE_____
NAME

DIRECCION _____
ADDRESS

CIUDAD _____
CITY STATE

CUARTO
ROOM

WESTERN INTERNATIONAL HOTELS

FIRMA _____
SIGNATURE

¡El negocio está en sus manos!

A. Aquí tiene Ud. un aviso clasificado en el que el gerente de una empresa anuncia que quiere adquirir una línea telefónica en Pomasqui, Cantón; Quito, Eduador.

EMPRESA COOPERATIVA
DESEA COMPRAR

Línea telefónica en Pomasqui. Favor llamar al teléfono 533510.

EL GERENTE

B. Utilizando el formulario de recado adjunto, escriba el mensaje que le habría dejado su secretaria, comunicándole que ha llamado una persona que está dispuesta a cederle a Ud. (el gerente de la Empresa Cooperativa) la línea telefónica que necesita.

RECADO PERSONAL

PARA

DE PARTE DE

DE LA EMPRESA | TELEFONO

LE HABLO POR TELEFONO ○   VINO A VERLE ○

— AL NO ENCONTRARLE DIJO QUE —

○ LE HABLE UD. AL LLEGAR

○ LE HABLE UD. A LAS _____ HS. DEL DIA _____

○ EL HABLARA DESPUES

○ PASARA UD. A VERLO A LAS _____ HS. DEL DIA _____

○ VENDRA A VERLO A LAS _____ HS. DEL DIA _____

— ASUNTO —

TOMADO POR | FECHA | HORA

TECNOFORM 201 ✿   *MARCA REG

CAPÍTULO 14

Los sobres, el sobrescrito y el archivo

Sobres, cubiertas y sobrescrito

Así como las cartas, los sobres y cubiertas deben caracterizarse por su presentación impecable: claridad, orden, limpieza y precisión. Los elementos que aparecen en el sobre hacen que la carta llegue a su destino con seguridad y prontitud, o que sea devuelta al remitente si fue imposible entregársela al destinatario. La escritura de estos elementos constituye lo que se llama nemado o **rotulado** del sobre.

Nemar o rotular el sobre

La costumbre y los códigos postales nacionales e internacionales han establecido un sistema de nemado que va extendiéndose a casi todos los países. Este sistema consiste en los siguientes elementos:

El *nombre y dirección del remitente*, que aparece en forma de membrete impreso o que debe ser escrito cada vez que se nema un sobre, está en el ángulo superior izquierdo de la cara anterior del sobre. En algunos países aún se acostumbra escribir estos datos en la **solapa** del sobre.

El *nombre y la dirección del destinatario* es el dato más importante porque hace que la carta llegue a su destino. Estos elementos forman el llamado **sobrescrito,** el cual ocupa el centro del anverso del sobre. Si el destinatario tiene dirección postal—apartado o casilla—hay que usarla en el sobre, de preferencia a la dirección domiciliaria. Nunca deben aparecer en el sobre las dos direcciones porque eso causaría confusión en la oficina de correos.

En la parte inferior derecha del anverso del sobre, se escribe o se pega el **marbete** apropiado para indicar la clase de servicio de correos que se desea utilizar. Los correos nacionales ofrecen generalmente los siguientes servicios, cuya efectividad y costo varían de acuerdo a tarifas nacionales e internacionales.

- *Correo ordinario.* Es el servicio más barato y el más lento. No es aconsejable usarlo para la correspondencia internacional.

- *Correo aéreo.* Cuesta más, pero las cartas llegan con más rapidez. Además de usar las estampillas o sellos apropiados, hay que indicar en el sobre que se ha escogido ese servicio escribiendo «Correo aéreo», «Vía aérea» o «Por avión».

- *Entrega inmediata.* El costo de este servicio es alto, pero tiene la ventaja de que las comunicaciones llegan con prontitud porque son enviadas de preferencia y porque son entregadas a los destinatarios por medio de mensajeros especiales.

- *Correo certificado.* Este servicio garantiza que las comunicaciones llegarán a los destinatarios o que, de lo contrario, indemnizarán a los usuarios por los daños y perjuicios que sufran. Además, la oficina en la que se **franquea** la carta da un recibo al remitente y la oficina de destino hace que el destinatario firme cuando recibe la comunicación.

M. G. C. · R. F. 1. · Pablo López, S. A.

CORREOS Envío **CERTIFICADO** núm. ....

REMITENTE ....

    Calle .... n.° ....

    en ....

DESTINATARIO ....

    Calle .... n.° ....

    en ....

Clase del objeto (táchese lo que no proceda): **Cartas, impresos, pequeños paquetes, etc.**

Sello de fechas

Sello postal, timbre o estampilla de correos

La Ley y los Reglamentos de Correos de cada país establecen las tarifas que rigen para el servicio nacional de correos. Para las comunicaciones internacionales hay **acuerdos** y códigos internacionales que regulan los servicios postales. Es, pues, necesario informarse sobre las tarifas, reglas y costumbres de cada país, a fin de evitar equivocaciones.

Por ejemplo, algunos países no aceptan que se usen estampillas del servicio ordinario de correos en cartas que son enviadas utilizando otros servicios, y viceversa. Asimismo, algunas veces, las estampillas del servicio postal nacional no pueden ser usadas para cartas que van al extranjero.

Las oficinas de correos ofrecen también máquinas selladoras o máquinas de franquear que imprimen en el sobre un sello que indica el franqueo que hay que pagar y el lugar y la fecha de donde sale la carta. Si el volumen de correspondencia que envía un comerciante o una empresa es grande, puede alquilar una máquina selladora y liquidar periódicamente (mensual o semanalmente) la cantidad que deba pagar por la utilización de la máquina y los gastos de franqueo.

Clases de sobres

Las tiendas especializadas y las papelerías ofrecen una gran variedad de sobres, de modo que el comerciante no tiene dificultad en encontrar el que esté de acuerdo a sus necesidades y con la clase de comunicación que envía. Los sobres más utilizados son:

- El *sobre de carta* en sus tres variedades—el *sobre cuadrado,* el *sobre rectangular pequeño* y el *sobre rectangular mediano.*
  1. El *sobre cuadrado* que mide 15 cm. × 15 cm. ya no es muy usado para enviar comunicaciones comerciales. Todavía se lo usa para la correspondencia personal y para las comunicaciones sociales.
  2. El *sobre rectangular pequeño,* de 9 cm. × 16,5 cm., es apropiado para comunicaciones escritas en cuartillas (papel de 14 cm. × 22 cm.) o para cartas de un solo folio (papel de 21,5 cm. × 28 cm.).
  3. El *sobre rectangular mediano,* de 11 cm. × 19 cm., es apropiado para comunicaciones escritas en varios folios, o para las que contienen materiales anexos que las hacen más voluminosas.
- El *sobre grande,* llamado sobre de oficio, sobre oficial o sobre legal es el que más se usa ahora para enviar comunicaciones comerciales. Es rectangular y mide aproximadamente 10,5 cm. × 24 cm.
- Los *sobres especiales* son apropiados para enviar comunicaciones utilizando ciertos servicios postales especiales. Los tipos más conocidos son los siguientes:

1. El *sobre ordinario,* más resistente y pesado, utilizado para enviar comunicaciones por correo ordinario.

2. El *sobre aéreo,* de papel más ligero, se distingue por tener franjas a colores y las expresiones «Vía aérea», «Correo aéreo» o «Por avión» impresas generalmente en la parte inferior derecha del anverso del sobre.

3. El *sobre de manila,* utilizado para enviar materiales voluminosos, es de color marrón claro, muy resistente y de muchos tamaños. Estos sobres no son apropiados para enviar cartas u otras comunicaciones elegantes.

4. El *sobre de ventana* es generalmente un sobre de carta rectangular o un sobre de oficio. Como su nombre lo indica, tiene una sección cubierta de papel transparente que permite leer el nombre y la dirección del destinatario ya escritos en la carta, sin tener que volver a escribirlos en el sobre.

5. El *correograma y el aerograma.* Para dar mayores facilidades a los usuarios, las oficinas de correos ofrecen los llamados *correograma* y *aerograma.* Consisten en una hoja de papel correspondiente a un sobre desplegado, con el sello o estampilla ya impreso. En el reverso del papel se escribe la comunicación; se lo dobla siguiendo los pliegues previamente señalados; se lo pega de modo que quede como un sobre cerrado; se escribe el nombre y la dirección del destinatario, y se lo envía. El correograma y el aerograma son usados raras veces para comunicaciones comerciales. Son más bien para cartas personales.

Otros servicios postales

La empresa de correos ofrece además otros servicios muy importantes para los comerciantes y las empresas: los giros postales, la caja postal de ahorros y el expreso postal.

Los giros postales o libranzas postales. Gracias a este servicio se puede enviar con seguridad cualquier cantidad de dinero dentro del territorio nacional. Para ello, el remitente deposita en correos la cantidad que desea enviar y recibe un documento que sirve de orden de pago para que la oficina de destino entregue dicha cantidad al beneficiario. El Reglamento de Correos de algunos países establece que estos giros postales o libranzas postales no pueden exceder una suma determinada.

(MATRIZ PARA LA OFICINA)

Administración de Correos de España
Administration des Postes d'Espagne

Matriz del Giro Postal Internacional   N.°
Souche du Mandat de Poste International

Oficina emisora
Bureau d'émission

Fecha de emisión
Date d'émission

País de destino
Pays de destination

Importe en pesetas (en letra)
Montant en pesetas (en toutes lettres)

Importe en moneda extranjera (en cifras)
Montant en monnaie étrangère (en chiffres)

(En letra)
(En toutes lettres)

Destinatario
Bénéficiaire

Dirección
Adresse

Lugar de destino
Lieu de destination

CANTIDAD COBRADA SOMME PERÇUE				
	PESETAS			
Equivalencia Equivalence				
Derechos Droits				
TOTAL				
Tipo de cambio Cours du change				

Sello de fechas   Firma del funcionario que emite el giro
Timbre à date   Signature de l'agent qui a émis le mandat

Remitente
Expéditeur

Domicilio
Domicile

NOTA.—El remitente consignará el importe del giro en pesetas o en moneda extranjera, nunca en las dos.

La caja postal de ahorros. En algunos países hispanos el correo ofrece a las personas (no a las empresas) la oportunidad de abrir una cuenta de ahorros que **devenga** intereses; aun los niños pueden hacerlo, dándoles así la oportunidad de adquirir el hábito del ahorro. Los fondos de la cuenta de ahorros pueden ser movilizados por medio de libranzas postales, o pueden ser retirados por el **cuentahabiente** por medio de su libreta de ahorros.

El expreso postal. Por medio de este servicio se puede enviar comunicaciones, documentos y paquetes directamente a la dirección del destinatario. Los correos garantizan que los envíos llegarán al destinatario el mismo día o en las primeras horas del día siguiente. No todos los países ofrecen este servicio, ni se extiende el expreso postal a todas las ciudades y poblaciones. La tarifa de franqueo es bastante alta y hay un límite en el peso que puede tener cada envío.

Los convenios postales

El ejecutivo internacional que debe comunicarse con personas radicadas en muchos lugares del mundo encuentra que, gracias a los convenios internacionales, sus cartas de primera clase pueden llegar a su destino sin tener que añadir franqueo, aunque el destinatario haya cambiado de domicilio. Las tarifas del servicio postal aéreo no son uniformes, de modo que cuesta más enviar cartas por avión a países más lejanos.

La *Unión Postal Panamericana,* a la que pertenecen todos los países de las Américas, regula las actividades postales específicas de los países de este hemisferio.

La *Unión Postal Universal,* a la que pertenecen casi todos los países del mundo, regulan los procedimientos, tarifas y condiciones de movilización de la correspondencia.

A pesar de ciertas irregularidades inevitables, el comerciante puede confiar en que sus comunicaciones están seguras gracias a estos convenios y a la vigilancia de las organizaciones postales regionales e internacionales.

La conservación y archivo de la correspondencia

Como ya se dijo, las leyes mercantiles estipulan que las comunicaciones comerciales deben ser conservadas y deben estar **a disposición de** las autoridades competentes, por un período determinado. Por otra parte, en vista del adelanto profesional del comercio y de las facilidades que la tecnología ha puesto en manos de los ejecutivos, se han perfeccionado los métodos tradicionales y se han desarrollado nuevos sistemas y equipos para reproducir, multicopiar, conservar, archivar y recobrar los documentos y comunicaciones relacionados con la vida de los negocios.

La responsabilidad de conservar, archivar y recobrar la correspondencia pertenece a los empleados de secretaría y del archivo. No obstante, el ejecutivo debe tener conocimientos suficientes para vigilar que esas funciones se realicen con eficiencia. Así pues, hay que recordar que los factores que permiten guardar y recobrar eficientemente la documentación y la correspondencia son la clasificación y el ordenamiento de los documentos y las comunicaciones, así como la adquisición del equipo adecuado.

La clasificación. El personal especializado sabe que los documentos pueden ser agrupados de acuerdo a determinados criterios. En las oficinas comerciales se utilizan las siguientes bases de clasificación:

- *Cronológica.* Los documentos son organizados de acuerdo con la fecha en que fueron expedidos. La clasificación cronológica es muy valiosa porque el factor tiempo es de gran importancia en los actos comerciales y en las consecuencias que de ellos se derivan.

- *Onomástica.* Los documentos se organizan en grupos pertenecientes a determinadas personas o empresas, formando lo que se denomina un *expediente.*

- *Temática.* Los documentos se organizan de acuerdo al asunto al que se refieren.

- *Toponímica.* Los documentos se clasifican por el lugar geográfico de donde vienen.

El ordenamiento. Éste es el proceso que permite que los documentos, clasificados según determinado criterio, sean ordenados para que puedan ser recobrados más fácilmente cuando se los necesite. En los archivos comerciales, los documentos pueden ser ordenados de la siguiente manera:

- *Alfabéticamente:* siguiendo el orden sucesivo de las letras del abecedario.
- *Numéricamente:* siguiendo la progresión de los números que identifican a los documentos. Este ordenamiento es muy útil para los documentos producidos por el comerciante, puesto que está en sus manos el controlar su identificación por medio de un sistema coordinado de referencias.
- *Cronológicamente:* los documentos clasificados por fechas pueden ser ordenados en orden retroactivo o progresivo. Uno y otro orden tiene su propio mérito según el fin que se **persiga** con la ordenación.

Materiales y equipos de archivo

Las necesidades y el volumen de operaciones dictan la clase y la cantidad de materiales, así como el equipo que se debe adquirir. He aquí algunos elementos indispensables para que la función de conservar, clasificar, ordenar y archivar los documentos de comercio sea eficiente y económica en tiempo y en espacio.

En el funcionamiento de una oficina se consideran dos clases de archivos: un *archivo de trabajo* que corresponde a los documentos relacionados con los negocios en marcha, y un *archivo de transferencia* que corresponde a los negocios o asuntos ya terminados. Para el archivo de trabajo se utilizan sobre todo carpetas y expedientes; para el de transferencia, los legajos.

- *Las carpetas* son piezas de cartulina u otro material, dobladas en forma de cubierta con una de sus hojas más pequeña o cortada, dejando una *pestaña, apéndice* o *ceja* en donde se describe su contenido o se adhiere una **etiqueta** con la descripción del contenido. Las carpetas son parte del archivo de trabajo.
- *El expediente* está formado por el conjunto de documentos de una carpeta, referente a un negocio, situación o asunto determinado. El expediente es un elemento del archivo de trabajo.
- *Los legajos* son colecciones voluminosas de documentos agrupados generalmente en volúmenes permanentes, correspondientes a un sistema de clasificación del archivo, como un período de tiempo, una categoría de personas, un producto. Los legajos pertenecen al archivo de transferencia.

Las empresas necesitan adquirir materiales y equipo apropiados para que el archivo de trabajo y el archivo de transferencia funcionen con eficiencia, sean útiles y presten los servicios esperados. Estos elementos deben hacer posible la protección, el acceso fácil, la versatilidad y la adaptación de los documentos a todas las necesidades de la empresa. Todo esto se logra gracias a los materiales y a los equipos de archivo.

- **Materiales.** Para que el archivo de documentos comerciales funcione, se necesitan tarjetas, carpetas, etiquetas, cédulas,° marbetes, tirillas,° hilo,° cuerda,° agujas,° bolsas transparentes, sobres, cubiertas, cinta adhesiva, marcadores,° separadores, plumas, borradores, cartapacios,° etc.

- **Mobiliario.** El mobiliario puede ser muy simple o muy sofisticado, barato o costoso, reducido o abundante. Se puede adquirir archivadores de uno o más cajones montados sobre dispositivos deslizadores, con sujetadores de guías, portamarbetes frontales, compresor de carpetas deslizable, sistema de suspensión vertical y cerradura general. Hay archivos de consulta lateral que pueden ser instalados en estantes, escritorios o mesas de trabajo; bandejas auxiliares que se suspenden al borde de los archivadores mientras se trabaja, o que sirven para llevar documentos del archivo a la mesa de trabajo. Hay muebles tarjeteros; muebles para archivar planos y diseños; estanterías para archivar legajos; mesas archivadoras portátiles, y hasta cajas fuertes para archivos.

- **La revolución tecnológica.** Los sistemas de archivo han sufrido el impacto de los nuevos sistemas de duplicación. Esto ha solucionado muchos problemas de copiado, pero ha creado una superproducción de documentos que tienen que ser archivados. La tecnología ha venido otra vez en auxilio del comerciante, quien puede ahora utilizar sistemas modernos de microfilme, de microfichas, además de programas completos de secretariado y archivo computarizados.

En conclusión, ahora más que nunca la conservación, clasificación, ordenamiento, archivo y recobro° de documentos son de singular importancia para el ejecutivo. La tecnología moderna le permite acumular más datos y, sobre todo, someterlos a procesos de estudio que producen valiosa información, de gran utilidad para saber lo que ocurre en la empresa, para conocer la situación en que se halla determinado asunto, y para poder tomar decisiones basadas en hechos conocidos.

PALABRAS Y EXPRESIONES CLAVES

a disposición de: listo para; a la orden de.

acuerdo: tratado; contrato entre países.

cuentahabiente: persona que tiene una cuenta en un banco u otra institución de crédito.

devengar: producir; ganar; obtener.

etiqueta: papel que se adhiere a un recipiente o cubierta para indicar lo que contiene.

franquear: depositar una carta en el correo; pagar la tarifa postal de una carta o paquete.

marbete: cinta de papel u otro material que sirve para sellar una carta o un paquete, o para hacer resaltar una instrucción o característica.

perseguir: buscar; desear.

rotulado: escribir en el sobre los datos referentes al remitente y al destinatario.

sobrescrito: datos referentes al destinatario que aparecen escritos en el sobre.

solapa: parte posterior del sobre, generalmente de forma triangular, que sirve para cerrarlo.

EJERCICIOS Y PRÁCTICA

Nemado y rotulado de sobres

A. Ordene los siguientes elementos de modo que el nombre y la dirección del destinatario aparezcan correctamente.

1. /Puerto Rico/Licenciado/Santurce/Señor/Casilla postal 246/ /Alfredo García Torres/Don/
2. /Gerente General/Licenciada/Calle Alcalá, 23-40.,izq./ /Antonia Regalado León/España/Señorita/Madrid/Financiera Peninsular, S.A. de R.L./

B. Rotule un sobre, escribiendo en los lugares apropiados los siguientes datos:

1. Remitente:
Compañía Hotelera de Santo Domingo
Avenida Cristóbal Colón s/n
Santo Domingo, República Dominicana
2. Destinatario:
Sr. Econ.
Remigio Romero Serrano
Gerente de Ventas
Electrodomésticos Universales, Cía. Ltda.
Calle Simón Bolívar
Valencia, Venezuela
3. Servicio postal:
Correo aéreo

¡El negocio está en sus manos!

A. Utilizando el siguiente formulario, envíe desde España, a nombre de la Srta. María Elena Fernández, la cantidad de QUINCE MIL PESETAS (Ptas. 15.000,00) para que el Sr. Eladio Riofrío Quezada pueda ofrecer a los clientes que entrevistará en la ciudad de México un vino de honor en el salón de recepciones del Hotel María Isabel, con motivo de la Feria Internacional de Muestras. Llene solamente la matriz del formulario de giro, utilizando los siguientes datos:

1. Oficina emisora: Madrid, España
2. Fecha: la del día de hoy
3. Destino: México, D.F., México
4. Importe: Ptas. 15.000,00

   Investigue cuál es el tipo de cambio actual del peso mexicano.
5. Dirección del Sr. Riofrío Quezada: Avenida Insurgentes, 975
   México, D.F., México

(MATRIZ PARA LA OFICINA)

Administración de Correos de España
Administration des Postes d'Espagne

Matriz del Giro Postal Internacional N.°
Souche du Mandat de Poste International

CANTIDAD COBRADA
SOMME PERÇUE

PESETAS

Oficina emisora
Bureau d'émission

Equivalencia
Equivalence

Derechos
Droits

Fecha de emisión
Date d'émission

TOTAL

País de destino
Pays de destination

Tipo de cambio
Cours du change

Importe en pesetas (en letra)
Montant en pesetas (en toutes lettres)

Importe en moneda extranjera (en cifras)
Montant en monnaie étrangère (en chiffres)

(En letra)
(En toutes lettres)

Destinatario
Bénéficiaire

Dirección
Adresse

Lugar de destino
Lieu de destination

Sello de fechas   Firma del funcionario que emite el giro
Timbre à date   Signature de l'agent qui a émis le mandat

Remitente
Expéditeur

Domicilio
Domicile

NOTA.—El remitente consignará el importe del giro en pesetas o en moneda extranjera, nunca en las dos.

B. Utilizando el formulario que sigue, envíe un cable al Sr. Eladio Riofrío
Quezada para hacerle saber que le ha girado el dinero que pidió para la
recepción que ofrecerá en el Hotel María Isabel. Use los datos del
ejercicio anterior.

**EL EXPEDIDOR DEBE RELLENAR ESTE IMPRESO, EXCEPTO LOS RECUADROS EN TINTA ROJA
SE RUEGA ESCRIBA CON LETRAS MAYUSCULAS O CARACTERES DE IMPRENTA**   T. G. - 1

INS. O NUMERO DE MARCACION	S E R I A L	N.º DE ORIGEN		INDICACIONES TRANSMISION
	LINEA PILOTO		T E L E G R A M A	
OFICINA DE ORIGEN	PALABRAS	D I A	H O R A	IMPORTE EN PESETAS

INDICACIONES: DESTINATARIO: ....
SEÑAS: ....
TELEFONO: ....   TELEX: ....
DESTINO: ....

TEXTO: ....

| SEÑAS DEL EXPEDIDOR | NOMBRE: .... | TFNO: .... |
| | DOMICILIO: .... | POBLACION: .... |

UNE A-5 (148 x 210)

Quinto repaso

••

Este es el quinto grupo de palabras usadas con más frecuencia en el comercio y en la administración de empresas internacionales.

Español		*Inglés*	
41.	capitalización	41.	part
42.	económico	42.	exchange
43.	financiero	43.	general
44.	sociedad	44.	resources
45.	política	45.	problems
46.	crédito	46.	investment
47.	capacidad	47.	group
48.	consumo	48.	members
49.	contrato	49.	own
50.	interés	50.	debt

DEMUESTRE SUS CONOCIMIENTOS

A. Conteste oralmente y por escrito las preguntas siguientes:

1. ¿Cuáles son las comunicaciones oficiales?
2. ¿Qué son los oficios?
3. ¿Para qué se usa el memorial?
4. ¿Cuándo se escribe un ocurso?
5. ¿Qué es el papel sellado o papel timbrado?
6. ¿Por qué es tan frecuente en el comercio el uso de las telecomunicaciones?
7. ¿Qué connotación tienen las palabras *telegrama, radiograma, cablegrama*?
8. ¿Qué servicios ofrecen generalmente las empresas de telecomunicaciones?
9. ¿Por qué requieren las oficinas de telecomunicaciones que quien deposita un mensaje lo firme?
10. ¿Qué es la dirección telegráfica?
11. ¿Qué significa *nemar* o *rotular* un sobre?
12. ¿Qué servicios ofrecen con más frecuencia las oficinas de correos?
13. ¿Qué garantías ofrecen a los comerciantes las convenciones postales internacionales?

14. ¿Por qué es tan importante en las actividades comerciales un archivo bien organizado?
15. ¿Qué relación tiene el ejecutivo con el archivo de la empresa?

B. Diga si las afirmaciones siguientes son **Correctas** o **Incorrectas.**

1. Las agencias especiales del gobierno son dependencias que realizan funciones específicas.
2. La correspondencia interdepartamental está constituida por las comunicaciones enviadas a otro país.
3. El oficio tiene el formato de una carta comercial.
4. El ocurso sirve para que los comerciantes informen al gobierno sobre sus actividades.
5. El papel sellado es un medio de recaudar impuestos.
6. En los países hispanos no aceptan telegramas escritos en idiomas extranjeros.
7. Debido al costo de las telecomunicaciones hay que reducir el texto.
8. El sobre de manila no es muy elegante, pero es resistente.
9. El sistema de archivo que permite el recobro de cualquier documento con facilidad es el mejor.
10. No es obligatorio conservar la correspondencia comercial en el archivo.

C. Marque la(s) respuesta(s) que mejor concuerde(n) con el concepto expresado en cada una de las frases siguientes:

1. El gobierno local...
   —se responsabiliza por las funciones y actividades gubernamentales de una parte pequeña del país.
   —realiza las funciones internacionales del gobierno.

2. Una universidad estatal es...
   —una institución particular.
   —una agencia gubernamental con propósitos específicos.

3. La petición u ocurso...
   —es una comunicación oficial.
   —sirve para que los ciudadanos presenten solicitudes al gobierno.

4. Las telecomunicaciones permiten que el comerciante...
   —se comunique con la rapidez que la vida moderna exige.
   —ahorre dinero porque cuestan menos que las cartas.

5. El cablegrama...
   —es una comunicación postal.
   —tiene la connotación de ser una telecomunicación internacional.

6. Los telegramas cotejados...
   —sirven como prueba suficiente en un juzgado.
   —son considerados documentos fehacientes.

7. El télex es...
   —un servicio de telecomunicaciones perteneciente a empresas privadas.
   —un servicio de telecomunicaciones que transmite mensajes sólo dentro del país.

8. El nombre y la dirección del destinatario es el dato más importante...
   —del sobrescrito.
   —del membrete.

9. El servicio de giros postales permite enviar...
   —con seguridad cantidades de dinero dentro del país.
   —con rapidez cartas al extranjero.

10. La tecnología moderna...
    —ha hecho más difícil la labor de los archiveros.
    —ha facilitado la conservación y el recobro de los documentos comerciales.

EXPRÉSESE EN ESPAÑOL

A. Traduzca al español los siguientes telegramas.

1. My congratulations on your promotion. No one could deserve it more. Good luck and I hope everything works out.
2. Import quotes authorized by control office are allocated in November for following year. Customs duties are payable upon receipt of shipping documents.

PROYECTOS

A. Investigue qué servicios ofrece la empresa de telecomunicaciones de su ciudad. Prepare un informe escrito sobre ellos y haga una presentación oral en clase describiéndolos.

B. Póngase en contacto con un bufete de abogados y solicíteles especímenes de formularios para comunicaciones dirigidas a las oficinas del gobierno local, estatal y federal. Haga una presentación ante la clase describiendo esos documentos.

C. Póngase en contacto con un agente aduanal y con la oficina local del departamento de operaciones internacionales de un banco, y solicíteles ejemplares de documentos oficiales de países hispanos utilizados en las operaciones de importación y exportación. Haga una presentación a la clase describiendo esos documentos.

D. Entreviste al archivero de la Tesorería de la universidad a la que Ud. asiste para conocer los sistemas de archivo utilizados para clasificar, ordenar, conservar y recobrar documentos. Escriba un informe y haga una presentación oral en clase.

Los sistemas de pesos, medidas y temperatura

....

En los negocios y en la vida diaria utilizamos varios sistemas métricos. En Latinoamérica y España el sistema métrico decimal es el sistema oficial, y para medir la temperatura se usa la escala centígrada o de Celsius. Puesto que el uso del sistema métrico decimal no excluye el uso de otros sistemas, es necesario familiarizarse con ellos y aprender las equivalencias para poder convertir las medidas de un sistema a las de otro.

El sistema métrico decimal

Este sistema surgió en 1790 cuando se midió un arco de meridiano y se calculó el equivalente a la diez millonésima parte de ese cuadrante del meridiano terrestre—el metro. Así pues, a este sistema se lo llama *sistema métrico decimal* porque utiliza como unidad básica el metro y porque la decena (diez unidades) sirve como multiplicador para los múltiplos y como divisor para los submúltiplos.

El patrón metro

Los científicos franceses y españoles que realizaron las mediciones geodésicas definieron el metro como la medida correspondiente a la diez millonésima parte del cuadrante del meridiano terrestre. En 1960, la Conferencia Internacional de Pesos y Medidas aprobó una definición basada en las propiedades físicas constantes del kriptonio.

Otras unidades del sistema

Las otras series del sistema tienen las siguientes unidades:

Peso: el gramo

Capacidad: el litro

Superficie: el metro cuadrado

Volumen: el metro cúbico

Agrarias: el área

Múltiplos y submúltiplos

Los múltiplos se forman anteponiendo a la unidad de cada serie de medidas los prefijos *deca, hecto, kilo* y *miria,* del griego δεκα (10), εκατον (100), χιλιάς (1.000), μυριας (10.000). Los submúltiplos se forman con los prefijos de origen latino *deci, centi, mili,* indicando así su valor de 1/10, 1/100, 1/1.000, respectivamente.

Las medidas antiguas españolas

Aunque el sistema oficial sea el sistema métrico decimal, es frecuente el uso de medidas de otros sistemas. Muchas veces, pues, se verá que se usan las medidas antiguas españolas.

Medidas de longitud

Legua: 6.666 varas

Cuadra: 100 varas

Vara (84 cm.): 4 cuartas

Medidas de superficie

Caballería: 64 manzanas

Manzana: 10.000 varas^2

Vara^2 (7.056 cm^2)

Medidas de peso

Tonelada: 20 quintales

Quintal: 4 arrobas

Arroba: 25 libras

Libra: 16 onzas

Onza: 16 adarmes

Adarme (1,771 gramos)

Medidas para papel

Bala: 10 resmas

Resma: 20 manos

Mano: 5 cuadernillos

Cuadernillo: 5 pliegos

Pliego: 2 hojas

Hoja

Medidas de temperatura

En los países hispanos se usa la escala de Celsius o centígrada para registrar la temperatura ambiente o de cualquier cuerpo. 0° centígrados marca la temperatura a la que el agua alcanza su punto de congelación; a 100° el agua alcanza su punto de ebullición al nivel del mar.

Tabla de equivalencias y fórmulas de conversión de temperaturas

0° Centígrados (C) = 32° Farenheit (F)
100° Centígrados = 212° Farenheit

Conversión de temperaturas

Grados Farenheit a grados centígrados

(F − 32) × 5/9 = C

Grados centígrados a grados Farenheit

(C × 9/5) + 32 = F

Tabla de conversión de medidas del sistema anglo-americano al sistema métrico decimal

Medidas lineales

1 milla	=	1609.35	m.	1 m.	=	0.0006214	milla
1 furlong	=	201.1644	m.	1 m.	=	0.004971	furlong
1 pole	=	5.029	m.	1 m.	=	0.19885	pole
1 yarda	=	0.9144	m.	1 m.	=	1.0936	yardas
1 pie	=	0.3048	m.	1 m.	=	3.2808	pies
1 pulgada	=	0.0254	m.	1 m.	=	39.37	pulgadas

Medidas de superficie

1 milla^2	=	25899.00	m^2	1 m^2	=	0.0000003861	milla^2
1 acre	=	4046.8	m^2	1 m^2	=	0.0002471	acre
1 rod^2	=	25.293	m^2	1 m^2	=	0.03954	rod^2
1 yarda^2	=	0.8361	m^2	1 m^2	=	1.196	yarda^2
1 pie^2	=	0.0929	m^2	1 m^2	=	10.7638	pies^2
1 pulgada^2	=	0.000645	m^2	1 m^2	=	1550	pulgadas^2

Tabla de conversión de medidas del sistema anglo-americano al sistema métrico decimal—*Continued*

Medidas cúbicas

1 cord	=	3.624	m³	1 m³	=	0.276	cord
1 yarda³	=	0.7645	m³	1 m³	=	1.308	yarda³
1 pie³	=	0.028317	m³	1 m³	=	35.3145	pies³
1 pulgada³	=	0.00001639	m³	1 m³	= 61012.81		pulgadas³

Medidas de capacidad

Para líquidos

1 galón U. S.	=	3.7854	litros	1 litro =	0.26418	galón U. S.
1 cuarto U. S.	=	0.94636	litro	1 litro =	1.05671	cuartos U. S.
1 pinta U. S.	=	0.47312	litro	1 litro =	2.11345	pintas U. S.
1 gill U. S.	=	0.11828	litro	1 litro =	8.4538	gills U. S.

Para áridos

1 bushel U. S.	=	35.237	litros	1 litro =	0.02838	bushel U. S.
1 peck U. S.	=	8.80925	litros	1 litro =	0.1135	peck U. S.
1 cuarto U. S.	=	1.1012	litros	1 litro =	0.908	cuarto U. S.

Medidas de peso

1 tonelada U. S.	=	907.18	kg.	1 kg.	=	0.00110232	tonelada U. S.
1 quintal U. S.	=	45.359	kg.	1 kg.	=	0.0220463	quintal U. S.
1 libra U. S.	=	0.45359	kg.	1 kg.	=	2.2046	libras U. S.
1 onza U. S.	=	0.028349	kg.	1 kg.	=	35.2736	onzas U. S.

Abreviaturas y siglas

•••

Como lo demuestran los modelos de cartas y los especímenes de documentos, en la correspondencia y la documentación escritas en español se utilizan con frecuencia las abreviaturas. He aquí algunas:

a. arroba
A. C. América Central
a/c a cuenta
a/cgo. a cargo
a/cta. a cuenta
adj. adjunto
a d/f a días fecha
a d/v a días vista
a/f a favor
afmo. afectísimo
a m/cta. a mi cuenta
a n/cta. a nuestra cuenta
art. artículo
apdo. apartado
a s/cta. a su cuenta
atte. atentamente
atto. atento
A/V Ad Valorem
a/v a la vista

bco. banco
brls. barriles
brto. bruto
bto. bulto

C. centígrado
c/ cargo
cg. centigramo
Cía. compañía
cl. centilitro
c/l curso legal
cm. centímetro
cta. cuenta

cta. cte. cuenta corriente
cts. centavos
c/u cado uno

D. debe; don
dcha. derecha
Dept. departamento
Depto. departamento
desc. descuento
d/f días fecha
D.F. Distrito Federal
Dg. decagramo
dg. decigramo
Dl. decalitro
dl. decilitro
Dm. decámetro
dm. decímetro
doc. docena
Dr. doctor
Dra. doctora
d/p días plazo
d/v días vista
Dña. doña

E. Este
EE. UU. Estados Unidos
etc. etcétera
excmo. excelentísimo

F.A.B. franco a bordo
Fact. factura
F.C. ferrocarril
fca. fábrica

FF. CC. ferrocarriles
fig. figura
fol. folio

g. giro
gr. gramo
Gral. General
Gobor. Gobernador
Gte. Gerente

Ha. hectárea
Hda. hacienda
H. haber
Hect. hectárea
Hl. hectolitro
Hm. hectómetro
Hno. hermano
Hon. honorable

Id. ídem
inc. inciso
Ing. ingeniero
izqda. izquierda

Kg. kilogramo
Kl. kilolitro
Km. kilómetro

L.; l. letra; libra; litro
lb.; lba. libra
lcdo. licenciado
L.A.B. libre a bordo
Lic. licenciado
Licdo. licenciado
ltda. limitada

M. meridiano
m. metro
m/c mi cuenta; mi cargo
m/cta. mi cuenta
m/cgo. mi cargo
m/f mi favor
mg. miligramo
mm. milímetro
Mm. miriámetro
M/N moneda nacional

N. Norte
N. B. Nota Bene
n/c nuestro cargo
n/cta. nuestra cuenta
n/o nuestra orden
No. número
N. A. Norteamérica

O. Oeste
o/ orden
o/o por ciento
o/oo por mil
Of. oficio

pag. página
P.B. peso bruto
P. D. posdata
p/cta. por cuenta
pdo. pasado
p. e. por ejemplo
p. m/cta. por mi cuenta
p. n/cta. por nuestra cuenta
p. m/cta. y rgo. por mi cuenta y
    riesgo
p.p. por poder; porte pagado; pró-
    ximo pasado
ppdo. próximo pasado
P. S. post scriptum
p. s/cta. por su cuenta
pte. presente
pto. puerto
pxmo. próximo
pza. pieza

q quintal
qq quintales

Rcbí. recibí
rgo. riesgo

S. Sur; san; santo; santa; señor
s/ según; sobre; su
S.A. Sudamérica; Sociedad
    Anónima
s/c su cuenta; su cargo
s/cta. su cuenta

S. en C. sociedad en comandita
s.e. u o. salvo error u omisión
Soc. Anom. sociedad anónima
Soc. en Com. sociedad en comandita
Soc. Resp. Ltda. sociedad de responsabilidad limitada
S.R.L. sociedad de responsabilidad limitada
Sr. señor
S.S. Su Señoría
s. s. s. su seguro servidor
Srta. señorita
Suc. sucursal

ton. tonelada

Ud. usted
ult. último

v/ valor
v/n valor nominal
vap. vapor
Vd. usted
v. g. verbigracia
Vo. Bo. visto bueno
vol. volumen
V. S. vuestra señoría
vto. visto
Vto. Bno. visto bueno

y. yarda
yda. yarda
yrda. yarda

Unidades monetarias de los países hispanos

••

Por la constante fluctuación que sufren actualmente las divisas, no hacemos constar la cotización del dólar en el mercado libre. Para saber el tipo de cambio actual, consúltese *The Wall Street Journal.*

País	*Unidad monetaria*
Argentina	Austral
Bolivia	Peso
Chile	Peso
Colombia	Peso
Costa Rica	Colón
Ecuador	Sucre
El Salvador	Colón
España	Peseta
Guatemala	Quetzal
Honduras	Lempira
México	Peso
Nicaragua	Córdoba
Panamá	Balboa
Paraguay	Guaraní
Perú	Inti
República Dominicana	Peso
Uruguay	Peso (nuevo)
Venezuela	Bolívar

Materiales didácticos
y bibliografía

••

He aquí una lista de fuentes, organizaciones y entidades a las que se puede acudir para obtener documentos, formularios, publicaciones e informes útiles como materiales didácticos o como recursos para realizar proyectos pedagógicos.

Organizaciones

- Asociación Internacional del Transporte Aéreo (IATA)
  Montreal, Canadá

- Asociación Latinoamericana de Libre Comercio (ALALC)
  (Latin American Free Trade Association)
  Montevideo, Uruguay

- Banco Interamericano de Desarrollo (BID)
  (Inter-American Development Bank)
  Washington, D.C.

- Cámaras de Comercio
    Argentine-American Chamber of Commerce
    New York, New York

    Cámaras de Comercio de España
      New York, New York
      Chicago, Illinois
      Coral Gables, Florida
      Miami, Florida

    Cámara de Comercio de los Estados Unidos
      Washington, D.C.

    Cámara de Comercio Internacional
      París, Francia

    Colombian-American Chamber of Commerce
      New York, New York

    Dominican Chamber of Commerce of the United States
      New York, New York

    Mexican Chamber of Commerce of the United States
      New York, New York

Venezuelan Chamber of Commerce of the United States
New York, New York

- Export Import Bank (EXIMBANK)
  Washington, D.C.

- Fondo Monetario Internacional (FMI)
  (International Monetary Fund)
  Washington, D.C.

- Oficinas Comerciales de España
  Chicago, Illinois
  Los Angeles, California
  New York, New York

- Organización de los Estados Americanos (OEA)
  (Organization of American States)
  Washington, D.C.

- El Pacto Andino
  (Andean Pact)
  Lima, Perú

- Unión Internacional de Telecomunicación (UIT)
  Ginebra, Suiza

- Unión Postal Universal (UPU)
  Berna, Suiza

Periódicos y revistas

Otra fuente valiosa de materiales didácticos son los periódicos y revistas publicados en los países hispanos. He aquí una pequeña lista.

- Periódicos
    El Comercio, Lima, Perú

    El Comercio, Quito, Ecuador

    Excelsior, México, D.F., México

    El Mercurio, Santiago, Chile

    El Mundo, Caracas, Venezuela

    La Nación, Buenos Aires, Argentina

    El País, Madrid, España

    Novedades, México, D.F., México

    El Tiempo, Bogotá, Colombia

- Revistas
    Las Américas (Organización de Estados Americanos), Washington, D.C.

    Cambio 16, Madrid, España

    Comercio e Industria, Madrid, España

Expansión, México, D.F., México

Visión, México, D.F., México

Publicaciones de la Organización de Estados Americanos

La OEA tiene importantes publicaciones culturales, estadísticas y comerciales que pueden servir como materiales pedagógicos o como fuentes de información para la investigación en los proyectos de clase. Cabe mencionar las siguientes.

- *Turismo en las Américas* es una serie de folletos relacionados con viajes por los países de la OEA.

- *Principios legales en materia de negocios* son guías relacionadas con los problemas referentes a las actividades comerciales que se llevan a cabo en los países miembros de la Organización de Estados Americanos.

Bibliografía

Libros y manuales

Acuña Montenegro, José R. *Correspondencia y documentación comercial moderna.* México: McGraw Hill de México, 1970.

Bourgoin, Edward. *Foreign Languages and Your Career,* 3rd ed. Guilford, CT: Jeffrey Norton Publishers, 1984.

Bray, J. and M. Gómez-Sánchez. *Spanish in the Office.* London: Longman Group Limited, 1980.

Calleja Medel, Gilda y Carlos Tirado Zabala. *Cómo dominar la correspondencia comercial en 90 días.* Madrid: Editorial Playor, 1980.

Escobar, Javier, Jr. et al. *Bilingual Skills for Commerce and Guide for Translators.* Cincinnati: South-Western Publishing Company, 1984.

García Martin, José Carlos. *Correspondencia comercial.* México: Harper and Row Latinoamericana, 1973.

Gómez-Quintero, Ela and María E. Pérez. *Al día en los negocios: escribamos.* New York: Random House, 1984.

González del Valle, Luis y Antolín González del Valle. *Correspondencia comercial: fondo y forma.* Cincinnati: South-Western Publishing Co., 1975.

Harvard, Joseph. *Bilingual Guide to Business and Professional Correspondence.* New York: Pergamon Press, 1982.

Hulce, Lisa S., ed. *1986 Internships.* Cincinnati: Writer's Digest Books, 1985.

Jarvis, Ana C. and Luis Lebredo. *Spanish for Business and Finance.* Lexington: D.C. Heath and Company, 1988.

Martínez Cerezo, Antonio. *La compraventa en el comercio internacional.* New York: Ediciones Anaya, 1974.

Rivers, Paul. *Cuaderno de español práctico comercial.* New York: Harcourt Brace Jovanovich, Inc., 1980.

Poza Juncal, Hernán. *Manual práctico de correspondencia comercial en español e inglés y traducción.* Madrid: Editorial V. Suárez, 1963.

Steel de Meza, Barbara. *Business Letter Handbook—Spanish/English.* New York: Regents Publishing Company, 1973.

Diccionarios

Diccionario de banca y bolsa. Tomo I: Inglés-Español. Manuel Bellisco Hernández, 1977.

Diccionario Inglés-Español-Inglés de términos administrativos. J. A. Fernández-Collado.

Diccionario Comercial Español-Inglés e Inglés-Español. A. Frías, 1977.

The Dictionary Catalogue. Emanuel Molho, ed. New York: The French & Spanish Book Corporation, 1980.

Language of the Foreign Book Trade. J. Orne, 1976.

Spanish-English English-Spanish Commercial Dictionary. Carlos Reyes Orozco. New York: Pergamon Press, 1969.

Dictionary of Modern Business. Louis A. Robb. Anderson Kramer, 1960.

Diccionario de términos legales. Louis A. Robb. México: Editorial Limusa, 1982.

Diccionario de comercio exterior. Varios autores. 1979.

Vocabulario
español-inglés

•••

A

abarcar [7] to encompass; to include
abonado [13] subscriber
abonar [12] to pay; to credit
abono [3] installment; credit entry
acabar de [5] to have just (completed an action)
acceder [6] to agree; to accept
acciones [1] shares; stocks
accionista [1] shareholder; stockholder
acefalía [8] acephalia
acepción [3] connotation; meaning
acertado [10] right; correct
acierto [5] success; ability; dexterity
aclarar [5] to clarify
acompañar [4] to enclose; to attach
aconsejable [6] advisable
acontecimiento [2] event
acordada [1] agreed upon; stipulated
acordar [7] to agree
acrecentar [8] to increase
acreditar [6] to credit
acreedor [1] creditor
acto [1] act; action
actualmente [4] nowadays; at the present time
acudir [8] to resort
acuerdo [4] agreement
   —de acuerdo according to
acuñación de moneda [1] mintage; coinage
acuñar [1] to coin; to mint
acusar recibo [1] to acknowledge receipt
adelanto [3] advance; progress
   —por adelantado in advance
adeudado [8] indebted
adeudar [8] to owe
adhesivo [14] adhesive
   —cinta adhesiva adhesive tape
adjuntar [6] to attach; to enclose
adjunto [5] attached
adorno [11] adornment; ornament
aduana [1] Customs
   —Ley de Aduanas Customs Law
afectación [3] affectation
afrontar [7] to confront; to face
agradecimiento [5] appreciation

agrado [6] pleasure
agricultor [1] farmer
agrupar [1] to group
aguja [14] needle
ahorros [7] savings
   —caja postal de ahorros postal savings bank
   —cuenta de ahorros savings account
   —libreta de ahorros savings passbook
aislante [10] insulator
alabanza [9] praise
albañilería [11] masonry
alcalde [2] mayor
alcance [2] scope; range; reach
   —poner al alcance to put within reach
alcanzar [10] to achieve; to reach; to attain
alfombra [5] carpet; rug
aliento [10] encouragement
alquilar [1] to rent
alquiler [10] rent; renting
amable [3] kind
ambages [7] circumlocutions
   —sin ambages plainly; to the point
ambiental [5] environmental
ambiente [10] atmosphere; ambience
ameritar [10] to merit
amigable [3] friendly
amistad [2] friendship
amistoso [8] friendly
ampliar [3] to enlarge; to amplify; to extend
amplio [3] extensive; large; roomy
añadir [5] to add
anchura [11] width
anexo [5] enclosure
ánimo [5] intention; purpose
antecedente [9] history; antecedents
antefirma [5] denomination of signer (put before signature)
antemano (de) [14] beforehand
   —de antemano in advance
anticipación [4] advance
   —con anticipación in advance
anticipadamente [5] in advance; ahead of time
anuncio [9] ad; advertisement

315

anverso [11]   obverse; front side
aparato televisor [5]   television set
aparentar [9]   to look; to appear
apartado [14]   letter box
apartado postal [4]   P.O. Box
aparte [12]   paragraph
apellido [4]   surname; family name
apenas [9]   hardly
apertura [6]   opening
apocopado [13]   shortened
aporte [1]   contribution; share
apresurarse [8]   to hasten; to hurry up
aprovechar [4]   to take advantage
arbitrar [8]   to mediate; to arbitrate
archivador [14]   file cabinet
archivar [14]   to file
archivo [1]   file
arqueo [6]   audit
arrendamiento [7]   lease; rent
arrendatario [7]   tenant; lessee
artesanías [4]   crafts
ascender [9]   to be promoted
asegurado [1]   insured; covered
asegurador [1]   insurer
asegurar [7]   to insure
asesorar [7]   to advise; to counsel
asesoría [9]   advising; counsel
aseveración [9]   assertion
asiento [5]   seat, entry (in a ledger)
  —hacer asientos   to make entries (in a ledger)
asombroso [2]   amazing
asumir [1]   to assume
asunto [3]   subject; matter
atención [4]   attention
  —fijar la atención   to pay attention
  —prestar atención   to pay attention
atender [5]   to take care
autopista [5]   highway
aval [10]   endorsement; guarantee
avalar [3]   to endorse; to cosign
averiguar [10]   to inquire
aviso [9]   notification; advertisement
  —carta de aviso de empleo   job-offer letter
ayudante [10]   assistant
ayuntamiento [1]   city council; municipal government; town hall
azar [5]   chance; hazard
  —al azar   at random
azúcar [6]   sugar

B

balance general [1]   balance sheet
banca [1]   banking
bancario [11]   banking
  —encaje bancario   bank cash reserve
  —giro bancario   bank draft
bastar [9]   to suffice; to be enough
bautizo [2]   baptism

beneficiario [1]   beneficiary
bien [7]   property; goods
bien inmueble [7]   real estate property
bien mueble [7]   personal property
bien raíz [7]   real estate property
billete [1]   bill
blanco [6]   blank
  —dejar en blanco   to leave blank
  —en blanco   blank
bolsa [1]   exchange
  —bolsa de productos [1]   commodities exchange
  —bolsa de valores [1]   stock exchange
  —bolsa de viaje [10]   travel grant
  —corredor de bolsa [1]   stockbroker
bonificación [9]   bonus; allowance
bono [1]   bond; certificate
bordo [7]   board
  —franco a bordo   free on board (F.O.B.)
  —libre a bordo   free on board (F.O.B.)
borrador [5]   first draft; eraser
borrar [5]   to erase
bosquejo [4]   sketch; outline
breve [3]   brief
brindar [9]   to offer
bursátil [10]   related to the stock market
búsqueda [9]   search

C

caballero [6]   gentleman
cabildo [1]   municipal council
cadena [1]   chain
caer en quiebra [8]   to go into bankruptcy
caja [8]   box; case; cash (among merchants)
  —caja de doble fondo [7]   double-recess case
  —caja de facetas [7]   facet case
  —caja de seguridad [1]   safe-deposit box
  —caja fuerte [1]   safe
  —caja postal de ahorros [14]   postal savings bank
  —libro de caja   cashbook
calificación [5]   grade
cámara [1]   chamber
  —cámara de agricultura [1]   chamber of agriculture
  —cámara de comercio [1]   chamber of commerce
  —cámara de industria [1]   chamber of industry
cambiario [1]   exchange
cambio [7]   change
  —letra de cambio   bill of exchange
campaña [7]   campaign
campo [3]   country; field; area
cancelar [6]   to pay; to cancel
canica [1]   marble
capaz [3]   capable; able to
capital social [1]   capital stock

carácter [7]   characteristic; feature
carburador [5]   carburetor
carente [7]   lacking; scarce
carga [2]   content; charge; load; cargo
　—**recibo de carga**   freight receipt; cargo receipt
cargamento [7]   shipment; load; cargo
cargar [7]   to charge; to load; to debit
cargo [4]   position; job; office; debit
　—**correr a cargo**   to be responsible for
cargo docente [9]   teaching position
carnicero [1]   butcher
carpeta [14]   folder; binder
carrera [4]   street; career
carretera [5]   road; highway
carta [1]   letter
　—**carta circular [6]**   circular letter
　—**carta de aviso de empleo [10]**   job-offer letter
　—**carta de cobranza [3]**   collection letter
　—**carta de crédito [1]**   letter of credit
　—**carta de promoción de ventas [3]**   sales promotion letter
　—**carta de queja [3]**   complaint letter
　—**carta de remisión [6]**   letter of remittance
　—**carta nocturna [13]**   night letter
　—**carta-formulario [3]**   form letter
cartapacio [14]   folder; portfolio
cartel [7]   poster; billboard
cartilla de identidad [12]   identity card
cartón [8]   cardboard; boxboard
cartulina [11]   pasteboard; Bristol board
casa matriz [9]   headquarters; main office; home office
casilla [14]   box for letters
　—**casilla postal [4]**   post-office box
caso fortuito [1]   an act of God
cauteloso [3]   cautious
ceder [13]   to transfer; to convey
cédula [14]   certificate; card
　—**cédula hipotecaria [10]**   mortgage bond; mortgage certificate
cerrajería [11]   locksmith shop
certificado de seguros [1]   insurance certificate
cesantía [10]   unemployment; pension
cesante [10]   dismissed or retired from a position
　—**dejar cesante**   to dismiss
cese [12]   termination; discharge
cinta adhesiva [14]   adhesive tape
circular [6]   circular
　—**carta circular**   circular letter
ciudadanía [9]   citizenship
clasificación [5]   rating; category
clausurar [9]   to close; to close up; to adjourn
clave [2]   code; key
　—**en clave**   coded

cobranza [8]   collection
　—**carta de cobranza**   collection letter
cobrar [3]   to collect; to charge
cobro [3]   collection; charge
coche [5]   car; automobile
codificar [2]   to encode; to codify; to code
código [1]   code
　—**código de comercio [1]**   commercial law; commercial code
colacionado [13]   compared; collated
colectivo [10]   collective
　—**contrato colectivo**   collective contract
colocación [10]   position; job; employment
　—**oficina de colocaciones**   placement office
comercio [1]   commerce
　—**cámara de comercio**   chamber of commerce
　—**código de comercio**   commercial code
　—**efecto de comercio**   commercial instrument
comisión [12]   commission letter
comodidad [5]   comfort
compañía de seguros [1]   insurance company
comparecer [12]   to appear (in court)
compartir [9]   to share
comprador [3]   buyer
compraventa [1]   sale
comprender [2]   to include; to encompass; to contain
comprobación [1]   verification
comprobar [3]   to verify; to check; to prove
comprometerse [1]   to commit oneself; to promise
compromiso [2]   obligation; commitment
con anticipación [4]   in advance
conceder [5]   to grant; to concede; to allow
concertar [7]   to arrange; to agree on
concordancia [5]   agreement
concurrir [9]   to come; to attend
concurso de merecimientos [9]   competitive examination for a position
concurso de títulos [9]   competition of degrees for a position
conducción [5]   act of driving or conducting
conectiva [11]   linking
　—**expresión conectiva**   linking clause
confianza [9]   trust
conforme [1]   according to; as
　—**de conformidad**   by common consent; in agreement with
conjunto [1]   whole; set; group
conocer [2]   to know
　—**dar a conocer**   to inform
conocimiento de embarque [1]   bill of lading
consanguinidad [3]   consanguinity; of the same family

conseguir [7]   to get; to achieve
—**por consiguiente**   therefore
consejo [9]   advice
constancia [4]   proof
—**dejar constancia**   to put on record
constar [3]   to be evident; to show; to be recorded
—**hacer constar**   to show; to make a record of
constatar [6]   to verify; to confirm
consuetudinario [1]   customary; generally practiced
consumidor [1]   consumer
contabilidad [1]   accounting
contable [1]   accounting; accountant
contado [8]   cash
—**al contado**   cash payment
—**al contado comercial**   30-day net
—**al contado riguroso**   cash and carry
contador [1]   accountant
contar con [5]   to count on; to possess
contenido [5]   content
contra entrega de documentos [7]   cash on delivery (of documents)
contra entrega de la mercadería [3]   cash on delivery (of merchandise)
contraer [1]   to contract; to incur
contrarrestar [7]   to counteract
contraseña [5]   countersign; mark; check mark
contratante [7]   contractor
—**parte contratante**   contracting party
contratiempo [1]   mishap
—**sin contratiempo**   without mishap; without delay
contrato [7]   contract
—**contrato colectivo [10]**   work contract with a labor union
—**contrato laboral [7]**   work contract
convención [1]   convention; contract
conveniencia [8]   advantage; interest; suitability
convenio [1]   agreement; contract; deal
convenir [6]   to agree
conversión [1]   exchange
convertirse [3]   to become
convocatoria pública [9]   summons; notice of meeting
corona de rosca [7]   ring-shaped head
corredor de bolsa [1]   stockbroker
corregir [5]   to correct
correo [3]   mail; post office
—**estampilla de correos**   postage stamp
—**timbre de correos**   postal stamp
correr a cargo [8]   to be responsible
corresponsal [2]   correspondent
corrida [6]   run; race; sprint
—**de corrida**   fast; without stopping
corriente [1]   current
—**cuenta corriente**   checking account
corrugado [8]   corrugated

cortesía [6]   courtesy
costo, seguro y flete [8]   cost, insurance, and freight (CIF)
costumbre [1]   custom; usage
cotejado [13]   compared; collated
cotización [7]   quotation
crediticio [1]   concerning credit
crédito [1]   credit
—**a crédito**   on credit
—**carta de crédito**   letter of credit
—**título de crédito**   credit instrument
cuadro [3]   painting; picture
cuantía [12]   quantity; amount
cuartilla [14]   sheet of paper
cubierta [14]   cover; envelope
—**bajo cubierta separada**   under separate cover, envelop
cuenta [3]   account
—**a cuenta de**   on account
—**a (mi) cuenta**   on my account
—**a (mi) cuenta y riesgo**   on (my) account and at (my) own risk
—**cuenta corriente [1]**   standard checking account
—**cuenta de ahorros [1]**   savings account
—**dar cuenta**   to give an account (of)
—**por (mi) cuenta**   (my) responsibility
—**tomar en cuenta**   to take into account
cuentahabiente [14]   holder of an account; depositor
cuentas deudoras [8]   debit accounts
cuerda [14]   cord; line
cuerpo [5]   body
cuidado [11]   formal
cumplimiento [1]   performance; fulfillment; formality
cuota [1]   fee; share
curso [10]   course
—**en curso**   current

D

dactiloscopia [1]   dactylography
daño [1]   damage; loss
dar [1]   to give; to deliver; to confer; to bestow
—**dar a conocer [2]**   to inform; to make known
—**dar cuenta [6]**   to give an account; to account; to render an account
—**dar fe [1]**   to attest
—**dar garantía [1]**   to guarantee
—**dar paso [13]**   to make room (for)
—**dar pie [9]**   to allow
—**dar trámite [12]**   to carry out; to handle
—**darse el lujo [11]**   to be able to afford
debido [3]   owed; proper
decodificar [2]   to decode
dedicarse [1]   to devote oneself

deducir [6] to deduct; to subtract
defunción [11] death
  —esquela de defunción death notice; obituary
dejar cesante [10] to lay off; to dismiss
dejar constancia [1] to put on record
dejar en blanco [6] to leave blank
dejar insubsistente [8] to cancel
delegatorio [12] delegatory letter
demanda [2] demand
demás [7] besides
  —estar por demás needless
demorar [8] to take (in time); to delay
demostrar [3] to prove; to demonstrate
dependencia [2] office; department
deprecatorio [12] pleading; deprecatory letter
derecho [1] right; law
derechos [13] fees; duties
derrochar [7] to waste; to squander
desacuerdo [4] disagreement
desaliento [10] discouragement
desarrollo [3] development
desavenencia [8] discord; disagreement
descargo [6] discharge; credit; acquittal
descifrar [2] to decipher; to decode
desconcertante [9] disconcerting
descortés [8] impolite
descuento [6] discount
descuido [4] carelessness; negligence
desempeñar [9] to take on a job; to perform
  —desempeñar un papel [4] to play a role
desenvolvimiento [1] development
desistir [8] to desist; to give up
desmedidamente [9] disproportionately
desocupación [12] unemployment
despacho [11] office
despedida [5] farewell
despedir [10] to discharge; to dismiss
desperdiciar [7] to waste
desperfecto [6] damage; flaw
despertar [7] to trigger; to awaken
despido [10] discharge; dismissal
desplazar [1] to displace; to replace
desplegado [14] unfolded
destinatario [2] addressee; consignee
destino [9] position
detal [1] retail
  —al detal retail
deuda [5] debt
deudor [1] debtor
devengar [14] to earn, to accrue
diario [1] daily; day by day
  —libro diario journal
dibujo [4] design; drawing
diferido [13] deferred
diferencia [7] difference
  —a diferencia de unlike
difunto [4] deceased

dignamente [5] with dignity
dignarse [7] to condescend; to accommodate
dignidad [4] dignity
diligencia [12] proceeding; business errand
diluir(se) [7] to dilute
dimisión [10] resignation
dirección [4] address
dirigir [8] to send; to address
dirigir(se) [2] to address
diseño [5] design; sketch
disgusto [8] displeasure
disponer [1] to dispose; to order; to direct
disponible [9] available; on hand
disposición [4] provision; disposition; requirement
  —a disposición available
dispuesto [3] disposed
  —estar dispuesto to be willing
distancia [13] distance
  —larga distancia long distance
distinguir [5] to distinguish; to show regard for
divisas [1] foreign exchange; foreign currency
divulgar [9] to divulge
doblado [11] folded
doblez [11] folding
docente [9] educational; related to teaching
  —cargo docente teaching position
documento [7] document
  —contra entrega de documentos cash on delivery (of documents)
domicilio [4] domicile; residence; home
dominio [6] expertise
dorado [7] gilt; of golden color
dorso [2] back
dote [10] quality
duda [3] doubt
  —no caber duda de there can be no doubt that
dudar [3] to doubt
duelo [11] mourning
  —tarjeta de duelo mourning card
duodécimo [5] twelfth

E

ebanistería [11] cabinet work; cabinet shop
edad [12] age
  —mayor de edad of age
educación [9] manners; education
  —mala educación bad manners
efectivo [8] true; effective
  —en efectivo in cash
efecto [1] effect; commercial document
  —efecto de comercio [1] commercial paper; negotiable instrument

—**efecto público [1]**   public security; government bond
—**surtir efecto**   to be effective
eficaz [8]   effective
ejemplar [6]   copy
ejercer [1]   to practice
ejercicio fiscal [10]   fiscal year
elevado [9]   high
embarcar [8]   to ship; to load
embarque [8]   shipment
—**conocimiento de embarque**   bill of lading
emisión [1]   issue; emission
emisor [1]   issuer; issuing
emitir [1]   to issue; to emit
empaquetar [8]   to pack; to package
empleado [7]   employee
emplear [1]   to utilize; to use
empleo [9]   employment; job
—**carta de aviso de empleo**   job-offer letter
empresa [1]   enterprise; company
empresario [10]   businessman; entrepeneur
encabezamiento [4]   heading; letterhead
encaje bancario [11]   bank cash reserve
encasillado [3]   classification
encerrar [4]   to enclose; to contain
enclítico [13]   enclitic
encuadernado [2]   bound
encuesta [10]   survey
enfocar [7]   to focus
enfoque [7]   focus; approach
enorgullecer [7]   to make proud
ensalzar [9]   to exalt
entrega [7]   delivery
—**entrega inmediata [14]**   special delivery
—**contra entrega de documentos**   cash on delivery (of documents)
—**contra entrega de la mercadería**   cash on delivery (of merchandise)
—**nota de entrega**   delivery note
entrenamiento [9]   training
envasar [10]   to bottle
envase [8]   bottling; container
envío [3]   shipment; remittance
epíteto [3]   epithet
equipaje [5]   luggage; baggage
equivocación [10]   mistake; error
equivocarse [5]   to make a mistake
errar [4]   to err; to make a mistake
escatimar [5]   to curtail; to lessen
escoger [3]   to choose
escribir [5]   to write
—**máquina de escribir**   typewriter
escudo [12]   coat of arms
esforzarse [3]   to exert oneself
eslabón [8]   link
esmerarse [3]   to do one's best
esmero [6]   great care

esperanza [9]   hope
esquela [11]   elegant note
esquela de defunción [11]   death notice; obituary
esquema [5]   outline
establecimiento [3]   establishment; institution; place of business
estado civil [4]   marital status
estampilla [7]   postage stamp
—**estampilla de correos [14]**   postage stamp
estar a punto de [10]   to be about to
estar al tanto [5]   to be informed
estar de luto [11]   to be in mourning
estar dispuesto [7]   to be willing
estar por demás [7]   needless
estatal [2]   state; government
estatuto [5]   statute; bylaw
estrechamente [5]   closely
estrecho [12]   close
estuche [7]   case
etapa [2]   period; stage
etiqueta [14]   label
evadir [10]   to evade
evitar [3]   to avoid
exactitud [2]   accuracy
excusado [8]   excused
—**ser excusado**   to be needless
exigencia [3]   demand; requirement
exigir [1]   to demand; to require
existencia [7]   stock
éxito [3]   success
expedición [1]   issue; shipping; forwarding
—**de expedición**   retail selling
expedidor [13]   sender; shipper
expediente [9]   file; record
expedir [1]   to ship; to issue; to expedite
exponer [10]   to express; to declare
expresión conectiva [11]   linking clause
extranjero [1]   foreigner; alien; foreign
extravío [1]   loss; misplacement
extraviarse [10]   to go astray; to get lost

F

F.A.B. [7]   free on board
fabricar [1]   to manufacture
faceta [7]   facet
—**caja de facetas**   facet case
facilidades de pago [8]   easy payments; easy terms
factibilidad [5]   feasibility
factura [1]   invoice; bill
—**proforma de factura**   proforma invoice
falta [10]   fault; defect
—**hacer falta**   to be lacking; to be necessary
faltante [6]   shortage; lacking
falla [2]   defect; flaw
favorecer [4]   to honor; to favor

fe [1]   trust; faith
—**fe de presentación [2]**   certification of delivery
—**dar fe**   to attest
fecha [2]   date
fehaciente [13]   evidencing; attesting
felicitar [7]   to congratulate
ferrocarril [1]   railway
—**guía de ferrocarril**   railway bill of lading
—**talón de ferrocarril**   railway bill of lading
fiduciaro [1]   trustee; fiduciary
figurar [8]   to appear
fijar [7]   to set; to determine
fijar la atención [4]   to pay attention
fin [5]   end; object
—**a fin de**   in order to
financiero [1]   financial
finca [7]   farm; real estate
firma [5]   signature
—**pie de firma**   undersignature
firme [6]   firm
—**en firme**   definitive
fiscal [10]   fiscal
—**ejercicio fiscal**   fiscal year
fiscalización [11]   audit
fiscalizar [11]   to audit
flete [7]   freight
—**costo, seguro y flete**   cost, insurance and freight
foliado [2]   foliated; page numbered
folio [14]   folio; page
folleto [7]   pamphlet; brochure
fondo [3]   substance; matter; recess
—**a fondo**   in depth
—**caja de doble fondo**   double-access case or box
fondos [1]   funds
formalidad [1]   formality; dependability
formar un juicio [9]   to make a judgement
forma [3]   format; form
formulario [7]   form; blank form
—**carta formulario**   form letter
formulario de preguntas [10]   questionnaire
forrado [2]   covered; lined
fortuito [1]   unexpected
—**caso fortuito**   act of God
franco a bordo (F.A.B.) [7]   free on board; FOB
franquear [14]   to mail; to send
—**máquina de franquear**   stamping machine
franqueo [7]   postage
franqueo o porte pagado [7]   prepaid postage; postage paid
freno [5]   brake
fuente [8]   source
fuera de plaza [8]   out of town; not local

fuerte [1]   strong; firm
—**caja fuerte**   safe deposit box
fuerza mayor [1]   force majeure; vis major
fuerzas armadas [4]   armed forces

G

galardón [9]   guerdon; reward
ganancia [1]   profit
ganar [9]   to earn; to gain; to make
garantía [1]   guarantee
—**dar garantía**   to guarantee
garantizar [1]   to guarantee; to warrant
gastar [7]   to spend
gasto [10]   expense
género [1]   good; gender; genre
gerente [5]   manager
gestión [8]   effort; step; measure; negotiation
—**hacer gestiones**   to negotiate; to deal with
girar [1]   to draw; to do business; to issue
giro [2]   draft
—**giro bancario [7]**   bank draft
—**giro idiomático [3]**   idiomatic trait; stylistic trait
—**giro postal [8]**   postal money order
glosa [2]   audit
golpe [7]   blow
gozar [8]   to enjoy
grabación [3]   recording
grabar [7]   to engrave, to record
grado [5]   pleasure; will
—**de buen grado**   willingly
grafía [2]   sign; character; letter
grosero [3]   rude; impolite
gruesa [10]   gross
guardar en reserva [6]   to keep confidential
guardar silencio [10]   to remain silent
guía [6]   guide
—**guía aérea [1]**   airway bill of lading
—**guía de ferrocarril [1]**   railway bill of lading
gustoso [6]   happy

H

haberes [10]   wages
Hacienda [1]   Treasury Department
—**Ley de Hacienda**   Tax Law
harina [6]   flour
hasta cierto punto [3]   to a certain extent
hecho [1]   fact
heredero [2]   heir
herido [3]   hurt; wounded
herrería [11]   blacksmith work; blacksmith shop
hierro [7]   iron
hilo [14]   thread

hipotecario [10] related to a mortgage
—**cédula hipotecaria** mortgage bond
—**préstamo hipotecario** mortgage loan
historial [9] résumé
hoja [10] sheet
—**hoja de servicios [9]** résumé; personal record
—**hoja volante [7]** flyer
hojalatería [11] tinsmith shop; auto body shop
homólogo [12] counterpart
honradamente [9] honestly
hoy [5] today
—**de hoy en adelante** from now on
hueco [2] space
humorístico [3] humorous

I

identidad [12] identity
—**cartilla de identidad** identity card
idiomático [3] idiomatic
—**giro idiomático** idiomatic trait
idóneo [9] competent; qualified
imperar [4] to prevail
imponer [2] to assess; to levy; to impose
importe [5] amount owed (in a bill)
impreso [6] print; printed matter
imprevisto [10] unforeseen; unexpected
imprimir [4] to print
incendio [1] fire
incluso [5] even
inconfundible [11] unmistakable
incontestable [3] indisputable
indemnización [1] indemnity; indemnification; compensation
indiscutible [10] unquestionable
índole [2] class; type
industria [1] industry
—**cámara de industria** chamber of industry
ineficaz [7] ineffectual; ineffective
influir [4] to influence
informalidad [8] unreliability; breach of etiquette
informática [3] electronic communication systems; computer science
ingreso [10] income
inicio [4] beginning; initiation
ininterrumpidamente [9] continuously
injuria [10] insult
inmueble [7] immovable estate
—**bien inmueble** real estate
inrayable [7] scratchproof
instancia [12] petition; application
instrucción [3] education
insubsistente [8] cancelled
—**dejar insubsistente** cancelled
insuperable [7] insuperable; insurpassable
íntegramente [2] in full; completely

integrarse [10] to begin; to report to work; to join
intercambiar [1] to exchange; to trade
intercambio [4] exchange; interchange; trade
interlocutor [2] interlocutor
intermedio [2] interval
inventario [1] inventory
—**libro de inventarios** inventory book
inversión [1] investment
inveterado [7] inveterate
involucrado [2] involved

J

jocoso [8] humorous
juez [1] judge
juicio [9] judgement
—**formar un juicio** to arrive at an opinion; to make a judgement
jurídico [1] juristic
—**persona jurídica** juristic person; company; corporation
juzgado [12] court
juzgar [6] to judge

L

labor [10] work
laboral [7] concerning labor
—**contrato laboral** work contract
larga distancia [13] long distance
lazo [3] bow; knot; link
legajo [2] bundle of papers; docket
legal [1] legal
—**persona legal** juristic person
lego [2] layman; lay
lema [4] slogan; motto
letra [2] letter
—**a la letra** to the letter
—**letra de cambio [1]** bill of exchange
—**letra negrita [1]** boldface type
levante [5] East; Orient
ley [1] law; statute
—**Ley de Aduanas [1]** Customs Law
—**Ley de Bancos [1]** Banking Law
—**Ley de Hacienda [1]** Tax Law
libranza postal [8] postal money order
librar [3] to draw; to issue
libre a bordo [8] free on board; F.O.B.
librero [1] bookseller; bookcase
libreta de ahorros [14] savings passbook
libro [1] book
—**libro de caja [1]** cashbook
—**libro de inventarios [1]** inventory book
—**libro diario [1]** journal
—**libro mayor [1]** ledger
—**tenedor de libros** bookkeeper
ligero [10] brief

litigio [13]   litigation
local [6]   place
lograr [5]   to attain; to succeed in; to realize
lucro [1]   profit
lugar [4]   place
lujo [11]   luxury
—darse el lujo   to be able to afford
luto [11]   mourning
—estar de luto   to be in mourning
—tarjeta de luto   mourning card

LL

llegada [6]   arrival
llegar a poder [6]   to be in (my) hands
llegar a ser [3]   to become
llevar [1]   to keep
—llevar a cabo [6]   to carry out; to execute

M

mala educación [9]   bad manners
malentendido [2]   misunderstanding
malversación [11]   embezzlement; misappropriation
mancomunada [10]   joint
manejo [5]   driving; management
manifestar [3]   to express
maniobrar [5]   to maneuver
mano [5]   hand
—a mano   by hand
mantenimiento [5]   maintenance
máquina [5]   machine
—máquina de escribir [5]   typewriter
—máquina de franquear [14]   stamping machine
—máquina selladora [14]   stamping machine
—a máquina   typed
maquinaria [7]   machinery
marbete [14]   label
marcador [14]   marker
marcha [10]   operation
—en marcha   in progress
marco [5]   frame; framework
matasellos [6]   canceling stamp; postmark
materiales adjuntos [5]   enclosures
matriz [9]   main
—casa matriz   main office
mayor [1]   greater
—mayor de edad [12]   of age
—al por mayor   wholesale
—fuerza mayor   force majeure
—libro mayor   ledger
mayoreo [1]   wholesale
—al mayoreo   wholesale
mecanografía [9]   typing
mecanografiar [5]   to type

medio [7]   means
—por medio de   by means of
membrete [2]   letterhead; heading
memorial [12]   brief
mención [3]   mention
—hacer mención   to mention
—cabe mencionar   it should be mentioned
menor [1]   smaller; minor
—al por menor   retail
menos [7]   less
—a menos que   unless
menosprecio [2]   contempt
mensajero [2]   messenger; courier
menudeo [1]   retail
—al menudeo   retail
mercadeo [5]   marketing
mercader [1]   merchant
mercadería [1]   merchandise; goods; commodities
—contra entrega de la mercadería   cash on delivery (of merchandise)
merecer crédito [3]   to deserve credit
merecido [10]   deserved
merecimiento [9]   merit
—concurso de merecimientos   competitive examination
metálico [6]   cash
miembro [1]   member
milésima [7]   thousandth
mina [7]   mine
minorista [3]   retailer
mobiliario [10]   furniture
molestia [8]   inconvenience
modo [5]   manner
—de modo que   so that
—en modo personal   conjugated verb
momento [8]   moment
—de momento   for the moment; firstly
moneda [1]   money; currency; coin
—acuñación de moneda   coinage
mora [8]   delinquent delay (as in payment of bills)
moroso [8]   delinquently delayed
motivo [9]   reason
movilizar [1]   to transport; to move
mueble [7]   movable; goods; chattel
—bien mueble   personal property
muestra [7]   sample
multicopiar [6]   to copy; to duplicate

N

nacimiento [2]   birth
—partida de nacimiento   birth certificate
natural [1]   according to nature
—persona natural   human being; individual
naturaleza [7]   nature

Navidad [8] Christmas
negar [7] to deny
negocio [1] business; transaction; deal
nemar [10] to label a letter
nivel [3] level
nobiliario [4] nobiliary
nocturno [13] nightly
 —**carta nocturna** night letter
nombramiento [10] appointment
nombrar [10] to appoint
nombre [6] name
 —**nombre de pila [4]** first name
 —**a nombre de** on behalf
 —**en su nombre** in (his/her) behalf
nota [1] notification; note
 —**nota de entrega [1]** delivery note
 —**tomar nota** to take notice
nuevo [4] new
 —**de nuevo** again

O

obligarse [1] to bind oneself; to make a
 commitment
obra [9] deed; work
obrar en poder [3] to have
obrero [7] worker
obsecuente [9] courteous; attentive
obsequiar [7] to present with; to give (a
 gift)
obsequio [7] gift
ocasión [6] occasion
 —**en ocasiones** sometimes
ocasionar [13] to cause
ocurso [12] petition
oferta [10] offer
oficina de colocaciones [9] placement office
oficio [2] official letter
ofrecimiento [9] offer
oído [2] hearing
ondas hertzianas [13] Hertzian waves
onomástico [2] saint's day
oposición [9] competitive examination
ordenanza [1] ordinance
ordinariez [3] commonness; rough manners
ordinario [3] ordinary
 —**de ordinario** ordinarily
orfebre [7] goldsmith; silversmith
orgullo [9] pride
orgulloso [5] proud
originario [12] natural; native
otorgar [1] to give; to issue

P

pagar [3] to pay
pagaré [1] promissory note
pago [1] payment

papel [4] role; paper
 —**papel ministro [12]** official paper
 —**papel sellado [2]** stamped paper
 —**papel timbrado [2]** stamped paper
 —**desempeñar un papel** to play a role
parentesco [11] relationship
pariente [2] relative
parte [2] announcement
parte contratante [7] contracting party
particular [2] private
partida de nacimiento [1] birth certificate
partida presupuestaria [10] budgetary line
 item
pasado [6] past
 —**próximo pasado** last
pasajero [5] passenger
paseo [4] avenue
paso [5] step
 —**dar paso** to make room
patrocinar [12] to represent; to sponsor
patronal [10] employment
pavonado [7] blackened
pedido [1] order; request
 —**hacer un pedido** to place an order
pegar [9] to glue
peligro [8] danger
 —**poner en peligro** to jeopardize; to put
 in danger
peluche [7] plush (carpet)
pena [8] difficulty
 —**valer la pena** to be worthwhile
pendiente [3] pending
percibir [1] to collect; to receive
pérdida [1] loss
pericia [2] ability; skill
perifrástico [13] periphrastic
periódico [7] newspaper
perjudicial [9] damaging
permitir [4] to allow
permuta [1] barter; exchange
permutar [1] to barter; to exchange
persona jurídica [1] juristic person; corporation
persona legal [1] juristic person; corporation
persona natural [1] human being; person;
 individual
personero [12] official representative
pertenecer [1] to belong
pésame [2] sympathy
 —**tarjeta de pésame** sympathy card
pesar [2] to encumber
 —**a pesar de** in spite of
pescado [6] fish
petitorio [12] petitionary letter
petulancia [3] insolence; petulance
pie [5] end; the bottom of the page
 —**pie de firma [5]** undersignature
 —**al pie** at the bottom (of a document)
 —**dar pie** to allow

pila [4]   a holy-water basin
  —**nombre de pila**   Christian name
placer [5]   pleasure
plateado [7]   silver-plated
plaza [9]   market; city
  —**en esa plaza**   C.I.F.
  —**en esta plaza**   F.O.B.
  —**en plaza**   in the market
  —**fuera de plaza**   out of town
plazo [6]   term
  —**a plazo fijo**   fixed terms
  —**a plazos**   on credit
pliegue [14]   fold
población [4]   town
poder [6]   power; control
  —**llegar a poder**   to receive; to have in
  hand
  —**obrar en poder**   to have
poderoso [5]   powerful
póliza [1]   policy; contract
ponencia [10]   conference read to an au-
  dience
poner al alcance [1]   to put within reach
poner en peligro [8]   to jeopardize
por (mi) cuenta [8]   (my) responsibility
por adelantado [1]   in advance
portador [2]   carrier
porte pagado [7]   postage paid
pos [10]   after
  —**en pos de**   in pursuit of
poseer [2]   to own; to hold; to possess
posesionarse [10]   to take office
  —**tomar posesión**   to take office
postal [2]   postcard
  —**apartado postal**   P.O. Box
  —**casilla postal**   P.O. Box
  —**giro postal**   postal money order
  —**libranza postal**   postal money order
  —**sello postal**   postal stamp
posterior [5]   rear
precio [3]   price
predecir [2]   to predict; to forecast
predisponer [5]   to predispose
premio [9]   award
prensa [7]   press
prescribir [3]   to prescribe; to specify
presente [8]   present
  —**tener presente**   to remember
presentación [12]   presentation
  —**fe de presentación**   certificate of delivery
prestaciones [9]   benefit payments
prestamista [1]   money lender
préstamo [1]   loan
  —**préstamo hipotecario [1]**   mortgage
  loan
  —**préstamo prendario [1]**   secured loan;
  chattel mortgage loan
  —**préstamo quirografario [1]**   unsecured
  loan

prestar [3]   to lend
  —**prestar atención [3]**   to pay attention
  —**prestar servicios [9]**   to serve; to provide services
prestatario [7]   borrower
presupuestario [10]   budgetary
  —**partida presupuestaria**   budgetary line
presupuesto [3]   budget
prima [1]   premium
probar [1]   to prove
procedimiento [6]   procedure
procesador de textos [5]   word processor
producto [1]   product
  —**bolsa de productos**   commodities exchange
proferir [10]   to utter
proforma de factura [3]   proforma invoice
prometer [7]   to promise
promoción [3]   promotion
  —**carta de promoción de ventas**   sales
  promotion letter
prontitud [13]   promptness
propiedad [3]   property
propio [4]   messenger
proporcionar [7]   to provide
propósito [5]   purpose
protestar [12]   to affirm; to protest
protocolizar [1]   to record
proveer [10]   to provide; to supply
próximo pasado [6]   last
prueba [10]   test; experiment
  —**de prueba**   test
publicidad [8]   advertising; publicity
publicitario [7]   advertising
puesto [9]   position
puesto que [5]   since
pulir [5]   to polish
pundonor [9]   dignity; point of honor
punto [10]   point in time or space
  —**estar a punto de**   to be about to
  —**hasta cierto punto**   to a certain extent

Q

quedar(se) [7]   to remain
queja [3]   complaint
  —**carta de queja**   letter of complaint
quiebra [8]   bankruptcy
  —**caer en quiebra**   to become bankrupt
quintal [6]   quintal (100 lbs.)
quitar [3]   to detract

R

radicar [9]   to be found; to live (in)
raíz [6]   root
  —**a raíz de**   immediately after
  —**bien raíz**   real estate
rango [9]   rank; position
rapidez [13]   speed

raro [3]   rare; uncommon
rasgo [6]   feature; characteristic
razón [6]   ratio; rate; reason
—**razón social [1]**   company name
—**a razón de**   at the rate of; at
—**tener razón**   to be right
realizar [5]   to do; to carry out
reanudar [2]   to resume
recado [2]   note; message
recargo [8]   charge
recaudación [1]   collection
recaudar [8]   to collect
recepción [5]   arrival
receptor [2]   receiver
recibirse [5]   to graduate
recibo [1]   receipt
—**acusar recibo**   to acknowledge receipt
—**acuse de recibo**   acknowledgement of
receipt
recibo de carga [1]   freight receipt; cargo
receipt
reclamar [3]   to demand; to claim
reclamo [8]   demand; request; claim
recobrar [2]   to recover; to collect; to re-
trieve
recobro [14]   retrieval
recoger [2]   to pick up
recomendado [5]   recommended
recurrir [1]   to resort to; to utilize
rechazar [2]   to reject
rechazo [9]   rejection
redacción [6]   composition; writing
redactar [5]   to write; to compose
rédito [1]   interest
reembolso [7]   refund
reflejar [3]   to reflect
refrán [9]   proverb
refrendado [9]   authenticated; validated
refrendar [5]   to authenticate; to validate
regalo [7]   present; gift
regir [12]   to stand; to rule; to apply
reglamento [13]   regulations; by-laws
regulable [5]   adjustable
regulador [5]   regulatory
reincidencia [9]   recidivism; recurrence
reintegro [12]   reimbursement; refund
relación [10]   report; statement
relacionar [4]   to compare; to relate to
relojero [7]   watchmaker; clockmaker
remesa [5]   shipment; remittance
remisión [6]   remittance
—**carta de remisión**   letter of remittance
remitente [2]   sender
remitir [3]   to send; to ship; to forward
renglón [12]   line
renta [10]   income
renuncia [10]   resignation
renunciar [10]   to resign
reparo [9]   objection
represalia [10]   reprisal

repuesto [5]   part; spare part
requisición de compra [1]   purchase requisition
requisición de precios [1]   request for
quotation
requisito [9]   requirement
resaltar [9]   to stand out
—**hacer resaltar**   to stand out
reseña [9]   review
reserva [6]   secret
—**guardar reserva**   to keep confidential
respaldar [1]   to endorse; to support; to
back
respaldo (1)   endorsement; support
responder [13]   to correspond
retirar [7]   to retire; to withdraw; to take
away
revisar [8]   to check; to verify
revista [6]   magazine; journal
riesgo [1]   risk
rigor [12]   rigour
—**de rigor**   prescribed; indispensable
robo [1]   theft
rogar [3]   to beg; to ask
romper [8]   to break
rompimiento [8]   alienation
rosca [7]   thread
—**corona de rosca**   ring-shaped head
rotulado [14]   labeling a letter
rotundo [5]   complete
rúbrica [2]   mark or flourish added to a
signature
rudeza [8]   rudeness
rueda [5]   wheel

S

saber [12]   to know
—**hacer saber**   to inform
saldo [6]   balance
salón [5]   room
salvar [2]   to certify corrections
sastrería [11]   tailoring; tailor's shop
seguridad [5]   safety
—**caja de seguridad**   safe-deposit box
seguro [1]   insurance
—**certificado de seguros**   insurance certificate
—**compañía de seguros**   insurance company
—**costo, seguro y flete**   cost, insurance,
and freight (CIF)
sellado [6]   stamped
sellar [9]   to seal; to stamp
—**máquina selladora**   stamping machine
sello [12]   seal; stamp
—**sello postal [14]**   postal stamp
semiótico [4]   semiotic
semovientes [7]   livestock
señalar [9]   to point out

sendos [8]   one for each
separador [14]   divider
ser [3]   to be
  —ser excusado [8]   to be useless
  —llegar a ser   to become
seriedad [1]   reliability
servicio [9]   service
  —hoja de servicios   personal record
  —prestar servicios   to serve
significado [3]   meaning
silencio [10]   silence
  —guardar silencio   to remain silent
sin ambages [7]   plainly; to the point
sin contratiempo [1]   without mishap or
  delays
sin novedad [7]   as usual; well
sito [12]   located
sobre [2]   envelop
sobremanera [10]   beyond measure; ex-
  ceedingly
sobrescrito [14]   address
solapa [14]   lapel
soler [4]   to be in the habit; to be accus-
  tomed to
solicitar [5]   to ask; to petition; to apply
solicitud [5]   petition; application
solución de continuidad [5]   solution of
  continuity
sondeo [10]   sampling; probe
subalterno [8]   subordinate
subsiguiente [2]   following
subsistencias [10]   provisions; foodstuffs
sucesivo [4]   following in order
  —en lo sucesivo   in the future
sucursal [6]   branch
sueldo [9]   salary
suerte [6]   fortune; luck
  —por suerte   fortunately
sugerir [4]   to suggest
sujeto [7]   subject
sumilla [10]   summary; digest
suministrar [10]   to supply
sumo [7]   utmost
suprimir [11]   to eliminate
surtido [6]   assorted
surtir [3]   to furnish; to supply; to stock
surtir efecto [7]   to be effective
suscribir [1]   to sign
suscrito [9]   undersigned
susodicho [7]   aforesaid

T

tacto [2]   touch
talón de ferrocarril [1]   railway bill of
  lading
tanto [5]   so much; rate
  —estar al tanto   to be informed; to be
  up to date
tapicería [5]   upholstery
taquigrafía [9]   shorthand

tara [6]   tare
tardar [8]   to delay
  —a más tardar   at the latest
tarea [7]   task
tarjeta [2]   card
  —tarjeta de duelo [11]   mourning card
  —tarjeta de luto [11]   mourning card
  —tarjeta de pésame [11]   sympathy card
teclado [10]   keyboard
televisor [6]   television set
temporada [8]   season
temprano [9]   early
tender [13]   to lay; to spread out
tenedor de libros [1]   bookkeeper
tener [8]   to have; to possess;
  —tener presente [8]   to remember
  —tener que ver [8]   to have to do with
  —tener razón [8]   to be right
tenor [8]   pursuant to
  —al tenor de   in accordance with
texto [5]   text
  —procesador de textos   work processor
tienda [1]   store
timbre [12]   stamp; seal; stamp tax
timbre de correos [14]   postal stamp
tinta [2]   ink
tirilla [14]   band
titular [11]   official
título [4]   title
  —título de crédito [1]   credit instrument
  —concurso de títulos   competition of
  degrees
todo [5]   whole
tomar [4]   to take
  —tomar en cuenta [4]   to take into account
  —tomar nota [9]   to take notice
  —tomar posesión [10]   to take office
traducción [3]   translation
traducir [3]   to translate
tramitar [8]   to negotiate; to transact
trámite [12]   read tape, procedure
  —dar trámite   to carry out; to handle
trasbordador [7]   shuttle
trasladar [2]   to copy; to move
traslado [12]   notification
tratado [1]   treated; dealt with
tratar [3]   to deal; to treat
tratarse de [1]   to be a matter of
trato [3]   intercourse; treatment
trazar [5]   to draw
triunfo [5]   victory
trueque [1]   barter
turno [13]   turn; shift
  —por turno   in turn

U

ubicación [5]   location; site
urgir [6]   to be urgent; to urge
usuario [12]   user

V

vacante [9]   available; opening
vale [1]   voucher
valer la pena [8]   to be worthwhile
valerse [7]   to utilize
valioso [9]   valuable
valor [6]   value; price
valorar [9]   to value; to appreciate
valores [1]   securities; assets
—**bolsa de valores**   stock exchange
varón [9]   male
velar [10]   to watch over
vencer [7]   to overcome
vendedor [3]   seller; vendor
vendible [1]   saleable
venidero [10]   coming; next
venta [7]   sale
—**carta de promoción de ventas**   sales promotion letter
ventaja [10]   advantage
ventajoso [5]   competitive
ventanilla [5]   window

ver [8]   to see; to look into
—**tener que ver**   to have to do with
verídico [3]   truthful; veridical
verosímil [10]   credible
verse precisado a [9]   to be obliged
viaje [10]   travel
—**bolsa de viaje**   travel grant
viáticos [10]   travel expenses
vigente [10]   in force
vigilar [1]   to inspect; to supervise
vista [2]   sight
vituperio [9]   vituperation; insult
viuda [4]   widow
vivencia [2]   experience
vocablo [3]   word; term
volante [7]   sheet of paper with specific information
—**hoja volante**   flyer
voluntad [7]   will
volverse [5]   to become
vuelo [7]   flight
vuelta [5]   race; circuit
—**a vuelta de correo**   by return mail

Vocabulario
inglés-español

●●

A

ability [2]   pericia
abroad [1]   extranjero
according to [1]   conforme; de acuerdo; de conformidad
account [3]   cuenta
accountant [1]   contador; contable
accounting [1]   contabilidad
accrue [14]   devengar
accuracy [2]   exactitud
acephalia [8]   acefalía
achieve [7]   conseguir; alcanzar
acknowledge receipt [1]   acusar recibo
acquittal [6]   descargo
act [1]   acto
act of God [1]   caso fortuito
action [1]   acto
ad [9]   anuncio; aviso
add [5]   añadir
address [2]   dirigir(se)
address [4]   dirección; sobrescrito
addressee [2]   destinatario
adhesive [14]   adhesivo
—adhesive tape [14]   cinta adhesiva
adjourn [9]   clausurar
adjustable [5]   regulable
adornment [11]   adorno
advance [4]   anticipación
advance [4]   anticipar; avanzar
advantage [8]   conveniencia; ventaja
advertisement [9]   anuncio
advertising [7]   publicitario; publicidad
advice [9]   asesoría; consejo; aviso
advisable [6]   aconsejable
advise [7]   asesorar
affectation [3]   afectación
affirm [12]   protestar; afirmar
affirmation [9]   aseveración
after [10]   en pos de
again [4]   de nuevo
age [12]   edad
agree [6]   acceder; acordar; concertar; convenir
agreed upon [1]   acordado
agreement [1]   convenio; acuerdo; concordancia

airway [1]   aérea
—airway bill of lading [1]   guía aérea
alien [1]   extranjero
allow [4]   permitir; conceder; dar pie
allowance [9]   bonificación
amazing [2]   asombroso
amendment [5]   corrección; enmienda
amount [5]   importe; cuantía; cantidad
amplify [3]   ampliar
announcement [2]   parte; anuncio
appear [8]   figurar; aparentar
—appear in court [12]   comparecer (ante un juzgado)
appoint [10]   nombrar
appointment [10]   nombramiento
appreciate [9]   valorar; apreciar
appreciation [5]   agradecimiento
approach [7]   enfoque; acercamiento
arbitrate [8]   arbitrar
area [3]   campo
armed forces [4]   fuerzas armadas
arrival [5]   recepción; llegada
as [1]   conforme
ask [5]   solicitar
assess [2]   imponer
assets [1]   valores
assistant [10]   ayudante
assorted [6]   surtido
assume [1]   asumir
atmosphere [10]   ambiente; atmósfera
attach [4]   acompañar
attached [5]   adjunto
attain [5]   lograr
attend [9]   concurrir; asistir
attention [4]   atención
attest [1]   dar fe
attesting [13]   fehaciente
audit [11]   fiscalizar
audit [2]   glosa; arqueo; fiscalización
authenticate [5]   refrendar
authenticated [9]   refrendado
authorize [2]   autorizar
automobile [5]   coche; automóvil; carro
available [9]   disponible; a disposición; vacante
avenue [4]   paseo
avoid [3]   evitar

B

back [1]   respaldo; dorso
bad manners [9]   mala educación
baggage [5]   equipaje
balance [6]   saldo
—**balance sheet [1]**   balance general
band [14]   tirilla
bank [1]   banco
—**bank cash reserve [11]**   encaje bancario
—**bank draft [7]**   giro bancario
banking [1]   banca; bancario
—**Banking Law [1]**   Ley de Bancos
bankruptcy [8]   quiebra
baptism [2]   bautizo
barter [1]   permuta; trueque
barter [1]   permutar
become [3]   convertirse; llegar a ser
become bankrupt [8]   caer en quiebra
beforehand [14]   de antemano
beg [3]   rogar
begin [10]   integrarse
beginning [4]   inicio
belong [1]   pertenecer
beneficiary [1]   beneficiario
benefit payments [9]   prestaciones
besides [7]   demás
bestow [1]   dar
beyond measure [10]   sobremanera
bill [1]   factura; billete
—**bill of exchange [1]**   letra de cambio
—**bill of lading [1]**   conocimiento de embarque
billboard [7]   cartel
bind oneself [1]   obligarse
binder [14]   carpeta
birth [2]   nacimiento
—**birth certificate [1]**   partida de nacimiento
blackened [7]   pavonado
blacksmith shop [11]   herrería
blacksmith work [11]   herrería
blank [6]   blanco
—**blank form [7]**   formulario, impreso
blow [7]   golpe
board [7]   bordo
body [5]   cuerpo
boldfaced type [1]   letra negrita
bond [1]   bono
bonus [9]   bonificación
bookkeeper [1]   tenedor de libros
bookseller [1]   librero
borrower [7]   prestatario
bottle [10]   envasar; enbotellar
bottling [8]   envase
bottom of the page [5]   pie (de página)
bound [2]   encuadernado
bow [3]   lazo
box [8]   caja
boxboard [8]   cartón
brake [5]   freno

branch [6]   sucursal
break [8]   romper
brief [3]   breve; ligero; memorial
Bristol board [11]   cartulina
brochure [7]   folleto
budget [3]   presupuesto
budgetary [10]   presupuestario
—**budgetary line [10]**   partida presupuestada
bundle of papers [2]   legajo
business [1]   negocio
businessman [10]   empresario
butcher [1]   carnicero
buyer [3]   comprador
by   por
—**by hand [5]**   a mano
—**by means of [1]**   por medio de
—**by return mail [8]**   a vuelta de correo
bylaw [5]   estatuto

C

C.I.F. [9]   en esa plaza
cabinet shop [11]   ebanistería
cabinet work [11]   ebanistería
cancel [6]   cancelar; dejar insubsistente
cancelling stamp [6]   matasello
capital stock [1]   capital social
car [5]   coche; carro; automóvil
carburetor [5]   carburador
card [2]   tarjeta; cédula
cardboard [8]   cartón
career [4]   carrera
carelessness [4]   descuido
cargo [2]   carga; cargamento
carpet [5]   alfombra
carrier [2]   portador
carry out [6]   llevar a cabo
case [7]   estuche; caja
cash (among merchants) [8]   caja
cash [1]   al contado; en efectivo; metálico
cash and carry [8]   al contado riguroso
cash on delivery (of documents) [7]   contra entrega de documentos
cash on delivery (of merchandise) [3]   contra entrega de la mercadería
cashbook [1]   libro de caja
category [5]   clasificación; categoría
cause [13]   ocasionar
cautious [3]   cauteloso
certificate [1]   bono; cédula
certification of delivery [12]   fe de presentación
chain [1]   cadena
chamber [1]   cámara
—**chamber of agriculture [1]**   cámara de agricultura
—**chamber of commerce [1]**   cámara de comercio
—**chamber of industry [1]**   cámara de industria

change [7] cambio
character [2] grafía
characteristic [7] carácter
charge [2] cobrar; cargar
charge [8] recargo
charge-out [6] descargo
chattel [7] mueble
check [3] comprobar; revisar
check mark [5] contraseña
checking account [1] cuenta corriente
choose [3] escoger
Christian name [4] nombre de pila
circumlocutions [7] ambages
citizenship [9] ciudadanía
citizenship [9] ciudadanía
city council [1] ayuntamiento; cabildo
city hall [1] ayuntamiento
civil status [4] estado civil
claim [3] reclamar
claim [8] reclamo
clarify [5] aclarar
class [2] índole; type; clase
classification [3] encasillado
close [9] estrecho
close up [9] clausurar; concertar
closely [5] estrechamente
coat of arms [12] escudo
code [2] clave; código
code [2] codificar
coded [13] en clave
codify [2] codificar
coin [1] acuñar
coin [1] moneda
collated [13] colacionado
collect [1] cobrar; recaudar; percibir
collection [1] recaudación; cobro; colección
—collection letter [3] carta de cobranza
collective [10] colectivo
come [9] concurrir
comfort [5] comodidad
coming [10] venidero
commerce [1] comercio
commercial law [1] código de comercio
—commercial paper [1] efecto de comercio
commission letter [12] comisión
commit oneself [1] comprometerse
commitment [2] compromiso
commodities exchange [1] bolsa de productos
compared [13] colacionado
compensation [1] indemnización
competent [9] idóneo
competition of degrees for a position [9]
concurso de títulos
competitive [5] ventajoso
—competitive examination [9] concurso de
merecimientos
complaint [3] queja
complete [5] rotundo
composition [6] redacción
concede [5] conceder
concerning credit [1] crediticio

confer [1] dar
confirm [6] constatar
confront [7] afrontar
congratulate [7] felicitar
connotation [3] acepción
consanguinity [3] consanguinidad
consignee [2] consignatario
consistent [8] de conformidad
consuetudinary [11] consuetudinario
consumer [1] consumidor
consumption of provisions [5] consumo
container [8] envase
contempt [2] menosprecio
content [2] carga; contenido
continuously [9] ininterrumpidamente
contract [1] contraer
contract [1] convención; contrato; convenio
contracting [7] contratante
—contracting party [7] parte contratante
contribution [1] aporte; contribución
convention [1] convención
convey [13] ceder
copy [2] trasladar; multicopiar
cord [14] cuerda
corporation [1] persona jurídica; corporación
correct [5] hacer correcciones; corregir
correction [5] corrección
correspond [13] responder
correspondent [2] corresponsal
corrugated [8] corrugado
cosign [3] avalar
cost, insurance, and freight (CIF) [8]
costo, seguro y flete
counsel [7] asesorar
counsel [9] asesoría
count on [5] contar con
counteract [7] contrarrestar
counterpart [12] homólogo
countersign [5] contraseña
course [10] curso
court [12] juzgado
courteous; attentive [9] obsecuente
courtesy [6] cortesía
cover [14] cubierta
covered [1] asegurado; forrado
crafts [4] artesanías
credible [10] verosímil
credit [1] crédito; descargo
credit [6] acreditar; abonar
creditor [1] acreedor
currency [1] moneda; dinero
current [1] corriente
—current account [1] cuenta corriente
courier [2] mensajero
curtail [5] escatimar
custom [1] costumbre
customary [11] consuetudinario
Customs [1] aduana
—Customs Law [1] Ley de Aduanas

D

dactylography [1]   dactiloscopia
damage [1]   daño; desperfecto
damaging [9]   perjudicial
danger [8]   peligro
date [2]   fecha
day by day [1]   diario
deal [1]   convenio
deal [3]   tratar
death [11]   defunción
—**death note [11]**   esquela de defunción
debit [4]   cargo; cargar
—**debit account [8]**   cuentas deudoras
debt [5]   deuda
debtor [1]   deudor
deceased [4]   difunto
decipher [2]   descifrar
declare [10]   exponer
decode [2]   descifrar; decodificar
deduct [6]   deducir
deed [9]   obra
defect [2]   falla; falta
deferred [13]   diferido
definitive [6]   en firme
delay [8]   tardar
delegatory letter [12]   delegatorio
delinquent [8]   moroso
deliver [1]   dar; presentar
delivery [7]   entrega
—**delivery note [1]**   nota de entrega
demand [1]   exigir
demand [2]   demanda; exigencia
demonstrate [3]   demostrar
deny [7]   negar
department [2]   dependencia
deserve credit [3]   merecer crédito
deserved [10]   merecido
design [4]   dibujo; diseño
desist [8]   desistir
detract [3]   quitar
development [1]   desenvolvimiento; desarrollo
devote oneself [1]   dedicarse
difference [7]   diferencia
difficulty [8]   pena
dignity [4]   dignidad; pundonor
dilute [7]   diluir(se)
disagreement [4]   desacuerdo; desavenencia
discharge [10]   cesantía; cese; despido
discharge [10]   despedir
disconcerting [9]   desconcertante
discord [8]   desavenencia
discount [6]   descuento
discouragement [10]   desaliento
dismiss [10]   despedir; dejar cesante
dispatch [13]   prontitud
displeasure [8]   disgusto
dispose [1]   disponer
disposed [3]   dispuesto

disproportionately [9]   desmedidamente
distance [13]   distancia
distinguish [5]   distinguir
divider [14]   separador
divulge [9]   divulgar
docket [2]   legajo
document [7]   documento
domicile [4]   domicilio
doubt [3]   duda
doubt [3]   dudar
draft [2]   giro
draw [1]   girar; librar; trazar
driving [5]   conducción; manejo
duplicate [6]   duplicar; multicopiar
duties [13]   derechos

E

early [9]   temprano
earn [9]   ganar; devengar
East [5]   Levante; Oriente
easy payments [8]   facilidades de pago
easy terms [8]   facilidades de pago
education [3]   instrucción
effect [1]   efecto
effective [8]   eficaz
effort [8]   gestión
eliminate [11]   suprimir
emission [1]   emisión
emphasize [7]   hacer hincapié
employee [7]   empleado
employment [10]   colocación; empleo
embezzlement [11]   malversación
enclitic [13]   enclítico
enclose [4]   encerrar; acompañar; adjuntar
enclosure [5]   anexo
enclosures [5]   materiales adjuntos
encode [2]   codificar
encompass [2]   comprender; abarcar
encouragement [10]   aliento
encumber [2]   pesar
end [5]   fin; cabo; pie
endorse [1]   respaldar; avalar
endorsement [10]   aval
engrave [7]   grabar
enjoy [8]   gozar
enlarge [3]   ampliar
enterprise [1]   empresa
entrepreneur [10]   empresario
entry [5]   asiento
envelope [2]   sobre; cubierta
environmental [5]   ambiental
epithet [3]   epíteto
erase [5]   borrar
err [4]   errar
error [10]   equivocación
establishment [3]   establecimiento
evade [10]   evadir
even [5]   incluso
event [2]   acontecimiento
evidencing [13]   fehaciente

exalt [9]   ensalzar
exchange [1]   cambiario
exchange [1]   conversión, bolsa; intercambio
exchange [1]   intercambiar
excused [8]   excusado (ser excusado)
execute [2]   autorizar
exert oneself [3]   esforzarse
expedite [1]   expedir
expense [10]   gasto
experience [2]   vivencia; experiencia
expertise [6]   dominio
express [3]   manifestar; exponer
extend [3]   ampliar
extensive [3]   amplio

F

F.O.B. [8]   en esta plaza
facet [7]   faceta
—facet case [7]   caja de facetas
fact [1]   hecho
family name [4]   apellido
farewell [5]   despedida
farm [7]   finca
farmer [1]   agricultor
fast [6]   corrida
fault [10]   falta
favor [4]   favorecer
feasibility [5]   factibilidad
feature [6]   rasgo
fee [1]   cuota
feel [3]   sentirse
fees [13]   derechos
fiduciary [1]   fiduciario
field [3]   campo
file [1]   archivo; expediente
file [14]   archivar
—file cabinet [14]   archivador
final [6]   en firme
financial [1]   financiero
find (ways and means) [8]   arbitrar
fire [1]   incendio
firm [6]   firme; en firme
—firm name [1]   razón social
first draft [5]   borrador
fiscal [10]   fiscal
—fiscal year [10]   ejercicio fiscal
fish [6]   pescado
fixed term [10]   a plazo fijo
flaw [6]   desperfecto
flight [7]   vuelo
flour [6]   harina
flyer [7]   hoja volante
focus [7]   enfocar
focusing [7]   enfoque
fold [14]   pliegue
folded [11]   doblado
folder [14]   cartapacio; carpeta
folding [11]   doblez
foliated [2]   foliado

folio [14]   folio
following [12]   subsiguiente
—following in order [4]   sucesivo
force majeure [1]   fuerza mayor
foreign [1]   extranjero
—foreign currency [1]   divisas
foreigner [1]   extranjero
form [7]   formulario
—form letter [3]   carta-formulario
formal [11]   cuidado
formality [1]   cumplimiento; formalidad
format [3]   forma; formato
fortunately [6]   por suerte
fortune [6]   suerte
forward [1]   expedir; remitir
forwarding [1]   expedición
frame [5]   marco
framework [5]   marco
free on board (F.O.B.) [7]   franco/libre a bordo (F.A.B.)
freight [7]   flete
—freight receipt [1]   recibo de carga
friendly [3]   amigable; amistoso
friendship [2]   amistad
front [5]   anterior
—front side [11]   anverso
fulfillment [1]   cumplimiento
funds [1]   fondos
furnish [3]   surtir
furniture [10]   mobiliario

G

gain [9]   ganar
gender [1]   género
gentleman [6]   caballero
get [7]   conseguir
get lost [10]   extraviarse
gift [7]   regalo; obsequio
gilt [7]   dorado
give [1]   dar, brindar, otorgar
—give an account [6]   dar cuenta
—give up [8]   desistir
given name [4]   nombre de pila
glue [9]   pegar
go astray [10]   extraviarse
goldsmith [7]   orfebre
goods [7]   bienes
government [2]   estatal; gubernamental
—government bond [1]   efecto público
grade [5]   calificación
graduate [5]   recibirse
grant [5]   conceder
greater [1]   mayor
gross [10]   gruesa
group [1]   agrupar
guarantee [1]   dar garantía; garantizar
guarantee [1]   garantía; aval
guerdon [9]   galardón
guide [6]   guía

H

hand [5] mano
happy [6] gustoso
hardly [9] apenas
hasten [4] anticipar; apresurarse
have [3] tener; obrar en poder
  —have just [5] acabar de
  —have to do with [8] tener que ver con
hazard [5] azar
heading [4] encabezamiento
headquarters [9] casa matriz
hearing [2] oído
heir [2] heredero
high [9] elevado
highlight [9] hacer resaltar
highway [5] autopista; carretera
history [9] antecedente
holder of an account [14] cuentahabiente
home [4] domicilio
  —home office [9] casa matriz
honesty [9] honradamente
honor [4] favorecer
hope [9] esperanza
human being [1] persona natural
humorous [3] humorístico; jocoso
hurt [3] herido

I

identity [12] identidad
  —identity card [12] cartilla de identidad
idiomatic [3] idiomático
  —idiomatic trait [3] giro idiomático
immovable estate [7] inmueble
impolite [8] descortés
impose [2] imponer
in en
  —in (his) behalf [4] en su nombre
  —in accordance with [5] de acuerdo; al tenor de
  —in advance [4] con anticipación
  —in depth [5] a fondo
  —in force [10] vigente
  —in full [2] íntegramente; completamente
  —in order to [5] a fin de
  —in process [14] en marcha
  —in progress [14] en progreso; en marcha; en proceso
  —in spite of [2] a pesar de
  —in the future [4] en lo sucesivo
  —in the market [1] en plaza
  —in turn [13] por turno
include [2] comprender
income [10] ingreso; renta
inconvenience [8] molestia, inconveniencia
increase [8] acrecentar
incur [1] contraer
indemnification [1] indemnización
indemnity [1] indemnización

indisputable [3] incontestable; indiscutible
industry [1] industria
ineffectual [7] ineficaz
influence [4] influir
inform [2] dar a conocer; hacer saber
ink [2] tinta
inquire [10] averiguar
inspect [1] vigilar; inspeccionar
installment [3] abono
institution [3] establecimento; institución
insulating [10] aislante
insult [10] injuria
insurance [1] seguro
  —insurance certificate [1] certificado de seguros
  —insurance company [1] compañía de seguros
insure [7] asegurar
insured [1] asegurado
insurer [1] asegurador
insurpassable [7] insuperable
intention [5] ánimo
interchange [4] intercambio
intercourse [3] trato
interest [1] rédito; conveniencia
interlocutor [2] interlocutor
interval [2] intermedio
inventory [1] inventario
  —inventory book [1] libro de inventarios
investment [1] inversión
inveterate [7] inveterado
invoice [1] factura
involved [2] involucrado
iron [7] hierro
issue [1] emisión; expedición
issue [1] emitir; girar; otorgar
issuer [1] emisor

J

jeopardize [8] poner en peligro
job [4] cargo; empleo; colocación
  —job offer letter [10] carta de aviso de empleo
joint [10] mancomunada
journal [1] libro diario
judge [11] juez
judge [6] juzgar
judgment [9] juicio
juristic [1] jurídico
  —juristic person [1] persona jurídica; persona legal

K

keep confidential [6] guardar en reserva
key [2] clave
keyboard [10] teclado
kind [3] amable
know [2] conocer

L

label [14]   etiqueta; marbete
—**label (a letter) [10]**   nemar
lacking [6]   faltante; carente
lapel [14]   solapa
last [6]   próximo pasado
law [1]   ley; derecho
lay [13]   tender
—**lay off [10]**   dejar cesante
layman [2]   lego
layoff [10]   cesantía
lease [7]   arrendamiento
ledger [1]   libro mayor
lend [3]   prestar
less [7]   menos
lessee [7]   arrendatario
letter [1]   carta
—**letter of complaint [3]**   carta de queja
—**letter of credit [1]**   carta de crédito
—**letter of remittance [6]**   carta de remisión
letterhead [2]   membrete; encabezamiento
level [3]   nivel
levy [2]   imponer
line [14]   cuerda
line [12]   renglón
lined [2]   forrado
link [3]   lazo; eslabón
linking [11]   conectiva
—**linking clause [11]**   expresión conectiva
litigation [13]   litigio
live [9]   radicar; vivir
livestock [7]   semovientes
load [2]   carga; cargamento
load [7]   cargar; embarcar
loan [1]   préstamo
location [5]   ubicación
locksmith shop [11]   cerrajería
locksmithing [11]   cerrajería
long distance [13]   larga distancia
look [9]   aparentar; ver
loss [1]   daño; extravío; pérdida
luggage [5]   equipaje
luxury [11]   lujo

M

machine [5]   máquina
machinery [7]   maquinaria
magazine [6]   revista
mail [14]   franquear
mail [3]   correo
main office [9]   casa matriz
maintenance [5]   mantenimiento
make room [13]   dar paso; abrir campo
male [9]   varón
manager [5]   gerente
maneuver [5]   maniobrar
manner [5]   modo
manners [9]   educación

manufacture [1]   fabricar
marble [1]   canica
mark [5]   contraseña
marker [14]   marcador
market [9]   plaza
marketing [5]   mercadeo
masonry [11]   albañilería
matter [3]   asunto; fondo
mayor [2]   alcalde
meaning [3]   acepción; significado
means [7]   medio
measure [8]   gestión
member [1]   miembro
mention [3]   hacer mención
mention [3]   mención
merchandise [1]   mercadería
merchant [1]   mercader
merit [10]   ameritar
merit [9]   merecimiento
messenger [2]   mensajero; propio
mine [7]   mina
mint [1]   acuñar
mintage [1]   acuñación de moneda
misappropriation [11]   malversación
mishap [1]   contratiempo
misplacement [1]   extravío
mistake [10]   equivocación
misunderstanding [2]   malentendido
moment [8]   momento
money [1]   moneda; dinero
—**money lender [1]**   prestamista
mortgage   hipoteca
—**mortgage bond [10]**   cédula hipotecaria
—**mortgage certificate [10]**   cédula hipotecaria
—**mortgage loan [1]**   préstamo hipotecario
motto [4]   lema
mourn [11]   estar de luto
mourning [11]   luto; duelo
—**mourning card [11]**   tarjeta de duelo; tarjeta de luto
movable [7]   mueble
municipal council [1]   cabildo
municipal government [1]   ayuntamiento

N

native [12]   nativo; natural
natural [12]   originario
nature [7]   naturaleza
needle [14]   aguja
needless [7]   estar por demás
negligence [4]   descuido
negotiable [1]   efecto de comercio
negotiate [9]   hacer gestiones
negotiate [8]   tramitar
negotiation [8]   gestión
newspaper [7]   periódico
night letter [13]   carta nocturna

nightly [13]   nocturno
nobiliary [4]   nobiliario
note [2]   recado
notification [1]   nota; aviso; traslado
notwithstanding [2]   a pesar de
nowadays [4]   actualmente

O

obituary [11]   esquela de defunción; nota
    necrológica
object [5]   fin
objection [9]   reparo
obligation [2]   compromiso
obverse [11]   anverso
occasion [6]   ocasión
of age [12]   mayor de edad
offer [9]   ofrecimiento; oferta
office [2]   dependencia; despacho; cargo
official [11]   titular
    —**official letter** [2]   oficio
    —**official paper** [12]   papel ministro
    —**official representative** [12]   personero
on   en; a
    —**on account** [8]   a cuenta de
    —**on behalf** [6]   a nombre de
    —**on hand** [9]   disponible
    —**on my account** [8]   a (mi) cuenta
once in a while [6]   en ocasiones
one for each [8]   sendos
opening [6]   apertura
operation [7]   funcionamiento; marcha
order [1]   pedido
ordinance [1]   ordenanza
ordinary [3]   ordinario
out of town [8]   fuera de plaza
outline [4]   bosquejo; esquema
overcome [7]   vencer
owe [8]   adeudar; deber
owed [3]   debido; adeudado
own [2]   poseer

P

P.O. Box [14]   apartado; apartado postal
pack [8]   empaquetar
package [8]   empaquetar
page [14]   folio
    —**page numbered** [2]   foliado
painting [3]   cuadro
pamphlet [7]   folleto
paper [10]   ponencia
paragraph [12]   aparte
paraph [2]   rúbrica
part [5]   repuesto
passenger [5]   pasajero
pasteboard [11]   cartulina
pay [3]   pagar; cancelar
    —**pay attention** [4]   fijar la atención
payment [1]   pago

pending [3]   pendiente
perform [9]   desempeñar
performance [1]   cumplimiento
periphrastic [13]   perifrástico
personal property [7]   bien mueble
personal record [9]   hoja de servicios
pertness [3]   petulancia
petition [12]   ocurso; instancia
petitionary letter [12]   petitorio
pick up [2]   recoger
place [4]   lugar; local
place an order [3]   hacer un pedido
placement office [9]   oficina de coloca-
    ciones
plated [7]   chapeado
pleasure [5]   grado; agrado; placer
plush [7]   peluche
point out [9]   señalar
policy [1]   póliza
polish [5]   pulir
portfolio [14]   cartapacio
position [4]   cargo; destino; colocación;
    puesto
possess [5]   contar con; poseer
post office [3]   correo
postage [7]   franqueo
    —**postage paid** [7]   porte pagado
    —**postage stamp** [14]   estampilla; estam-
    pilla de correos; sello
postal   related to the Post Office
    —**postal money order** [8]   libranza pos-
    tal; giro postal
    —**postal savings bank** [14]   caja postal
    de ahorros
    —**postal stamp** [14]   timbre de correos
postcard [2]   postal
poster [7]   cartel
postmark [6]   matasellos
post-office box [4]   apartado; casilla; casilla
    postal
power [6]   poder
powerful [5]   poderoso
practice [1]   ejercer; practicar
praise [9]   alabanza
predict [2]   predecir
predispose [5]   predisponer
premium [1]   prima
prepaid postage [7]   franqueo o porte
    pagado
prescribe [3]   prescribir
prescribed [12]   de rigor
present [7]   regalo
    —**present with** [7]   obsequiar
press [7]   prensa
prevail [4]   imperar
price [3]   precio
pride [9]   orgullo
print [4]   imprimir
printed matter [6]   impresos
private [2]   particular
procedure [6]   procedimiento

proceeding [12]   diligencia
profit [1]   lucro; ganancia
proforma invoice [3]   proforma de factura
promise [1]   comprometerse; prometer
promissory note [1]   pagaré
promotion [3]   promoción
proof [4]   constancia
proper [3]   debido
property [3]   propiedad; bien
proud [5]   orgulloso
prove [1]   probar; demostrar; comprobar
proverb [9]   refrán
provide [7]   proporcionar
provision [4]   disposición
provisions [10]   subsistencias
public security [1]   efecto público
purchase requisition [1]   requisición de compra
purpose [5]   ánimo; propósito
put on record [1]   dejar constancia
put within reach [1]   poner al alcance
qualified [9]   idóneo
quality [10]   dote
quantity [12]   cuantía
questionnaire [10]   formulario de preguntas
quotation [7]   cotización

R

race [5]   vuelta
railway [1]   ferrocarril
  —**railway bill of lading [1]**   guía de ferrocarril
range [2]   alcance
rank [9]   rango
rare [3]   raro
rating [5]   clasificación
ratio [6]   razón
reach [10]   alcanzar
reach [2]   alcance
read tape [12]   trámite
real estate [7]   bien raíz; bien inmueble; finca
rear [5]   posterior
reason [9]   motivo
receipt [1]   recibo
receiver [2]   receptor
recidivism [9]   reincidencia
recommended [5]   recomendado
record [1]   protocolizar; grabar
record [9]   expediente
recording [3]   grabación
recourse [1]   recurso
recover [2]   recobrar
reflect [3]   reflejar
refund [7]   reembolso
regulations [13]   reglamento
regulatory [5]   regulador
reimbursement [12]   reintegro; reembolso
reject [2]   rechazar

rejection [9]   rechazo
relate to [4]   relacionar
relationship [11]   parentesco
relative [2]   pariente
reliability [1]   seriedad
remain [7]   quedarse
remember [8]   tener presente
remittance [3]   envío; remisión
render an account [6]   dar cuenta
rent [1]   alquilar
rent [7]   arrendamiento; alquiler
report to work [10]   integrarse
represent [12]   patrocinar
reprisal [10]   represalia
request for quotation [1]   requisición de precios
required [12]   de rigor
requirement [3]   exigencia; requisito; disposición
residence [4]   domicilio
resign [10]   renunciar; dimitir
resignation [10]   renuncia; dimisión
resort [8]   acudir
resume [2]   reanudar
résumé [9]   historial
retail [1]   al por menor; al menudeo; al detal
  —**retail selling [1]**   de expedición
retailer [3]   minorista
retrieval [14]   recobro
review [9]   reseña
reward [9]   premio; galardón
right [1]   derecho; acertado
rigor [12]   rigor
risk [1]   riesgo
road [5]   carretera
rogatory letter [12]   deprecatorio
role [4]   papel
room [5]   salón; cuarto; sala
root [6]   raíz
rude [3]   grosero
rudeness [8]   rudeza
rug [5]   alfombra
rule [12]   regir

S

safe [1]   caja fuerte
  —**safe-deposit box [1]**   caja de seguridad
safety [5]   seguridad
saint's day [2]   onomástico
saleable [1]   vendible
salary [9]   sueldo
sale [1]   compraventa; venta
sales promotion letter [3]   carta de promoción de ventas
sample [7]   muestra
sampling [10]   sondeo
savings [7]   ahorros
  —**savings account [1]**   cuenta de ahorros
  —**savings passbook [14]**   libreta de ahorros

scarce [7]   carente
scope [2]   alcance
scratchproof [7]   inrayable
seal [12]   sello
seal [9]   sellar
search [9]   búsqueda
season [8]   temporada
seat [5]   asiento
secret [6]   reserva
secured loan [1]   préstamo prendario
securities [1]   valores
see [8]   ver
seller [3]   vendedor
send [3]   remitir; dirigir
sender [2]   remitente; expedidor
serve [9]   prestar servicios
service [9]   servicio
set [1]   conjunto
set [7]   fijar; determinar
share [1]   cuota; aporte
share [9]   compartir
shareholder [1]   accionista
shares of stock [1]   acciones
sheet [10]   hoja
   —sheet of paper [14]   cuartilla
ship [1]   expedir; embarcar
shipment [3]   envío; embarque; cargamento; remesa
shipper [13]   expedidor
shipping [1]   expedición
shortage [6]   faltante
shortened [13]   apocopado
shorthand [9]   taquigrafía
show [1]   hacer constar; constar
sight [2]   vista
sign [1]   suscribir
sign [2]   grafía; señal
signatory's description [5]   antefirma
signature [5]   firma
silver-plated [7]   plateado
since [5]   puesto que; desde
sketch [4]   bosquejo; diseño
slogan [4]   lema
smaller [1]   menor
solution of continuity [5]   solución de continuidad
source [8]   fuente
space [2]   hueco, lugar vacío
special delivery [14]   entrega inmediata
speed [13]   rapidez
spend [7]   gastar
sponsor [12]   patrocinar
squander [7]   derrochar
stamp [12]   timbre; estampilla
stamped [6]   sellado
   —stamped paper [2]   papel sellado
stamping machine [14]   máquina de franquear; máquina selladora
stand [12]   regir
   —stand out [9]   hacer resaltar
state [2]   estatal

statute [5]   estatuto
step [5]   paso; gestión
stint [5]   escatimar
stock [7]   existencia; bursátil; acción
   —stockbroker [1]   corredor de bolsa
   —stock exchange [1]   bolsa de valores
stockholder [1]   accionista
store [1]   tienda
street [4]   carrera
strong [1]   fuerte
subject [3]   asunto; sujeto
subordinate [8]   subalterno
subscriber [13]   abonado
substance [3]   fondo
subtract [5]   deducir
succeed in [5]   lograr
success [3]   éxito; acierto
suffice [9]   bastar
sugar [6]   azúcar
suggest [4]   sugerir
suitability [8]   conveniencia
summary [10]   sumilla
summons [9]   convocatoria pública
supply [10]   proveer; suministrar
surname [4]   apellido
survey [10]   encuesta
sympathy card [11]   tarjeta de pésame
tailor's shop [11]   sastrería

T

take (time) [8]   demorar
   —take advantage [4]   aprovechar
   —take care [5]   atender
   —take into account [4]   tomar en cuenta
   —take notice [9]   tomar nota
   —take office [10]   posesionarse; tomar
   posesión
   —take on a job [9]   desempeñar
tare [6]   tara
task [7]   tarea
Tax Law [1]   Ley de Hacienda
teaching position [9]   cargo docente
television set [5]   aparato televisor; televisor
tenant [7]   arrendatario
term [6]   plazo
termination [12]   cese
test [5]   prueba
theft [1]   robo
there (be) no doubt [3]   no caber duda de
thereafter [4]   en lo sucesivo
therefore [2]   por consiguiente; por ende
thirty-day net [8]   al contado comercial
thoroughly [5]   a fondo
thousandth [7]   milésima
thread [7]   rosca; hilo
through [1]   a través de
thus [5]   de modo que
tinsmithing [11]   hojalatería
title [4]   título

to the letter [2]   a la letra
touch [2]   tacto
town [4]   población
trade [1]   intercambiar
training [9]   entrenamiento
transfer [13]   ceder
translate [3]   traducir
translation [3]   traducción
transport [1]   movilizar
travel [10]   viaje
—travel expenses [10]   viáticos
—travel grant [10]   bolsa de viaje
Treasury Department [1]   Hacienda
trigger [7]   despertar (en)
true [8]   efectivo
trust [1]   fe; confianza
trustee [1]   fiduciario
truthful [3]   verídico
turn [13]   turno
twelfth [5]   duodécimo
type [5]   mecanografiar
typed [5]   a máquina
typewriter [5]   máquina de escribir
typing [9]   mecanografía

U

under separate cover [7]   bajo cubierta separada
undersignature [5]   pie de firma
undersigned [9]   suscrito
unemployment [10]   cesantía; desocupación
unexpected [1]   fortuito
unfolded [14]   desplegado
unforeseen [10]   imprevisto
unless [7]   a menos que
unlike [7]   a diferencia de
unmistakable [11]   inconfundible
unquestionable [10]   indiscutible
unreliability [8]   informalidad
unsecured loan [1]   préstamo quirografario
upholstery [5]   tapicería
urge [6]   urgir

user [12]   usuario
usually [3]   de ordinario
utilize [1]   emplear; valerse
utmost [7]   sumo
utter [10]   proferir

V

valuable [9]   valioso
value [6]   valor
verification [1]   comprobación
verify [3]   comprobar; constatar
victory [5]   triunfo
vis major [1]   fuerza mayor
vituperation [9]   vituperio
voucher [1]   vale

W

wages [10]   haberes; salarios
warrant [1]   garantizar
waste [7]   desperdiciar; derrochar
watch over [10]   velar
watchmaker [7]   relojero
wheel [5]   rueda
whole [1]   conjunto; tado
wholesale [1]   al por mayor; mayoreo; al mayoreo
widow [4]   viuda
width [11]   anchura
will [7]   voluntad
willingly [5]   de buen grado
window [5]   ventanilla
with dignity [5]   dignamente
withdraw [7]   retirar
without mishap [1]   sin contratiempo
without stopping [6]   de corrido
word processor [3]   procesador de textos
work [9]   obra; trabajo; labor
—work contract [7]   contrato laboral
—work contract (with a labor union) [10]   contrato colectivo
worker [7]   obrero
wounded [3]   herido
write [5]   escribir; redactar